해커스 JLPT
| 일본어능력시험 |
기출 단어장
N2

KB154595

200% 활용법!

무료 MP3
단어(일/일한)/단어+예문(일)/N2 실전모의고사 청해 MP3

[이용 방법]

해커스일본어 사이트(japan.Hackers.com) 접속 후 로그인 ▶
상단의 [교재/MP3 → MP3/자료] 클릭

해커스일본어 [MP3/자료] 바로 가기 ▶

Day별 단어 퀴즈 & N2 실전모의고사 (PDF)

[이용 방법]

해커스일본어 사이트(japan.Hackers.com) 접속 후 로그인 ▶
상단의 [교재/MP3 → MP3/자료] 클릭

해커스일본어 [MP3/자료] 바로 가기 ▶

해커스일본어 단과/종합 인강 30% 할인쿠폰

4899-2B79-5073-7000

* 쿠폰 유효기간: 쿠폰 등록 후 30일

[이용 방법]

해커스일본어 사이트(japan.Hackers.com) 접속 후 로그인 ▶
메인 우측 하단 [쿠폰&수강권 등록]에서 쿠폰번호 등록 후 강의 결제 시 사용 가능

* 본 쿠폰은 1회에 한해 등록 가능합니다.
* 이 외 쿠폰과 관련된 문의는 해커스 고객센터(02-537-5000)로 연락 바랍니다.

쿠폰 바로
등록하기 ▶

해커스
JLPT | 일본어능력시험 |
기출 단어장 N2가
특별한 이유!

01

JLPT N2 기출 단어 한 번에 총정리!

JLPT N2에서 출제된 단어와 또 나올 단어를 한 권으로 한 번에 효율적으로 학습할 수 있어요.

02

JLPT N2에 딱 맞는 예문과 문형 정리!

JLPT N2에 나오는 예문과 빈출 문형으로 단어 학습뿐만 아니라 독해와 문법 학습도 도움이 돼요.

03

언제 어디서나
바로바로 골라 듣는
다양한 MP3!

QR코드와 모바일 스트리밍으로
다양한 버전의 MP3를
언제 어디서나 바로 들을 수 있어
듣기 실력도 꾸준히 키울 수 있어요.

04

해커스만의
추가 학습 자료!

각 Day의 MP3와 추가로 제공되는
Day별 단어 퀴즈 PDF,
N2 실전모의고사 PDF로 단어
암기를 한층 더 강화할 수 있어요.

해커스일본어를 선택한 선배들의
일본어 실력 수직상승 비결!

해커스일본어와 함께라면
일본어 실력상승의 주인공은 바로 여러분입니다.

답답한 마음을 마치 사이다같이 뚫어주는 꿀팁!
해커스일본어 수강생 이*희

해커스일본어를 통해 공부하기 시작하니 그동안 잃었던 방향을 찾고 꽉 막힌 미로 속에서 지도를 찾은 기분이었고, 덕분에 혼자 공부를 하면서도 아주 만족하면서 공부를 할 수 있었던 것 같습니다. 특히나 혼자 책으로 공부했다면 절대 몰랐을 여러 선생님들의 설명들이 답답한 마음을 마치 사이다같이 뚫어주셔서 꿀팁들이 나올 때마다 마음속으로 정말 환호를 질렀습니다.

해커스일본어 수강생 오*혜

일본어 왕초보도 N3 자격증을 취득할 수 있었습니다.

한자의 뜻과 외우는 방법과 그 한자의 발음 등을 하나하나 자세하게 설명해 주셨고 그림과 함께 이해하기 쉽도록 강의를 진행해 주셨어요. 덕분에 한자가 들어간 단어를 보면 어느 정도 왜 이 단어가 만들어졌는지, 정확하겐 모르지만 대충 어떠한 단어겠거니 하는 유추가 가능해졌고 그게 JLPT의 시험에 많은 도움이 되었습니다.

대부분의 문법 문제 푸는 것이 가능해졌습니다.
해커스일본어 수강생 송*미

만약 합격하지 못하면 어떻게 하지라는 생각에 매일 인강을 들었습니다. 이렇게 매일 공부하는 루틴이 생기다 보니 시험에 대한 불안감도 줄어들었습니다. 무엇보다 언어는 암기가 중요하기에 인강의 장점인 반복 재생으로 필수 단어 암기에 큰 도움이 되었습니다.

해커스일본어 수강생 이*수

JLPT 합격했습니다!

우선 감사하다는 말씀부터 드립니다. 강의 시작한 후 하루도 **빼지 않고** 공부를 했는데 나이가 많아서인지 습득 속도가 매우 늦고 암기도 잘되지 않아 한때 포기할까 하는 생각도 있었지만 멈추지 않고 계속 공부한 후 시험을 치렀는데 예상과 달리 합격을 했습니다. 짜임새 있는 훌륭한 교재와 선생님의 멋진 강의 덕분입니다!

해커스 JLPT
기출 단어장
N2

ㅠ 해커스 어학연구소

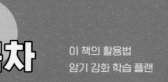

목차

이 책의 활용법 4
암기 강화 학습 플랜 6

이 책의 활용법

● 교재에 사용된 품사 약호 설명

[명] 명사　[동] 동사　[い형] い형용사　[な형] な형용사　[접] 접속사　[부] 부사

* 교재에 수록된 모든 단어의 한자 및 히라가나 표기는 JLPT N2 출제경향에 따른 것입니다.

다양한 버전의 MP3

교재에 수록된 모든 단어와 예문에 대한 3가지 버전의 MP3로 학습방법을 다양하게 바꾸면서 단어를 들으며 익힐 수 있어요.

*3가지 버전의 MP3
① 단어(일) MP3
② 단어(일한) MP3
③ 단어+예문(일) MP3

*MP3는 해커스일본어 사이트(japan.Hackers.com)에서 무료로 다운로드 받으실 수 있습니다

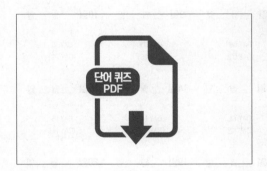

DAY별 단어 퀴즈 PDF

DAY별 단어 퀴즈 PDF를 활용하여 확실하게 단어를 암기했는지 스스로 점검하고 복습할 수 있어요.

*PDF 학습자료는 해커스일본어 사이트(japan.Hackers.com)에서 무료로 다운로드 받으실 수 있습니다

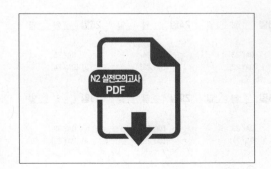

N2 실전모의고사 PDF

N2 실전모의고사로 자신의 실력을 확인하고 JLPT N2 실제 시험까지 대비할 수 있어요.

암기 강화 학습 플랜 🍙

40일 학습 플랜

- 매일 1개 DAY의 학습 분량을 차근차근 확실하게 암기하고 싶은 학습자에게 추천합니다.
- 2일째부터 괄호 안 DAY의 단어 중 잘 안 외워진 단어를 위주로 한 번 더 학습합니다.
- DAY별 단어 퀴즈 PDF를 활용하여 꼭 복습하세요.
- 마지막 날 JLPT N2 실전모의고사(PDF)로 자신의 실력을 점검해보세요.

1일 __월__일	2일 __월__일	3일 __월__일	4일 __월__일	5일 __월__일
JLPT N2 필수 접두어·접미어 DAY 01	DAY 02 (JLPT N2 필수 접두어· 접미어, DAY 01)	DAY 03 (DAY 02)	DAY 04 (DAY 03)	DAY 05 (DAY 04)
6일 __월__일	**7일** __월__일	**8일** __월__일	**9일** __월__일	**10일** __월__일
DAY 06 (DAY 05)	DAY 07 (DAY 06)	DAY 08 (DAY 07)	DAY 09 (DAY 08)	DAY 10 (DAY 09)
11일 __월__일	**12일** __월__일	**13일** __월__일	**14일** __월__일	**15일** __월__일
DAY 11 (DAY 10)	DAY 12 (DAY 11)	DAY 13 (DAY 12)	DAY 14 (DAY 13)	DAY 15 (DAY 14)
16일 __월__일	**17일** __월__일	**18일** __월__일	**19일** __월__일	**20일** __월__일
DAY 16 (DAY 15)	DAY 17 (DAY 16)	DAY 18 (DAY 17)	DAY 19 (DAY 18)	DAY 20 (DAY 19)
21일 __월__일	**22일** __월__일	**23일** __월__일	**24일** __월__일	**25일** __월__일
DAY 21 (DAY 20)	DAY 22 (DAY 21)	DAY 23 (DAY 22)	DAY 24 (DAY 23)	DAY 25 (DAY 24)
26일 __월__일	**27일** __월__일	**28일** __월__일	**29일** __월__일	**30일** __월__일
DAY 26 (DAY 25)	DAY 27 (DAY 26)	DAY 28 (DAY 27)	DAY 29 (DAY 28)	DAY 30 (DAY 29)

31일 ___월___일	32일 ___월___일	33일 ___월___일	34일 ___월___일	35일 ___월___일
DAY 31 [DAY 30]	DAY 32 [DAY 31]	DAY 33 [DAY 32]	DAY 34 [DAY 33]	DAY 35 [DAY 34]
36일 ___월___일	37일 ___월___일	38일 ___월___일	39일 ___월___일	40일 ___월___일
DAY 36 [DAY 35]	DAY 37 [DAY 36]	DAY 38 [DAY 37]	DAY 39 [DAY 38]	DAY 40 실전모의고사(PDF) [DAY 39-40]

20일 학습 플랜

- 시험 한 달 전 빠르게 단어를 암기하고 싶거나, 암기한 단어를 한 번 더 복습하고 싶은 학습자에게 추천합니다.
- DAY별 단어 퀴즈 PDF를 활용하여 꼭 복습하세요.
- 마지막 날 JLPT N2 실전모의고사(PDF)로 자신의 실력을 점검해보세요.

1일 ___월___일	2일 ___월___일	3일 ___월___일	4일 ___월___일	5일 ___월___일
JLPT N2 필수 접두어·접미어 DAY 1, 2	DAY 3, 4, 5	DAY 6, 7, 8	JLPT N2 필수 접두어·접미어 DAY 1-8 복습	DAY 9, 10, 11
6일 ___월___일	7일 ___월___일	8일 ___월___일	9일 ___월___일	10일 ___월___일
DAY 12, 13, 14	DAY 15, 16, 17	DAY 9-17 복습	DAY 18, 19, 20	DAY 21, 22, 23
11일 ___월___일	12일 ___월___일	13일 ___월___일	14일 ___월___일	15일 ___월___일
DAY 24, 25, 26	DAY 18-26 복습	DAY 27, 28, 29	DAY 30, 31, 32	DAY 33, 34, 35
16일 ___월___일	17일 ___월___일	18일 ___월___일	19일 ___월___일	20일 ___월___일
DAY 27-35 복습	DAY 36, 37	DAY 38, 39, 40	DAY 36-40 복습	실전모의고사(PDF)

MP3 바로 듣기

접두어

<ruby>悪<rt>あく</rt></ruby>〜	악~	<ruby>悪影響<rt>あくえいきょう</rt></ruby> 악영향	<ruby>悪条件<rt>あくじょうけん</rt></ruby> 악조건
<ruby>異<rt>い</rt></ruby>〜	다른~	<ruby>異分野<rt>いぶんや</rt></ruby> 다른 분야	<ruby>異世界<rt>いせかい</rt></ruby> 다른 세계
<ruby>薄<rt>うす</rt></ruby>〜	조금~, 엷은~	<ruby>薄暗い<rt>うすぐらい</rt></ruby> 조금 어둡다	<ruby>薄化粧<rt>うすげしょう</rt></ruby> 엷은 화장
<ruby>仮<rt>かり</rt></ruby>〜	임시~, 가~	<ruby>仮採用<rt>かりさいよう</rt></ruby> 임시 채용	<ruby>仮登録<rt>かりとうろく</rt></ruby> 가등록
<ruby>旧<rt>きゅう</rt></ruby>〜	구~	<ruby>旧制度<rt>きゅうせいど</rt></ruby> 구제도	<ruby>旧校舎<rt>きゅうこうしゃ</rt></ruby> 구교사
<ruby>現<rt>げん</rt></ruby>〜	현~	<ruby>現社長<rt>げんしゃちょう</rt></ruby> 현 사장	<ruby>現段階<rt>げんだんかい</rt></ruby> 현 단계
<ruby>好<rt>こう</rt></ruby>〜	좋은~	<ruby>好成績<rt>こうせいせき</rt></ruby> 좋은 성적	<ruby>好都合<rt>こうつごう</rt></ruby> 좋은 상태, 안성맞춤
<ruby>高<rt>こう</rt></ruby>〜	고~	<ruby>高性能<rt>こうせいのう</rt></ruby> 고성능	<ruby>高水準<rt>こうすいじゅん</rt></ruby> 고수준
<ruby>最<rt>さい</rt></ruby>〜	가장~, 최~	<ruby>最有力<rt>さいゆうりょく</rt></ruby> 가장 유력	<ruby>最先端<rt>さいせんたん</rt></ruby> 최첨단
<ruby>再<rt>さい</rt></ruby>〜	재~	<ruby>再開発<rt>さいかいはつ</rt></ruby> 재개발	<ruby>再提出<rt>さいていしゅつ</rt></ruby> 재제출
<ruby>主<rt>しゅ</rt></ruby>〜	주~	<ruby>主成分<rt>しゅせいぶん</rt></ruby> 주성분	<ruby>主原因<rt>しゅげんいん</rt></ruby> 주원인
<ruby>準<rt>じゅん</rt></ruby>〜	준~	<ruby>準決勝<rt>じゅんけっしょう</rt></ruby> 준결승	<ruby>準優勝<rt>じゅんゆうしょう</rt></ruby> 준우승
<ruby>諸<rt>しょ</rt></ruby>〜	여러~	<ruby>諸外国<rt>しょがいこく</rt></ruby> 여러 외국	<ruby>諸問題<rt>しょもんだい</rt></ruby> 여러 문제
<ruby>初<rt>しょ</rt></ruby>〜	초~, 첫~	<ruby>初年度<rt>しょねんど</rt></ruby> 초년도	<ruby>初対面<rt>しょたいめん</rt></ruby> 첫 대면
<ruby>前<rt>ぜん</rt></ruby>〜	전~	<ruby>前社長<rt>ぜんしゃちょう</rt></ruby> 전 사장	<ruby>前市長<rt>ぜんしちょう</rt></ruby> 전 시장
<ruby>総<rt>そう</rt></ruby>〜	총~	<ruby>総売上<rt>そううりあげ</rt></ruby> 총 매상	<ruby>総人口<rt>そうじんこう</rt></ruby> 총 인구
<ruby>多<rt>た</rt></ruby>〜	다~, ~가 많음	<ruby>多機能<rt>たきのう</rt></ruby> 다기능	<ruby>多趣味<rt>たしゅみ</rt></ruby> 취미가 많음
<ruby>低<rt>てい</rt></ruby>〜	낮은~, 저~	<ruby>低価格<rt>ていかかく</rt></ruby> 낮은 가격	<ruby>低カロリー<rt>てい</rt></ruby> 저칼로리
<ruby>同<rt>どう</rt></ruby>〜	같은~, 동~	<ruby>同意見<rt>どういけん</rt></ruby> 같은 의견	<ruby>同年齢<rt>どうねんれい</rt></ruby> 동 연령
<ruby>半<rt>はん</rt></ruby>〜	반~ (절반)	<ruby>半透明<rt>はんとうめい</rt></ruby> 반투명	<ruby>半世紀<rt>はんせいき</rt></ruby> 반세기
<ruby>反<rt>はん</rt></ruby>〜	반~ (반대)	<ruby>反社会的<rt>はんしゃかいてき</rt></ruby> 반사회적	<ruby>反主流<rt>はんしゅりゅう</rt></ruby> 반주류
<ruby>非<rt>ひ</rt></ruby>〜	비~	<ruby>非公式<rt>ひこうしき</rt></ruby> 비공식	<ruby>非常識<rt>ひじょうしき</rt></ruby> 비상식
<ruby>一<rt>ひと</rt></ruby>〜	한 가지~, 한~	<ruby>一仕事<rt>ひとしごと</rt></ruby> 한 가지 일	<ruby>一握り<rt>ひとにぎり</rt></ruby> 한 줌

不 / 不~ ふ/ぶ	부~, ~가 없음	不正確 ふせいかく 부정확　不器用 ぶきよう 재주가 없음
副~ ふく	부~	副社長 ふくしゃちょう 부사장　副大臣 ふくだいじん 부대신
別~ べつ	별도의~, 별개의~	別会場 べつかいじょう 별도의 회장　別問題 べつもんだい 별개의 문제
真~ ま	바로~, 한~	真後ろ まうしろ 바로 뒤　真夜中 まよなか 한밤중
未~ み	미~	未経験 みけいけん 미경험　未使用 みしよう 미사용
無~ む	무~	無計画 むけいかく 무계획　無責任 むせきにん 무책임
名~ めい	명~	名演技 めいえんぎ 명연기　名場面 めいばめん 명장면
来~ らい	다음~	来学期 らいがっき 다음 학기　来シーズン らい 다음 시즌
和~ わ	일본식~	和菓子 わがし 일본식 과자　和服 わふく 일본식 옷

접미어

~明け あ	~직후, ~초	夏休み明け なつやすみあ 여름방학 직후　年明け としあ 연초
~扱い あつか	~취급	子供扱い こどもあつか 어린애 취급　犯人扱い はんにんあつか 범인 취급
~一色 いっしょく	~일색	反対派一色 はんたいはいっしょく 반대파 일색　ムード一色 いっしょく 무드 일색
~おき	~걸러, ~간격	一日おき いちにち 하루걸러　2メートルおき 2미터 간격
~下 か	~하	管理下 かんりか 관리하　制度下 せいどか 제도하
~家 か	~가	建築家 けんちくか 건축가　小説家 しょうせつか 소설가
~界 かい	~계	医学界 いがくかい 의학계　自然界 しぜんかい 자연계
~街 がい	~가(거리)	住宅街 じゅうたくがい 주택가　商店街 しょうてんがい 상점가
~観 かん	~관	結婚観 けっこんかん 결혼관　人生観 じんせいかん 인생관
~感 かん	~감	緊張感 きんちょうかん 긴장감　責任感 せきにんかん 책임감
~気味 ぎみ	~기운, ~한 기색	風邪気味 かぜぎみ 감기 기운　疲れ気味 つかれぎみ 피곤한 기색
~切れ ぎれ	~이 끝남, ~없음	期限切れ きげんぎれ 기한이 끝남　在庫切れ ざいこぎれ 재고 없음
~際 ぎわ	~할 때	別れ際 わかれぎわ 헤어질 때　死に際 しにぎわ 죽을 때, 임종
~号 ごう	~호(순서), ~호(교통수단 이름)	1月号 がつごう 1월 호　タイタニック号 ごう 타이타닉호

~ごと	~째로	皮ごと 껍질째로	丸ごと 통째로
~頃	~하기에 적당한 때, ~무렵	食べ頃 먹기에 적당한 때	3時頃 3시 무렵
~産	~산	国内産 국내산	カリフォルニア産 캘리포니아산
~式	~식	日本式 일본식	組み立て式 조립식
~集	~집	作品集 작품집	写真集 사진집
~順	~순	アルファベット順 알파벳순	年代順 연대순
~署	~서	警察署 경찰서	税務署 세무서
~賞	~상	文学賞 문학상	作品賞 작품상
~証	~증	社員証 사원증	領収証 영수증
~場	~장(장소)	スキー場 스키장	野球場 야구장
~状	~장(서류), ~상태	招待状 초대장	液体状 액체 상태
~畳	(다다미) ~장, (다다미) ~장 크기	1畳 다다미 1장	六畳の間 다다미 6장 크기의 방
~色	~색, ~적 색채	政治色 정치색	国際色 국제적 색채
~済み	~이 끝남	支払い済み 지불이 끝남	使用済み 사용이 끝남
~制	~제	会員制 회원제	予約制 예약제
~性	~성	危険性 위험성	柔軟性 유연성
~全般	~전반	音楽全般 음악 전반	教育全般 교육 전반
~沿い	~변	線路沿い 철로변	川沿い 강변
~育ち	~에서 자람	都会育ち 도시에서 자람	田舎育ち 시골에서 자람
~代	~비, ~세	修理代 수리비	電気代 전기세
~立て	갓 ~함	出来立て 갓 완성함	焼き立て 갓 구움
~建て	~건물	3階建て 3층 건물	一戸建て 단독 주택(한 가구만 사는 건물)
~だらけ	~투성이	泥だらけ 진흙투성이	間違いだらけ 실수투성이
~足らず	~미만, ~이 채 안됨	10分足らず 10분 미만	10人足らず 10명이 채 안 됨
~団	~단	応援団 응원단	バレエ団 발레단

～地 (ち)	～지	出身地 (しゅっしんち) 출신지　生産地 (せいさんち) 생산지
～賃 (ちん)	～비, ～삯	電車賃 (でんしゃちん) 전철비　手間賃 (てまちん) 품삯
～付き (つき)	～이 붙음, ～부착	条件付き (じょうけんつ) 조건이 붙음　顔写真付き (かおしゃしんつ) 얼굴 사진 부착
～漬け (づけ)	～에 절임, ～에 찌듦	醤油漬け (しょうゆづ) 간장에 절임　勉強漬け (べんきょうづ) 공부에 찌듦
～づらい	～하기 어렵다	頼みづらい (たの) 부탁하기 어렵다　話しづらい (はな) 말하기 어렵다
～連れ (づれ)	～동반	家族連れ (かぞくづ) 가족 동반　親子連れ (おやこづ) 부모 자식 동반
～度 (ど)	～도	満足度 (まんぞくど) 만족도　優先度 (ゆうせんど) 우선도
～派 (は)	～파	演技派 (えんぎは) 연기파　慎重派 (しんちょうは) 신중파
～発 (はつ)	～발	東京駅発 (とうきょうえきはつ) 도쿄역 발　成田発 (なりたはつ) 나리타 발
～離れ (ばなれ)	～에서 동떨어짐	現実離れ (げんじつばな) 현실에서 동떨어짐　政治離れ (せいじばな) 정치에서 동떨어짐
～版 (ばん)	～판	限定版 (げんていばん) 한정판　日本語版 (にほんごばん) 일본어판
～費 (ひ)	～비	交通費 (こうつうひ) 교통비　制作費 (せいさくひ) 제작비
～風 (ふう)	～풍	会社員風 (かいしゃいんふう) 회사원풍　ヨーロッパ風 (ふう) 유럽풍
～不明 (ふめい)	～불명	原因不明 (げんいんふめい) 원인 불명　行方不明 (ゆくえふめい) 행방불명
～ぶり	～만임	20年ぶり (ねん) 20년 만임　久しぶり (ひさ) 오랜만임
～別 (べつ)	～별	学年別 (がくねんべつ) 학년별　専門別 (せんもんべつ) 전문별
～放題 (ほうだい)	무제한으로 ～함, 하고 싶은 대로 ～함	食べ放題 (た ほうだい) 무제한으로 먹음　したい放題 (ほうだい) 하고 싶은 대로 함
～向け (むけ)	～용(대상)	子供向け (こどもむ) 아동용　一般向け (いっぱんむ) 일반용
～元 (もと)	～원	送信元 (そうしんもと) 송신원　発行元 (はっこうもと) 발행원
～率 (りつ)	～률	進学率 (しんがくりつ) 진학률　成功率 (せいこうりつ) 성공률
～流 (りゅう)	～식, ～류	アメリカ流 (りゅう) 미국식　日本流 (にほんりゅう) 일본류
～料 (りょう)	～료	原稿料 (げんこうりょう) 원고료　宿泊料 (しゅくはくりょう) 숙박료
～量 (りょう)	～량	降水量 (こうすいりょう) 강수량　収穫量 (しゅうかくりょう) 수확량
～力 (りょく)	～력	集中力 (しゅうちゅうりょく) 집중력　記憶力 (きおくりょく) 기억력
～類 (るい)	～류	食器類 (しょっきるい) 식기류　雑誌類 (ざっしるい) 잡지류

DAY

01

 음식

MP3 바로 듣기

0001 ☐☐☐

| 濃い ★ | こい | い형 진하다, 짙다 |

そのラーメンは醤油をたくさん入れたわりに、味はあまり
濃くなかった。
그 라멘은 간장을 많이 넣은 것에 비해서, 맛은 그다지 진하지 않았다.

[문형] 동사 보통형 + わりに ~에 비해서

0002 ☐☐☐

| 辛い ★ | からい | い형 맵다 |

弟が作ったカレーは辛すぎずちょうどよかった。
남동생이 만든 카레는 너무 맵지 않고 딱 좋았다.

[문형] い형용사 어간 + すぎず 너무 ~(하)지 않고

0003 ☐☐☐

| さっぱり ★ | - | 부 담백히 |

このしゃぶしゃぶはすごくさっぱりしていておいしいです。
이 샤부샤부는 몹시 담백해서 맛있습니다.

0004 ☐☐☐

| 薄味 ★ | うすあじ | 명 담백한 맛, 싱거운 맛 |

健康のために塩分を減らした薄味の料理を食べている。
건강을 위해서 염분을 줄인 담백한 맛의 요리를 먹고 있다.

0005 ☐☐☐

| 甘み | あまみ | 명 단맛 |

玉ネギは焼くと甘みが出てとてもおいしい。
양파는 구우면 단맛이 나서 매우 맛있다.

0006 ☐☐☐

| 渋い | しぶい | い형 떫다 |

せんせい かき かた しぶ
先生からいただいた柿は硬いうえに渋かった。
선생님께 받은 감은 딱딱한 데다가 떫었다.

[문형] い형용사 보통형 + うえに ~(한) 데다가

0007 ☐☐☐

| すっぱい | - | い형 시다, 시큼하다 |

しょくよく とき た
食欲がない時はすっぱいものを食べるといいよ。
식욕이 없을 때는 신 것을 먹으면 좋아.

0008 ☐☐☐

| 海産物 ★ | かいさんぶつ | 명 해산물 |

おきなわ い しんせん かいさんぶつ た
沖縄に行って新鮮な海産物をたくさん食べました。
오키나와에 가서 신선한 해산물을 많이 먹었습니다.

0009 ☐☐☐

| 汁 | しる | 명 국, 즙 |

み そ しる とう ふ あじ こ
味噌汁の豆腐に味がしみ込んでいておいしかった。
된장국의 두부에 맛이 깊이 스며들어 있어서 맛있었다.

0010 ☐☐☐

| 皮 ★ | かわ | 명 껍질, 가죽 |

あら かわ た だいじょう ぶ
りんごはきれいに洗えば皮ごと食べても大丈夫ですよ。
사과는 깨끗이 씻으면 껍질째로 먹어도 괜찮아요.

0011 ☐☐☐

| 缶詰 | かんづめ | 명 통조림 |

むすめ つく かんづめ か
娘におにぎりを作ってあげるため、ツナの缶詰を買った。
딸에게 주먹밥을 만들어 주기 위해, 참치 통조림을 샀다.

0012 ☐☐☐

| かなり ★ | - | 🔢 상당히, 꽤 |

このピザ、かなり手間をかけただけあって上出来だね。
이 피자, **상당히** 수고를 들인 만큼 잘 만들어졌네.

[문형] 동사 보통형 + だけあって ~(한) 만큼

0013 ☐☐☐

| 柔らかい/ ★
軟らかい | やわらかい | 🔢 부드럽다 |

父が買ってきた刺身は柔らかくてすごくおいしかった。
아버지가 사 온 회는 **부드러워서** 너무 맛있었다.

0014 ☐☐☐

| ふんわり | - | 🔢 폭신폭신 |

あのホテルのケーキはふんわりしていて上品な味です。
저 호텔의 케이크는 **폭신폭신**하고 고급스러운 맛입니다.

0015 ☐☐☐

| おかわり | - | 🔢 한 그릇 더 먹음 |

今日の夕食は好きなおかずばかりで、ついおかわりした
くなった。 오늘 저녁은 좋아하는 반찬뿐이라, 무심코 **한 그릇 더** 먹고 싶어졌다.

0016 ☐☐☐

| 空腹 | くうふく | 🔢 공복 |

勉強の最中に空腹を感じて、クッキーを食べてしまった。
한창 공부 중에 **공복**을 느껴서, 쿠키를 먹어 버렸다.

[문형] 명사 の + 最中 한창 ~중 / 동사 て형 + しまう ~(해) 버리다

0017 ☐☐☐

| 三食 | さんしょく | 🔢 세끼, 삼식 |

毎日三食をしっかり食べるようにしましょう。
매일 **세끼**를 잘 먹도록 합시다.

[문형] 동사 사전형 + ようにする ~(하)도록 하다

0018 ☐☐☐

たっぷり ★	-	🄫 듬뿍

トーストにバターをたっぷり塗(ぬ)ったら、いい匂(にお)いがした。
토스트에 버터를 **듬뿍** 발랐더니, 좋은 냄새가 났다.

0019 ☐☐☐

ごくごく ★	-	🄫 꿀꺽꿀꺽

兄(あに)は1リットルもあるコーラを一気(いっき)にごくごく飲(の)んだ。
형은 1리터나 되는 콜라를 단숨에 **꿀꺽꿀꺽** 마셨다.

0020 ☐☐☐

詰め込む	つめこむ	🄳 가득 채우다

具(ぐ)を詰(つ)め込(こ)みすぎたせいで、餃子(ぎょうざ)の皮(かわ)が破(やぶ)れてしまった。
속을 너무 가득 채운 탓에, 만두피가 터져 버렸다.

0021 ☐☐☐

手軽だ ★	てがるだ	🄽형 손쉽다

卵焼(たまごや)きは手軽(てがる)に作(つく)れるとは言(い)うものの、私(わたし)にはまだ難(むずか)しいです。
계란말이는 **손쉽게** 만들 수 있다고는 하지만, 저에게는 아직 어렵습니다.

[문형] 동사 보통형 + とは言うものの ~(라)고는 하지만

0022 ☐☐☐

つまむ	-	🄳 집어 먹다, 집다

会社(かいしゃ)でずっとお菓子(かし)をつまんでいたら、太(ふと)ってしまった。
회사에서 계속 과자를 **집어 먹었더니**, 살쪄 버렸다.

0023 ☐☐☐

傷む ★	いたむ	🄳 상하다, 손상되다

この牛乳(ぎゅうにゅう)はすごく臭(くさ)いから、傷(いた)んでいるに違(ちが)いない。
이 우유는 엄청 나쁜 냄새가 나니까, **상한** 것임에 틀림없어.

[문형] 동사 보통형 + に違いない ~임에 틀림없다

0024 ☐☐☐

| 腐る | くさる | 图 썩다, 타락하다 |

腐ったみかんは早く捨てないと、隣のみかんまで腐って
しまう。 썩은 귤은 빨리 버리지 않으면, 옆의 귤까지 썩어 버린다.

0025 ☐☐☐

| 干す | ほす | 图 말리다, 물을 빼다 |

実家から送ってもらった果物が多すぎて一部は干しておいた。
본가에서 보내 준 과일이 너무 많아서 일부는 말려 두었다.

0026 ☐☐☐

| 込める | こめる | 图 담다 |

母が心を込めて作った弁当だから、残さずに全部食べた。
어머니가 마음을 담아 만든 도시락이니까, 남기지 않고 전부 먹었다.

[문형] 동사 ない형 + ずに ~(하)지 않고

0027 ☐☐☐

| 冷凍 ★ | れいとう | 图 냉동 |

一人暮らしを始めてから冷凍食品を食べがちだ。
혼자 살기 시작하고 나서 냉동식품을 자주 먹는다.

[문형] 동사 て형 + から ~(하)고 나서 / 동사 ます형 + がちだ 자주 ~(하)다

0028 ☐☐☐

| 鍋 | なべ | 图 냄비, 전골 |

今朝は鍋の中に残っていたカレーを食べました。
오늘 아침에는 냄비 안에 남아있던 카레를 먹었습니다.

0029 ☐☐☐

| 蓋 | ふた | 图 뚜껑 |

弁当の中身が熱いうちに蓋を閉めると後で開かなくなるか
もしれない。
도시락의 내용물이 뜨거울 때 뚜껑을 닫으면 나중에 열리지 않게 될지도 모른다.

[문형] い형용사 사전형 + うちに ~(할) 때 / 동사 보통형 + かもしれない ~(할)지도 모른다

0030 ☐☐☐

| しみる | ★ | - | 图 스며들다 |

煮物に味がしみるのは、料理が冷める時だそうだ。
조림 요리에 맛이 스며드는 것은, 요리가 식을 때라고 한다.

0031 ☐☐☐

| 湯気 | ゆげ | 图 김, 수증기 |

出来立てのラーメンから湯気が立っています。
방금 만든 라멘에서 김이 나고 있습니다.

0032 ☐☐☐

| しっとり | - | 图 촉촉히 |

友達が作ったパンケーキはしっとりしていておいしかった。
친구가 만든 팬케이크는 촉촉하고 맛있었다.

0033 ☐☐☐

| 濃度 | のうど | 图 농도 |

このオレンジジュースは高濃度の果汁が入っていて少し
高かった。 이 오렌지 주스는 고농도의 과즙이 들어 있어서 조금 비쌌다.

0034 ☐☐☐

| 密閉 | ★ | みっぺい | 图 밀폐 |

食べかけのパンは密閉容器に入れておきました。
먹다 만 빵은 밀폐 용기에 넣어 두었습니다.

[문형] 동사 ます형 + かけの ~(하)다 만

0035 ☐☐☐

| 貯蔵 | ちょぞう | 图 저장 |

冷凍して貯蔵するからといって腐らないわけではない。
냉동해서 저장한다고 해서 썩지 않는 것은 아니다.

[문형] 동사 보통형 + からといって ~(라)고 해서 /
い형용사 보통형 + わけではない ~(하)는 것은 아니다

0036 □□□

もったいない ★	-	い형 아깝다

残^{のこ}すのはもったいないけど、これ以上^{いじょう}は食^たべられないよ。

남기는 것은 아깝지만, 이 이상은 못 먹겠어.

0037 □□□

色々	いろいろ	부 여러 가지

コーヒーにはいれ方^{かた}が色々^{いろいろ}あって、それによって味^{あじ}が変^かわる。

커피에는 내리는 방법이 여러 가지 있어, 그것에 따라 맛이 변한다.

[문형] 명사 + によって ~에 따라

0038 □□□

関連	かんれん	명 관련

最近^{さいきん}家^{いえ}でよく料理^{りょうり}関連^{かんれん}の番組^{ばんぐみ}を見^みている。

최근 집에서 자주 요리 관련 방송을 보고 있다.

0039 □□□

好き嫌い	すききらい	명 호불호, 좋아함과 싫어함

パクチーは好^すき嫌^{きら}いが激^{はげ}しく分^わかれる食材^{しょくざい}です。

고수는 호불호가 심하게 나뉘는 식재료입니다.

0040 □□□

むしろ	-	부 오히려, 차라리

トマトは嫌^{きら}いじゃなくてむしろ好^すきなほうです。

토마토는 싫어하지 않고 오히려 좋아하는 편입니다.

0041 □□□

満たす	みたす	동 가득 채우다, 충족시키다

久々^{ひさびさ}に家族^{かぞく}みんなで食事^{しょくじ}して、心^{こころ}もお腹^{なか}も満^みたされた。

오랜만에 가족 모두와 식사해서, 마음도 배도 가득 찼다.

*<Day별 단어 퀴즈 PDF>를 활용하여 꼭 복습하세요.

완성 단어

0042	こくもつ 穀物	명	곡물
0043	こむぎ 小麦	명	밀
0044	もち 餅	명	떡
0045	おかず	명	반찬
0046	そうざい 惣菜	명	반찬, 부식
0047	にくるい 肉類	명	육류
0048	にくしょく 肉食	명	육식
0049	さしみ 刺身	명	생선회
0050	にざかな 煮魚	명	생선조림
0051	みそ 味噌	명	된장
0052	なっとう 納豆	명	낫토
0053	あっさり	부	산뜻이, 깨끗이
0054	のうこう 濃厚だ	な형	농후하다, 짙다
0055	しょっぱい	い형	짜다
0056	しおから 塩辛い	い형	짜다, 짠맛이 강하다
0057	たんぱく たんぱく 淡泊だ / 淡白だ	な형	담백하다
0058	なまぐさ 生臭い	い형	비린내가 나다, 비릿하다
0059	おお 多め	명	(양이) 조금 많음
0060	おおも 大盛り	명	곱빼기
0061	ふわふわ	부	푹신푹신, 둥실둥실, 팔랑팔랑
0062	ひる お昼	명	점심, 점심 식사
0063	でまえ 出前	명	배달, 배달 요리
0064	つぶ 粒	명	알갱이, 낱알
0065	どんぶり 丼	명	덮밥, 사발
0066	びん 瓶	명	병
0067	に 煮る	동	익히다, 끓이다
0068	さんち 産地	명	산지, 생산지
0069	すいさん 水産	명	수산
0070	しょくざい 食材	명	식재료
0071	しょくもつ 食物	명	식품, 음식물
0072	ちょうみりょう 調味料	명	조미료
0073	しょくえん 食塩	명	식염, 식용 소금
0074	てんか 添加	명	첨가
0075	く 食う	동	먹다
0076	くわえる	동	입에 물다
0077	かじる	동	갉아먹다
0078	しょうみきげん 賞味期限	명	소비 기한
0079	ちそう ご馳走	명	진수성찬, 대접
0080	かた 固まる	동	굳어지다, 단단해지다
0081	すいぶん 水分	명	수분, 물기
0082	ねあ 値上がり	명	가격 인상
0083	ねび 値引き	명	가격 인하, 할인

DAY 02 식당

MP3 바로 듣기

0084 ☐☐☐

| 定食 | ていしょく | 명 정식 |

あの店の煮魚定食は新鮮な魚を使っていておいしい。
저 가게의 생선 조림 정식은 신선한 생선을 사용하고 있어서 맛있다.

0085 ☐☐☐

| 献立 | こんだて | 명 식단, 메뉴 |

学生食堂の入口に今週の献立が張ってあるよ。
학생 식당 입구에 이번 주 식단이 붙어 있어.

0086 ☐☐☐

| 洋食 | ようしょく | 명 양식, 서양식 요리 |

この町で洋食といえば、駅前のレストランが有名ですよ。
이 동네에서 양식이라고 하면, 역 앞의 레스토랑이 유명해요.

[문형] 명사 + といえば ~(이)라고 하면

0087 ☐☐☐

| 清潔だ ★ | せいけつだ | な형 청결하다 |

食堂を経営するうえで、お店を清潔に保つことは大事だ。
식당을 경영함에 있어서, 가게를 청결하게 유지하는 것은 중요하다.

[문형] 동사 사전형 + うえで ~(함)에 있어서

0088 ☐☐☐

| 開店 | かいてん | 명 개점 |

開店直後のパン屋に行ったら焼き立てのパンが買えた。
개점 직후인 빵집에 갔더니 갓 구운 빵을 살 수 있었다.

0089 ☐☐☐

| 移転 | ★ | いてん | 명 이전, 장소나 주소를 옮김 |

このカフェは駅前に移転してから客が倍になりました。
이 카페는 역 앞으로 **이전**하고 나서 손님이 배가 되었습니다.

[문형] 동사 て형 + から ~(하)고 나서

0090 ☐☐☐

| 定休日 | | ていきゅうび | 명 정기 휴일 |

せっかくの休みに好きなすし屋に行ったら、定休日だった。
모처럼의 휴일에 좋아하는 스시 가게에 갔더니, 정기 휴일이었다.

0091 ☐☐☐

| 損失 | | そんしつ | 명 손실 |

食材の値上がりで、利益どころか損失が大きい。
식재료의 가격 인상으로, 이익은커녕 손실이 크다.

[문형] 명사 + どころか ~은커녕

0092 ☐☐☐

| 格別だ | ★ | かくべつだ | な형 특별하다, 각별하다 |

旬の野菜を入れた鍋の格別な味をお楽しみください。
제철 채소를 넣은 전골의 **특별한** 맛을 즐겨 주세요.

0093 ☐☐☐

| 秘訣 | | ひけつ | 명 비결 |

濃厚なチーズケーキを作る、この店の秘訣が知りたい。
농후한 치즈 케이크를 만드는, 이 가게의 **비결**을 알고 싶다.

0094 ☐☐☐

| 食欲 | ★ | しょくよく | 명 식욕 |

飲食店の前を通っていると、おいしい匂いで食欲がわく。
음식점 앞을 지나가면, 맛있는 냄새로 식욕이 돋는다.

0095 ☐☐☐

| 召し上がる | めしあがる | 图 드시다 (존경어) |

お客様、店内で召し上がりますか。
손님, 가게 안에서 드십니까?

0096 ☐☐☐

| 持ち出す | もちだす | 图 가지고 나가다 |

うちの店では食べ残しを外に持ち出すことを禁止しています。
우리 가게에서는 남은 음식을 바깥으로 가지고 나가는 것을 금지하고 있습니다.

0097 ☐☐☐

| 取り寄せる | とりよせる | 图 주문해 받다 |

近くの店になかったスイーツを他の店舗から取り寄せて
もらった。 가까운 가게에 없던 과자를 다른 점포로부터 주문해 받았다.

0098 ☐☐☐

| 従業員 | じゅうぎょういん | 图 종업원 |

このカフェは客が多いだけに従業員も多いですね。
이 카페는 손님이 많은 만큼 종업원도 많네요.

[문형] い형용사 보통형 + だけに ~(인) 만큼

0099 ☐☐☐

| 何度も ★ | なんども | 몇 번이나 |

ここのラーメンはおいしすぎて何度も食べたくなる。
이곳의 라멘은 너무 맛있어서 몇 번이나 먹고 싶어진다.

0100 ☐☐☐

| おすすめ | - | 图 추천 |

店員のおすすめメニューは高いだけのことはあった。
점원의 추천 메뉴는 비싼 만큼의 가치는 있었다.

[문형] い형용사 보통형 + だけのことはある ~(한) 만큼의 가치가 있다

0101 ☐☐☐

| 評判 | ★ | ひょうばん | 명 평판 |

評判がいい店だからといって自分の口に合うとは限らない。
평판이 좋은 가게라고 해서 꼭 자신의 입에 맞는다고 할 수 없다.

[문형] 명사 だ + からといって ~라고 해서 /
동사 보통형 + とは限らない 꼭 ~(하)다고는 할 수 없다

0102 ☐☐☐

| 順番 | ★ | じゅんばん | 명 순번 |

ただいま満席ですので、こちらで順番をお待ちください。
지금 만석이므로, 여기에서 순번을 기다려 주세요.

0103 ☐☐☐

| 行列 | | ぎょうれつ | 명 줄, 열, 행렬 |

ここは牛丼が他の店より安くておいしいからいつも行列ができている。 여기는 규동이 다른 가게보다 싸고 맛있으니까 항상 줄이 생긴다.

0104 ☐☐☐

| 相席 | ★ | あいせき | 명 합석 |

店が混雑していて他のお客さんと相席することになった。
가게가 혼잡해서 다른 손님과 합석하게 되었다.

[문형] 동사 사전형 + ことになる ~(하)게 되다

0105 ☐☐☐

| 慌ただしい | ★ | あわただしい | い형 분주하다, 어수선하다 |

客が多くて慌ただしいにせよ、料理が出るのが遅すぎるよ。
손님이 많아서 분주하다고 해도, 요리가 나오는 것이 너무 늦네.

[문형] い형용사 보통형 + にせよ ~(라)고 해도

0106 ☐☐☐

| くるむ | ★ | - | 동 감싸다 |

焼き立ての肉を野菜でくるんで食べました。
갓 구운 고기를 야채로 감싸서 먹었습니다.

0107 ☐☐☐

| 巻く | まく | 图 (둥글게) 말다, 감다 |

最後にのりを巻くとおにぎりの完成です。
마지막으로 김을 말면 주먹밥 완성입니다.

0108 ☐☐☐

| 強火 | ★ | つよび | 图 센 불 |

焼肉は強火で短時間焼いたほうがおいしいと思います。
불고기는 센 불로 단시간 굽는 편이 맛있다고 생각합니다.

0109 ☐☐☐

| 焼ける | ★ | やける | 图 구워지다, 타다, 그을리다 |

お肉が焼けるのを見ていたら、お腹が空いてしかたがない。
고기가 구워지는 것을 보고 있었더니, 너무 배가 고프다.

[문형] 동사 て형 + しかたがない 너무 ~(하)다

0110 ☐☐☐

| 焦げる | ★ | こげる | 图 타다, 눋다 |

頼んだチャーハンはまずいうえに少し焦げていた。
주문한 볶음밥은 맛이 없는 데다가 조금 타 있었다.

[문형] い형용사 보통형 + うえに ~(한) 데다가

0111 ☐☐☐

| 足す | ★ | たす | 图 더하다 |

一人3000円のコースにワインを足して注文した。
1인 3000엔 코스에 와인을 더해서 주문했다.

0112 ☐☐☐

| 薄める | うすめる | 图 묽게 하다 |

このカフェのコーヒーは濃すぎて、水で薄めて飲みました。
이 카페의 커피는 너무 진해서, 물로 묽게 해서 마셨습니다.

0113 ☐☐☐

固める	かためる	图 굳히다

クッキーの生地を冷蔵庫で冷やし、固めます。
쿠키 반죽을 냉장고에서 식혀, 굳힙니다.

0114 ☐☐☐

浸す	ひたす	图 담그다

豆腐を作るために豆を水に浸しておきました。
두부를 만들기 위해서 콩을 물에 담가 놓았습니다.

0115 ☐☐☐

添える	そえる	图 곁들이다, 첨부하다, 더하다

エビフライを添えられていたソースにつけて食べた。
새우튀김을 곁들여져 있던 소스에 찍어서 먹었다.

0116 ☐☐☐

炊く	たく	图 (밥을) 짓다

ここは釜でご飯を炊いているからか、他の所よりご飯が
おいしい。　여기는 솥으로 밥을 지어서인지, 다른 곳보다 밥이 맛있다.

0117 ☐☐☐

蒸す	むす	图 찌다

サラダにあった蒸したブロッコリーが意外に気に入った。
샐러드에 있던 찐 브로콜리가 의외로 마음에 들었다.

0118 ☐☐☐

保管	ほかん	图 보관

野菜や果物など、食材は大体冷蔵庫に保管しています。
야채나 과일 등, 식재료는 대체로 냉장고에 보관하고 있습니다.

0119 ☐☐☐

ぎっしり ★ - 🖫 가득, 잔뜩

学校前で買った弁当はおかずがぎっしり入っていました。
학교 앞에서 산 도시락은 반찬이 가득 들어 있었습니다.

0120 ☐☐☐

箸 はし 🖫 젓가락

お持ち帰りする時、箸をもらうのを忘れてしまった。
테이크아웃할 때, 젓가락을 받는 것을 잊어버렸다.

[문형] 동사 て형 + しまう ~(해) 버리다

0121 ☐☐☐

一気に ★ いっきに 🖫 단숨에

暑かったので、頼んだアイスコーヒーを一気に飲んだ。
더워서, 주문한 아이스커피를 단숨에 마셨다.

0122 ☐☐☐

取材 ★ しゅざい 🖫 취재

あの飲食店、テレビ取材されたというから行ってみたい。
저 음식점, 텔레비전 취재받았다고 하니까 가 보고 싶어.

[문형] 동사 보통형 + というから ~(라)고 하니까

0123 ☐☐☐

限定 ★ げんてい 🖫 한정

期間限定の特別メニューは毎日30名様限定で販売して
おります。 기간 한정 특별 메뉴는 매일 30명 한정으로 판매하고 있습니다.

0124 ☐☐☐

通販 ★ つうはん 🖫 통신 판매

当店は冷凍弁当の通販を開始しました。
당점은 냉동 도시락의 통신 판매를 개시했습니다.

*<Day별 단어 퀴즈 PDF>를 활용하여 꼭 복습하세요.

완성 단어

0125	てん ぽ 店舗	명 점포
0126	こうひょう 好評	명 호평
0127	こ せい 個性	명 개성
0128	さか ば 酒場	명 술집, 선술집
0129	そうちょう 早朝	명 이른 아침, 조조
0130	てんとう 店頭	명 가게 앞
0131	てんない 店内	명 점내
0132	まかな 賄う	동 조달하다, 식사를 마련하다
0133	かま 釜	명 솥, 가마
0134	すいとう 水筒	명 물통
0135	えんたく 円卓	명 원탁
0136	し しょく 試食	명 시식
0137	じょうれん きゃく 常連(客)	명 단골 (고객)
0138	せっきゃく 接客	명 접객
0139	め 召す	동 먹다, 입다 (존경어)
0140	よ 酔う	동 취하다
0141	よ ぱら 酔っ払い	명 술주정뱅이, 술꾼, 취객
0142	わ しょく 和食	명 일식
0143	けむ 煙い	い형 (눈이) 따갑다, 맵다
0144	わ 沸く	동 끓다
0145	か ねつ 加熱	명 가열

0146	ねっ 熱する	동 뜨겁게 하다, 가열하다
0147	に 煮える	동 익다, 끓다
0148	すみ び 炭火	명 숯불
0149	あぶる	동 (불에 살짝) 굽다
0150	や もの 焼き物	명 구이 요리, 도자기
0151	で き あ 出来上がる	동 완성되다
0152	ちょう り 調理	명 조리
0153	すい じ 炊事	명 취사
0154	と 研ぐ	동 (칼 등을) 갈다, 연마하다
0155	きざ 刻む	동 잘게 썰다, 새기다
0156	ちぎる	동 잘게 찢다, 잡아 뜯다
0157	かえ ひっくり返す	동 뒤집다, 뒤엎다
0158	も あ 盛り合わせ	명 모둠
0159	かご 籠	명 바구니
0160	も 盛る	동 쌓아 올리다, (그릇에) 담다
0161	ぜっぴん 絶品	명 우수한 물건, 일품
0162	たんぴん 単品	명 단품
0163	はさ 挟む	동 끼우다
0164	はさ 挟まる	동 끼이다, 끼다
0165	くず	명 부스러기, 쓰레기
0166	ずらり	부 즐비하게, 죽

0167 □□□

| 購入 | こうにゅう | 명 구입 |

かんづめ　　こ　い じょうこうにゅう
この缶詰を5個以上購入されますと、5％オフになります。
이 통조림을 5개 이상 **구입**하시면, 5% 오프됩니다.

0168 □□□

| お買い上げ | おかいあげ | 명 구매, 구입 |

りょこうかんれんしょうひん　　　か　あ　　かた　　　　　　さ　あ
旅行関連商品をお買い上げの方にかばんを差し上げます。
여행 관련 상품을 **구매**하신 분에게 가방을 드립니다.

0169 □□□

| 勘定 | ★ かんじょう | 명 계산 |

かんじょう　　ねが
すみません、お勘定お願いします。
실례합니다, **계산** 부탁합니다.

0170 □□□

| 会計 | ★ かいけい | 명 (대금) 계산, 회계 |

しょく じ　お　　　　あと　かく じ かいけい　す
食事が終わった後、各自会計を済ませた。
식사가 끝난 후, 각자 **계산**을 끝냈다.

0171 □□□

| 領収 | ★ りょうしゅう | 명 수령, 영수 |

だいきん　　　　　　まんえん　　りょうしゅう
代金として10万円を領収しました。
대금으로 10만 엔을 **수령**했습니다.

[문형] 명사 + として ~으로

관련어　領収書 りょうしゅうしょ 명 영수증

0172 ☐☐☐

定価 | **ていか** | 몡 정가

定価1万円の高級調味料セットを500円値引きして売っている。 정가 1만 엔인 고급 조미료 세트를 500엔 할인해서 팔고 있다.

0173 ☐☐☐

仕方ない ★ | **しかたない** | い형 하는 수 없다

近くのスーパーが定休日だったから、仕方なく遠くまで行った。 근처의 슈퍼가 정기 휴일이어서, 하는 수 없이 멀리까지 갔다.

0174 ☐☐☐

催促 ★ | **さいそく** | 몡 재촉

通販代金の入金を忘れていたら入金催促のメールが来た。 통신 판매 대금의 입금을 잊어버리고 있었더니 입금 재촉 메일이 왔다.

0175 ☐☐☐

渡す ★ | **わたす** | 동 건네다

忙しいにしても客にお釣りを間違えて渡してはいけない。 바쁘다고 해도 손님에게 거스름돈을 틀리게 건네면 안 된다.

[문형] い형용사 보통형 + にしても ~(라)고 해도

0176 ☐☐☐

独特だ ★ | **どくとくだ** | な형 독특하다

この服はデザインが独特で、好き嫌いが分かれそうだ。 이 옷은 디자인이 독특해서, 호불호가 나뉠 것 같다.

0177 ☐☐☐

特色 ★ | **とくしょく** | 몡 특색

ここは特色のある濃い味の味噌が有名だから一つ買ってみた。 여기는 특색 있는 깊은 맛의 된장이 유명해서 하나 사 봤다.

0178 ☐☐☐

地味だ	★	じみだ	な형 수수하다, 검소하다

地味な服しか持っていないから今日は思い切って派手な
物を買ってみた。
수수한 옷밖에 가지고 있지 않으니까 오늘은 큰맘 먹고 화려한 것을 사 봤다.

0179 ☐☐☐

鮮やかだ	★	あざやかだ	な형 선명하다, 또렷하다, 산뜻하다

そのスカートは色が鮮やかで気に入っています。
그 치마는 색이 선명해서 마음에 듭니다.

0180 ☐☐☐

ぴったり	★	-	부 딱, 꼭, 바싹

店頭に並んでいたシャツを着てみたら私にぴったりだった。
가게 앞에 늘어서 있던 셔츠를 입어 봤더니 나에게 딱이었다.

0181 ☐☐☐

大型		おおがた	명 대형

広いところに引っ越したことだしテレビも大型に替えよう。
넓은 곳으로 이사했으니까 텔레비전도 대형으로 바꾸자.

[문형] 동사 보통형 + ことだし ~니까

0182 ☐☐☐

小型		こがた	명 소형

飲み物などを保管する小型の冷蔵庫を買いました。
음료수 등을 보관할 소형 냉장고를 샀습니다.

0183 ☐☐☐

雑貨		ざっか	명 잡화

お店で生活雑貨を色々売っていたが、買いたいものは
なかった。 가게에서 생활 잡화를 여러 가지 팔고 있었지만, 사고 싶은 것은 없었다.

0184 ☐☐☐

財布	★	さいふ	명 지갑

あれより、むしろこっちの財布が可愛いと思うよ。
저것보다, 오히려 이쪽의 지갑이 귀엽다고 생각해.

0185 ☐☐☐

香水		こうすい	명 향수

この香水は評判がいいというから買ってみました。
이 향수는 평판이 좋다고 해서 사 보았습니다.

[문형] い형용사 보통형 + というから ~(라)고 해서

0186 ☐☐☐

照明		しょうめい	명 조명

このアクセサリー屋は照明が明るすぎる。
이 액세서리 가게는 조명이 너무 밝다.

0187 ☐☐☐

比較的	★	ひかくてき	부 비교적

あのスーパーは海産物に限っては他の所より比較的安い。
저 슈퍼는 해산물에 한해서는 다른 곳보다 비교적 싸다.

[문형] 명사 + に限って ~에 한해서

0188 ☐☐☐

異なる	★	ことなる	동 다르다

ネットで服を注文したが異なるものが届いた。
인터넷에서 옷을 주문했는데 다른 것이 도착했다.

0189 ☐☐☐

組み立てる		くみたてる	동 조립하다

この椅子は安い代わりに自分で組み立てなければいけない。
이 의자는 싼 대신에 스스로 조립해야 한다.

[문형] 동사 ない형 + なければいけない ~(해)야 한다

0190 ☐☐☐

思い切る ★ おもいきる 〔동〕 큰마음 먹다, 결심하다

ここのお刺身盛り合わせは高いけど思い切って買った。
이곳의 생선회 모둠은 비싸지만 큰마음 먹고 샀다.

0191 ☐☐☐

買い占める ★ かいしめる 〔동〕 사재기하다, 전부 사다, 매점하다

人気商品を買い占めて高く売ることが問題になった。
인기 상품을 사재기하고 비싸게 파는 것이 문제가 되었다.

0192 ☐☐☐

支店 してん 〔명〕 지점

この支店限定のお茶だと言われてつい多めに買って
しまった。 이 지점 한정인 차라고 들어서 무심코 조금 많이 사 버렸다.

[문형] 동사 て형 + しまう ~(해) 버리다

0193 ☐☐☐

幸運 ★ こううん 〔명〕 행운

あのかばんは人気で、買えたら幸運だと言われるほど
買うのが難しい。
저 가방은 인기라서, 살 수 있으면 행운이라고 말해질 정도로 사는 것이 어렵다.

0194 ☐☐☐

手頃だ てごろだ 〔な형〕 적당하다, 알맞다

このお菓子はおいしいうえに値段も手頃です。
이 과자는 맛있는 데다가 가격도 적당합니다.

[문형] い형용사 보통형 + うえに ~(한) 데다가

0195 ☐☐☐

推薦 すいせん 〔명〕 추천

今日は学校の推薦図書を買ってから帰る予定です。
오늘은 학교의 추천 도서를 사고 나서 돌아갈 예정입니다.

[문형] 동사 て형 + から ~(하)고 나서

0196 ☐☐☐

得	とく	명 이득

今、全てのお惣菜を50%割引しているのでお得です。
지금, 모든 반찬을 50% 세일하고 있으므로 **이득**입니다.

0197 ☐☐☐

特典	とくてん	명 특전

会員登録をされたお客様には会員特典のクーポンを
差し上げます。 회원 등록을 하신 손님께는 회원 **특전** 쿠폰을 드립니다.

0198 ☐☐☐

ぶかぶかだ ★	-	な형 헐렁헐렁하다

気に入ったズボンを試着してみたが、ぶかぶかだった。
마음에 드는 바지를 시착해 봤는데, **헐렁헐렁**했다.

0199 ☐☐☐

返品 ★	へんぴん	명 반품

昨日買った鍋の蓋が少し割れていて返品した。
어제 산 냄비의 뚜껑이 조금 금이 가 있어서 **반품**했다.

0200 ☐☐☐

買い求める	かいもとめる	동 (원하는 것을) 구매하다

免疫力を上げるために健康食品を買い求める人が増え
た。 면역력을 높이기 위해 건강식품을 구매하는 사람이 늘었다.

0201 ☐☐☐

包む ★	つつむ	동 포장하다, 감싸다

母へのプレゼントだから店員さんにきれいに包んでも
らった。 어머니께의 선물이라서 점원에게 예쁘게 포장해 받았다.

0202 ☐☐☐

| すぐに ★ | - | 🖹 바로, 곧 |

サイズを間違えて注文したのですぐにキャンセルした。
사이즈를 틀리게 주문해서 **바로** 취소했다.

0203 ☐☐☐

| 試す | ためす | 🖹 시험해 보다 |

化粧品は試してからでないと買いません。
화장품은 **시험해** 본 후가 아니면 사지 않습니다.

[문형] 동사 て형 + からでないと ~(한) 후가 아니면

0204 ☐☐☐

| 先ほど | さきほど | 🖹 방금, 아까 |

先ほど申し上げたようにただいまこの商品はご購入できません。 방금 말씀드린 대로 지금 이 상품은 구입하실 수 없습니다.

0205 ☐☐☐

| 買い出し | かいだし | 🖹 (가서 직접) 삼, 장을 봄 |

魚を安く買うために市場へ買い出しに行くようにしている。
생선을 싸게 사기 위해서 시장에 직접 **사러 가도록** 하고 있다.

[문형] 동사 사전형 + ようにする ~(하)도록 하다

0206 ☐☐☐

| 探し回る | さがしまわる | 🖹 찾아다니다 |

欲しい本を探し回ったが、見つけられなかった。
갖고 싶은 책을 **찾아다녔는데**, 찾지 못했다.

0207 ☐☐☐

| 使い込む | つかいこむ | 🖹 (돈을 예상 이상으로) 쓰다 |

買い物が好きでいつも生活費を使い込みがちだ。
쇼핑을 좋아해서 항상 생활비를 **예상 이상으로 쓰기** 일쑤이다.

[문형] 동사 ます형 + がちだ ~(하)기 일쑤이다

*<Day별 단어 퀴즈 PDF>를 활용하여 꼭 복습하세요.

완성 단어

0208	ねふだ 値札	명 가격표
0209	みはら 未払い	명 미지불
0210	こうばい 購買	명 구매
0211	さつ 札	명 지폐
0212	ふくろ 袋	명 봉지, 봉투
0213	ひんぱん 頻繁だ	な형 빈번하다
0214	なに 何も	부 아무것도, 특별히, 별반
0215	かみそり 剃刀	명 면도칼
0216	かわぐつ 革靴	명 가죽 구두
0217	けがわ 毛皮	명 모피
0218	さっし 冊子	명 책자
0219	きぐ 器具	명 기구
0220	にちようひん 日用品	명 일용품
0221	はんそで 半袖	명 반소매
0222	こもの 小物	명 자질구레한 도구, 부속품
0223	はで 派手だ	な형 화려하다
0224	ごうか 豪華	명 호화
0225	しなぎ 品切れ	명 품절
0226	みば 見栄え	명 좋게 보임, 돋보임
0227	ぜいこ 税込み	명 세금 포함, 세금 포함 가격
0228	こうりょ 考慮	명 고려

0229	きい お気に入り	명 마음에 듦
0230	しゃれ お洒落	명 멋짐, 멋냄
0231	かわす 買い忘れ	명 사는 것을 잊음
0232	か 買いだめ	명 사재기, 매점
0233	しょうどうが 衝動買い	명 충동구매
0234	おまけ	명 덤, 경품
0235	かくやす 格安だ	な형 (품질에 비해) 싸다
0236	わりだか 割高	명 (품질이나 양에 비해) 비쌈
0237	わりやす 割安	명 (품질이나 양에 비해) 쌈
0238	ねぎ 値切る	동 값을 깎다
0239	いちば 市場	명 시장
0240	しょてん 書店	명 서점
0241	しなぞろ 品揃え	명 상품 구비
0242	まぎ 紛らわしい	い형 헷갈리기 쉽다
0243	こば 拒む	동 거절하다, 거부하다
0244	そうりょう 送料	명 배송료
0245	つい	부 그만, 무심코
0246	とんでもない	い형 당치도 않다
0247	しちゃく 試着	명 시착, 입어 봄
0248	ふろく 付録	명 부록
0249	むだづか 無駄遣い	명 낭비

0250 ☐☐☐

| 製造 | ★ | せいぞう | 몡 제조 |

せいぞうこうじょう　　　　　　　　かいがい　　いてん
製造工場がどんどん海外に移転しています。
제조 공장이 점점 해외로 이전하고 있습니다.

0251 ☐☐☐

| 素材 | ★ | そざい | 몡 소재 |

ふく　　そざい　　　　　　　　　　　　　　　やす
その服は素材がいいわりに安いからおすすめですよ。
그 옷은 소재가 좋은 것에 비해서 싸니까 추천이에요.

[문형] い형용사 보통형 + わりに ~에 비해서

0252 ☐☐☐

| 宝石 | ★ | ほうせき | 몡 보석 |

ちい　　ほうせき　　　　　　　　　　　　　　　　　　　　　ゆびわ
小さい宝石がたくさんついているこちらの指輪はいかが
ですか。작은 보석이 잔뜩 붙어 있는 이쪽의 반지는 어떠신가요?

0253 ☐☐☐

| 灰色 | ★ | はいいろ | 몡 회색 |

はいいろ　　　　　　　　　　　　　　どくとく
この灰色のＴシャツはデザインが独特です。
이 회색 티셔츠는 디자인이 독특합니다.

0254 ☐☐☐

| 保証 | ★ | ほしょう | 몡 보증 |

ほしょうしょ　ほしょうきかん　しょうひん　か　　　　てんぽ　　か
保証書に保証期間と商品を買った店舗が書いてあります。
보증서에 보증 기간과 상품을 산 점포가 적혀 있습니다.

관련어 保証人 ほしょうにん 몡 보증인

0255 □□□

| 頑丈だ | ★ | がんじょうだ | な형 튼튼하다 |

あの会社の小型自動車は非常に頑丈なことで有名だ。
저 회사의 소형 자동차는 매우 튼튼한 것으로 유명하다.

0256 □□□

| 破れる | ★ | やぶれる | 동 찢어지다 |

この革靴は破れても購入から1年以内なら無料で修理できる。 이 가죽 구두는 찢어져도 구입으로부터 1년 이내라면 무료로 수리 가능하다.

0257 □□□

| 値下げ商品 | | ねさげしょうひん | 명 가격 인하 상품 |

値下げ商品はご注文の取り消しができかねます。
가격 인하 상품은 주문 취소를 하기 어렵습니다.

[문형] 동사 ます형 + かねる ~(하)기 어렵다

0258 □□□

| 軽い | ★ | かるい | い형 가볍다 |

大好評のこちらのかばんはとても軽いのが特徴です。
큰 호평을 받고 있는 이쪽의 가방은 매우 가벼운 것이 특징입니다.

0259 □□□

| 底 | ★ | そこ | 명 바닥 |

この水筒は飲み口が狭くて底まで洗いにくい。
이 물통은 입구가 좁아서 바닥까지 씻기 어렵다.

0260 □□□

| 質 | | しつ | 명 질 |

この店のかばんは高いだけに質がいい。
이 가게의 가방은 비싼 만큼 질이 좋다.

[문형] い형용사 보통형 + だけに ~(한) 만큼

0261 ☐☐☐

仕組み	しくみ	몡 구조, 짜임새

その<ruby>仕組<rt>しく</rt></ruby>みが<ruby>簡単<rt>かんたん</rt></ruby>なので<ruby>誰<rt>だれ</rt></ruby>でも<ruby>組<rt>く</rt></ruby>み<ruby>立<rt>た</rt></ruby>てられます。
そのテントは仕組みが簡単なので誰でも組み立てられます。
그 텐트는 구조가 간단하기 때문에 누구나 조립할 수 있습니다.

0262 ☐☐☐

わずか ★	-	몡 조금, 약간, 불과

こちらのスカート、Mサイズは<ruby>残<rt>のこ</rt></ruby>りわずかです。
이쪽의 치마, M사이즈는 조금 남아있습니다.

0263 ☐☐☐

用途 ★	ようと	몡 용도

この<ruby>通販<rt>つうはん</rt></ruby>サイトでは<ruby>色々<rt>いろいろ</rt></ruby>な<ruby>靴<rt>くつ</rt></ruby>が<ruby>用途<rt>ようと</rt></ruby><ruby>別<rt>べつ</rt></ruby>に<ruby>見<rt>み</rt></ruby>られて<ruby>便利<rt>べんり</rt></ruby>です。
이 통신 판매 사이트에서는 여러 신발을 용도별로 볼 수 있어서 편리합니다.

0264 ☐☐☐

重量	じゅうりょう	몡 중량

<ruby>海外配送<rt>かいがいはいそう</rt></ruby>も<ruby>国内配送<rt>こくないはいそう</rt></ruby>と<ruby>同<rt>おな</rt></ruby>じく、<ruby>重量<rt>じゅうりょう</rt></ruby>によって<ruby>送料<rt>そうりょう</rt></ruby>が<ruby>違<rt>ちが</rt></ruby>います。 해외 배송도 국내 배송과 같이, 중량에 따라 배송비가 다릅니다.

[문형] 명사 + によって ~에 따라

0265 ☐☐☐

本物 ★	ほんもの	몡 진짜, 진품

<ruby>中古<rt>ちゅうこ</rt></ruby>でブランド<ruby>品<rt>ひん</rt></ruby>を<ruby>買<rt>か</rt></ruby>う<ruby>時<rt>とき</rt></ruby>は<ruby>本物<rt>ほんもの</rt></ruby>かどうか<ruby>確認<rt>かくにん</rt></ruby>しなければなりません。 중고로 브랜드 상품을 살 때는 진짜인지 아닌지 확인해야 합니다.

[문형] 명사 + かどうか ~(인)지 아닌지 / 동사 ない형 + なければならない ~(해)야 한다

0266 ☐☐☐

付属 ★	ふぞく	몡 부속

この<ruby>充電器<rt>じゅうでんき</rt></ruby>は<ruby>専用<rt>せんよう</rt></ruby>のケーブルが<ruby>付属<rt>ふぞく</rt></ruby>している。
이 충전기는 전용 케이블이 부속되어 있다.

0267 ☐☐☐

| 揃える | ★ | そろえる | 동 갖추다, (같은 것으로) 맞추다 |

キャンプに必要なものを揃えたキャンプ用品セットも
販売中です。 캠프에 필요한 것을 갖춘 캠프 용품 세트도 판매 중입니다.

0268 ☐☐☐

| 揃う | ★ | そろう | 동 갖추어지다, 모이다 |

うちの店には大きいサイズの服が揃っています。
우리 가게에는 큰 사이즈의 옷이 갖추어져 있습니다.

0269 ☐☐☐

| 扱う | ★ | あつかう | 동 다루다, 취급하다 |

ここは調理道具を専門に扱っているお店です。
여기는 조리 도구를 전문으로 다루고 있는 가게입니다.

0270 ☐☐☐

| 取り扱う | | とりあつかう | 동 취급하다 |

お問い合わせいただいた商品は現在取り扱っておりません。
문의 주신 상품은 현재 취급하고 있지 않습니다.

0271 ☐☐☐

| 送る | ★ | おくる | 동 보내다 |

ご希望の方には新製品のカタログをお送りしております。
희망하시는 분께는 신제품 카탈로그를 보내 드리고 있습니다.

0272 ☐☐☐

| 到達 | ★ | とうたつ | 명 도달 |

このかばんは発売からわずか半年で販売個数が1万個
に到達した。
이 가방은 발매로부터 불과 반년만에 판매 개수가 1만개에 도달했다.

0273 ☐☐☐

| 倉庫 | そうこ | 圐 창고 |

営業損失を減らすために倉庫にある在庫は安く売る予定だ。
영업 손실을 줄이기 위해서 창고에 있는 재고는 싸게 팔 예정이다.

0274 ☐☐☐

| 束 | たば | 圐 묶음, 다발, 뭉치 |

この緑色の封筒は一束10枚入りで売っています。
이 녹색 봉투는 한 묶음 10매입으로 팔고 있습니다.

0275 ☐☐☐

| 束ねる ★ | たばねる | 圐 (하나로) 묶다, 통솔하다 |

コードを束ねて整理するためのケーブルを売っています。
전선을 묶어서 정리하기 위한 케이블을 팔고 있습니다.

0276 ☐☐☐

| こぼれる | - | 圐 흘러나오다, 넘치다 |

紙パック飲料を開ける際は中身がこぼれないようにご注意
ください。 종이 팩 음료를 열 때는 내용물이 흘러나오지 않도록 주의해 주세요.

[문형] 동사 ない형 + ないように ~(하)지 않도록

0277 ☐☐☐

| 販売 ★ | はんばい | 圐 판매 |

このお皿はセットで販売しており、単品購入はできかねます。
이 접시는 세트로 판매하고 있어, 단품 구입은 하기 어렵습니다.

| 관련어 | 販売店 はんばいてん 圐 판매점 |

0278 ☐☐☐

| 呼び込む | よびこむ | 圐 불러들이다 |

客を呼び込むために店の前で毎日チラシを配っています。
손님을 불러들이기 위해 가게 앞에서 매일 전단지를 나누어 주고 있습니다.

0279 ☐☐☐

| 総額 | ★ | そうがく | 명 총액 |

こうにゅうそうがく　まんえん い じょう　　きゃくさま　たい　　　　わりびき
購入総額２万円以上のお客様に対して20%割引いたし
ます。 구입 총액 2만 엔 이상인 손님에 대해서 20% 할인해 드립니다.

[문형] 명사 + に対して ~에 대해서

0280 ☐☐☐

| 総売上 | ★ | そううりあげ | 명 총매상, 총매출 |

がつ　　　　こんげつ　　　　う　あ　　きょねん　　そううりあげ
まだ９月なのに今月までの売り上げが去年の総売上を
こ
超えた。 아직 9월인데 이번 달까지의 매상이 작년의 총매상을 넘었다.

0281 ☐☐☐

| 尽きる | ★ | つきる | 동 다 떨어지다, 끝나다 |

ざい こ　　っ
Lサイズは在庫が尽きてしまいました。
L사이즈는 재고가 다 떨어져 버렸습니다.

[문형] 동사 て형 + しまう ~(해) 버리다

0282 ☐☐☐

| 確保 | ★ | かくほ | 명 확보 |

ざいこ　かく ほ　　　し だい　ちゅうもん　しな　　おく
在庫が確保でき次第、ご注文の品をお送りします。
재고를 확보할 수 있는 대로, 주문하신 물건을 보내드리겠습니다.

[문형] 동사 ます형 + 次第 ~대로

0283 ☐☐☐

| 少し | ★ | すこし | 부 조금 |

つうはん　　　　すこ　ふ ぐあい　　　　なん ど　　　　　き
通販アプリに少し不具合があって、何度もクレームが来た。
통신 판매 앱에 조금 오류가 있어서, 몇 번이나 클레임이 왔다.

0284 ☐☐☐

| 好調 | ★ | こうちょう | 명 호조 |

さいきん　ちゃ　う　あ　　こうちょう　せいさんりょう　ふ
最近、お茶の売り上げが好調で生産量を増やすことにした。
최근, 차 매상이 호조라서 생산량을 늘리기로 했다.

[문형] 동사 사전형 + ことにする ~(하)기로 하다

0285 ☐☐☐

| 狙う | ★ | ねらう | 동 노리다, 겨냥하다 |

<ruby>売<rt>う</rt></ruby>り<ruby>上<rt>あ</rt></ruby>げ<ruby>向上<rt>こうじょう</rt></ruby>を<ruby>狙<rt>ねら</rt></ruby>ってSNSを<ruby>活用<rt>かつよう</rt></ruby>した<ruby>宣伝<rt>せんでん</rt></ruby>を<ruby>行<rt>おこ</rt></ruby>っています。
매출 향상을 노리고 SNS를 활용한 선전을 실시하고 있습니다.

0286 ☐☐☐

| 中断 | ★ | ちゅうだん | 명 중단 |

この<ruby>携帯<rt>けいたい</rt></ruby>はあまり<ruby>売<rt>う</rt></ruby>れなかったせいか<ruby>生産<rt>せいさん</rt></ruby>がすぐ<ruby>中断<rt>ちゅうだん</rt></ruby>された。 이 휴대 전화는 그다지 팔리지 않았던 탓인지 생산이 금방 중단되었다.

[문형] い형용사 보통형 + せいか ~탓인지

0287 ☐☐☐

| 苦情 | ★ | くじょう | 명 불만, 불평, 고충, 클레임 |

<ruby>最近<rt>さいきん</rt></ruby><ruby>不良品<rt>ふりょうひん</rt></ruby>に<ruby>関<rt>かん</rt></ruby>する<ruby>苦情<rt>くじょう</rt></ruby>が<ruby>増<rt>ふ</rt></ruby>えて<ruby>生産過程<rt>せいさんかてい</rt></ruby>を<ruby>見直<rt>みなお</rt></ruby>した。
최근 불량품에 관한 불만이 늘어서 생산 과정을 재검토했다.

[문형] 명사 + に関する ~에 관한

0288 ☐☐☐

| 交換 | ★ | こうかん | 명 교환 |

レシートがないと<ruby>交換<rt>こうかん</rt></ruby>できかねます。
영수증이 없으면 교환하기 어렵습니다.

0289 ☐☐☐

| 包装 | | ほうそう | 명 포장 |

すみません、これ<ruby>別々<rt>べつべつ</rt></ruby>に<ruby>包装<rt>ほうそう</rt></ruby>してもらえますか。
실례합니다, 이거 따로따로 포장해 줄 수 있나요?

0290 ☐☐☐

| 開封 | | かいふう | 명 개봉 |

<ruby>商品開封<rt>しょうひんかいふう</rt></ruby>の<ruby>際<rt>さい</rt></ruby>は<ruby>中身<rt>なかみ</rt></ruby>を<ruby>切<rt>き</rt></ruby>らないようにご<ruby>注意<rt>ちゅうい</rt></ruby>ください。
상품 개봉 때는 내용물을 자르지 않도록 주의해 주세요.

*<Day별 단어 퀴즈 PDF>를 활용하여 꼭 복습하세요.

완성 단어

0291 ☐☐☐	ざいもく 材木	몡 재목, 목재	0312 ☐☐☐	こうたく 光沢	몡 광택
0292 ☐☐☐	きかく 規格	몡 규격	0313 ☐☐☐	いろちが 色違い	몡 다른 색, 색만 다름
0293 ☐☐☐	しかく 四角い	い형 네모나다	0314 ☐☐☐	だぶだぶ	悍 헐렁헐렁, 출렁출렁
0294 ☐☐☐	はばひろ 幅広い	い형 폭넓다	0315 ☐☐☐	あら 粗い	い형 조잡하다, 거칠다
0295 ☐☐☐	はし 端	몡 끝, 가장자리	0316 ☐☐☐	さか 逆さま	몡 반대, 거꾸로 됨
0296 ☐☐☐	あな 穴	몡 구멍	0317 ☐☐☐	つい 費やす	동 소비하다, 낭비하다
0297 ☐☐☐	せつめいしょ 説明書	몡 설명서	0318 ☐☐☐	こだわる	동 연연하다, 구애되다
0298 ☐☐☐	すんぽう 寸法	몡 치수, 길이, 척도	0319 ☐☐☐	ちんれつ 陳列	몡 진열
0299 ☐☐☐	せんじょうりょく 洗浄力	몡 세정력	0320 ☐☐☐	お たた 折り畳む	동 접다, (접어) 개다
0300 ☐☐☐	うるお 潤す	동 적시다, 윤택하게 하다	0321 ☐☐☐	はんがく 半額	몡 반액
0301 ☐☐☐	げんさん 原産	몡 원산	0322 ☐☐☐	あんか 安価	몡 염가, 싼값
0302 ☐☐☐	さい 差異	몡 차이	0323 ☐☐☐	き あ 切り上げる	동 일단락 짓다, 올림하다
0303 ☐☐☐	さくいん 索引	몡 색인, 인덱스	0324 ☐☐☐	う き 売り切れる	동 다 팔리다, 매진되다
0304 ☐☐☐	じゅよう 需要	몡 수요	0325 ☐☐☐	う ゆ 売れ行き	몡 매출, 팔림새
0305 ☐☐☐	く あ 組み合わせ	몡 조합, 편성	0326 ☐☐☐	げきぞう 激増	몡 격증, 급증
0306 ☐☐☐	う 埋まる	동 가득 차다, 묻히다	0327 ☐☐☐	げんど 限度	몡 한도
0307 ☐☐☐	いくぶん	悍 약간, 다소	0328 ☐☐☐	でんきや 電気屋	몡 전자 제품 매장
0308 ☐☐☐	いずれも	어느 것이나 다, 모두	0329 ☐☐☐	さっとう 殺到	몡 쇄도
0309 ☐☐☐	けんしょう 検証	몡 검증	0330 ☐☐☐	はいふ 配布	몡 배포
0310 ☐☐☐	こうせい 構成	몡 구성	0331 ☐☐☐	き か 切り替える	동 새로 바꾸다
0311 ☐☐☐	じょうとう 上等だ	な형 뛰어나다, 훌륭하다	0332 ☐☐☐	いっせきにちょう 一石二鳥	몡 일석이조

DAY 05 인간관계

MP3 바로 듣기

0333 □□□

人間関係	にんげんかんけい	명 인간관계

良い人間関係を築くには相手の気持ちを思いやる姿勢が
必要だ。 좋은 인간관계를 쌓기 위해서는 상대의 마음을 헤아리는 자세가 필요하다.

0334 □□□

夫婦 ★	ふうふ	명 부부

家事は夫婦が協力して行うべきだと思う。
집안일은 부부가 협력해서 해야 한다고 생각한다.

[문형] 동사 사전형 + べきだ ~(해)야 한다

0335 □□□

味方	みかた	명 아군, 자기 편

私にとって両親は一生の味方です。
저에게 있어 부모님은 평생의 아군입니다.

[문형] 명사 + にとって ~에게 있어

0336 □□□

仲	なか	명 사이

あの二人は仲がいいから、けんかしてもすぐ仲直りする。
저 둘은 사이가 좋아서, 싸워도 바로 화해한다.

0337 □□□

譲る ★	ゆずる	동 양보하다, 물려주다

気に入っていた香水だが妹が欲しがっていたので譲った。
마음에 들었던 향수지만 여동생이 가지고 싶어 해서 양보했다.

0338 ☐☐☐

招く ★ **まねく** 🅕 초대하다

パーティーに多くの友達を招いたから買い出しに時間がかかった。 파티에 많은 친구를 초대했기 때문에 장 보기에 시간이 걸렸다.

0339 ☐☐☐

相変わらず ★ **あいかわらず** 🅟 변함없이

彼は相変わらず親切なうえに頼もしい。
그는 변함없이 친절한 데다가 믿음직스럽다.

[문형] な형용사 어간 な + うえに ~(한) 데다가

0340 ☐☐☐

馴染む ★ **なじむ** 🅕 익숙해지다, 친숙해지다

新しい会社に優しい人が多くて、すぐに馴染むことができた。
새로운 회사에는 친절한 사람이 많아서, 바로 익숙해질 수 있었다.

0341 ☐☐☐

結束 **けっそく** 🅝 결속

社内運動会を通して社員の結束を高めることができます。
사내 운동회를 통해 사원의 결속을 높일 수 있습니다.

[문형] 명사 + を通して ~를 통해

0342 ☐☐☐

迎える ★ **むかえる** 🅕 맞이하다

娘は海外から来る友達を迎えに先ほど空港へ向かった。
딸은 해외에서 오는 친구를 맞이하러 방금 공항으로 향했다.

0343 ☐☐☐

呼び止める ★ **よびとめる** 🅕 불러 세우다

道で、前の人が財布を落としたので呼び止めた。
길에서, 앞사람이 지갑을 떨어뜨려서 불러 세웠다.

0344 ☐☐☐

| 集まり | ★ | あつまり | 명 모임 |

いろいろな集まりに参加したおかげで様々な人に出会え
ました。 여러 모임에 참가한 덕분에 다양한 사람을 만날 수 있었습니다.

[문형] 동사 た형 + おかげで ~덕분에

0345 ☐☐☐

| 詫びる | ★ | わびる | 동 사과하다 |

上司につい失礼なことを言ってしまい、お詫びした。
상사에게 무심코 실례되는 것을 말해 버려서, 사과했다.

[문형] 동사 て형 + しまう ~(해) 버리다

0346 ☐☐☐

| 勘弁 | | かんべん | 명 용서, 참음 |

このようなことは二度としないようにするので今回は勘弁
してください。 이런 일은 두 번 다시 하지 않도록 할 테니 이번은 용서해 주세요.

[문형] 동사 ない형 + ないように ~(하)지 않도록

0347 ☐☐☐

| 愛情 | | あいじょう | 명 애정 |

母から愛情がこもった手紙をもらってすごく嬉しかった。
어머니에게서 애정이 담긴 편지를 받아서 정말 기뻤다.

0348 ☐☐☐

| 付き合う | | つきあう | 동 사귀다 |

長年付き合った彼氏と結婚することになりました。
여러 해 사귄 남자 친구와 결혼하게 되었습니다.

[문형] 동사 사전형 + ことになる ~(하)게 되다

0349 ☐☐☐

| 寄り添う | | よりそう | 동 다가가다, 기대다 |

山田先輩は、ミスして落ち込んでいた私の気持ちに
寄り添ってくれた。
야마다 선배는, 실수해서 침울해져 있던 나의 마음에 다가와 주었다.

0350 ☐☐☐

| 信用 | ★ | しんよう | 명 신용 |

しんよう はら いいんちょう すいせん
信用できる原さんを委員長に推薦したい。
신용할 수 있는 하라 씨를 위원장으로 추천하고 싶다.

0351 ☐☐☐

| 尊敬 | | そんけい | 명 존경 |

おや りょうしん たい そんけい きも おお
親になって両親に対する尊敬の気持ちが大きくなった。
부모가 되고 부모님에 대한 존경의 마음이 커졌다.

[문형] 명사 + に対する ~에 대한

0352 ☐☐☐

| 敬う | | うやまう | 동 존경하다, 공경하다 |

めうえ ひと うやま こ おし
目上の人を敬うものだと子どものころから教えられた。
손윗사람을 존경해야 하는 법이라고 어릴 적부터 가르침 받았다.

[문형] 동사 보통형 + ものだ ~(인) 법이다

0353 ☐☐☐

| 尊重 | ★ | そんちょう | 명 존중 |

かいぎ たが いけん そんちょう
会議ではお互いの意見を尊重するべきだ。
회의에서는 서로의 의견을 존중해야 한다.

0354 ☐☐☐

| 礼儀 | ★ | れいぎ | 명 예의 |

れいぎ まも しゃかいせいかつ ひじょう たいせつ
礼儀を守ることは社会生活において非常に大切です。
예의를 지키는 것은 사회생활에 있어서 매우 소중합니다.

[문형] 명사 + において ~에 있어서

| 관련어 | 礼儀正しい れいぎただしい い형 예의 바르다 |

0355 ☐☐☐

| 自ら | ★ | みずから | 부 스스로 |

ともだち いけん こと あと みずか あやま い
友達と意見が異なってけんかした後、自ら謝りに行った。
친구와 의견이 달라서 싸운 후, 스스로 사과하러 갔다.

0356 ☐☐☐

| 頼る | ★ | たよる | 图 의지하다 |

せいじん　　　りょうしん　たよ　　　せいかつ
成人してから両親に頼らずに生活している。
성인이 되고 나서 부모님에게 **의지하지** 않고 생활하고 있다.

[문형] 동사 て형 + から ~(하)고 나서 / 동사 ない형 + ずに ~(하)지 않고

0357 ☐☐☐

| 築く | ★ | きずく | 图 구축하다, 쌓다 |

やくそく　かる　み　ひと　　　　　にんげんかんけい　　きず
約束を軽く見る人はよい人間関係を築きかねるだろう。
약속을 가볍게 보는 사람은 좋은 인간관계를 **구축하기** 어려울 것이다.

[문형] 동사 ます형 + かねる ~(하)기 어렵다

0358 ☐☐☐

| 離れる | ★ | はなれる | 图 떨어지다, 멀어지다 |

か ぞく　はな　　　　　　か ぞく　たいせつ　　　き
家族と離れてから家族の大切さに気づきました。
가족과 **떨어지고** 나서 가족의 소중함을 깨달았습니다.

0359 ☐☐☐

| 失う | | うしなう | 图 잃어버리다, 잃다 |

うしな　しんらい　と　もど　　　　たいへんむずか
失った信頼を取り戻すのは大変難しい。
잃어버린 신뢰를 되찾는 것은 대단히 어렵다.

0360 ☐☐☐

| 裏切る | | うらぎる | 图 배신하다 |

か ぞく　ともだち　うら ぎ
家族や友達を裏切ることはしたくない。
가족이나 친구를 **배신하는** 일은 하고 싶지 않다.

0361 ☐☐☐

| 孤独だ | | こどくだ | な형 고독하다 |

し　あ　　　　　　ところ　てんきん　こ どく　せいかつ　おく
知り合いがいない所に転勤して孤独な生活を送っている。
지인이 없는 곳으로 전근해서 **고독한** 생활을 보내고 있다.

0362 ☐☐☐

| 侮る | あなどる | 동 얕보다, 깔보다 |

あいて あなど　　　　　　しあい みごと ま
相手を侮っていたせいか試合で見事に負けてしまった。
상대를 얕보고 있었던 탓인지 시합에서 완전히 져 버렸다.

[문형] 동사 보통형 + せいか ~탓인지

0363 ☐☐☐

| 誤解 | ★ ごかい | 명 오해 |

ご かい　　　　　　　　　　　かいけつ　　　なや
とんでもない誤解をされて、どう解決するか悩んでいる。
터무니없는 오해를 받아서, 어떻게 해결할지 고민하고 있다.

0364 ☐☐☐

| 同情 | ★ どうじょう | 명 동정 |

つら とき ともだち　　　　　どうじょう よ　　　はげ
辛い時、友達はいつも同情を寄せて、励ましてくれる。
힘들 때, 친구는 항상 동정을 보내며, 격려해 준다.

0365 ☐☐☐

| 一旦 | ★ いったん | 부 일단 |

りんじん　 く じょう　　　　　　 いえ　　がっ き れんしゅう　いったん や
隣人から苦情があって家での楽器練習は一旦止めた。
이웃으로부터 불평이 있어서 집에서의 악기 연습은 일단 그만뒀다.

0366 ☐☐☐

| たまたま | ★ - | 부 우연히, 때마침, 가끔 |

あ　　　　　　ともだち　　　　　　あ　　こううん ひ　　おも
会いたかった友達にたまたま会えて幸運な日だと思った。
만나고 싶었던 친구와 우연히 만날 수 있어서 행운인 날이라고 생각했다.

0367 ☐☐☐

| ばったり | ★ - | 부 딱 (우연히 마주침), 뚝 (끊어짐) |

えきまえ じょう し　　　　　　　　　 で あ
駅前で上司とばったり出会ってびっくりした。
역 앞에서 상사와 딱 만나서 깜짝 놀랐다.

0368 ☐☐☐

| 面識 ★ | めんしき | 명 면식 |

めんしきのある人と話す時は比較的うまく話せる。
면식이 있는 사람과 이야기할 때는 비교적 잘 이야기할 수 있다.

0369 ☐☐☐

| 思いがけない ★ | おもいがけない | い형 생각지도 못하다, 의외다 |

部長の信頼を得て、思いがけない仕事を任せられた。
부장님의 신뢰를 얻어, 생각지도 못한 일을 맡았다.

0370 ☐☐☐

| 握る ★ | にぎる | 동 잡다, 쥐다 |

初対面の方と手を握って挨拶しました。
처음 보는 분과 손을 잡고 인사했습니다.

0371 ☐☐☐

| 引き止める ★ | ひきとめる | 동 말리다 |

弟をひどく叱る父を引き止めました。
남동생을 심하게 혼내는 아버지를 말렸습니다.

0372 ☐☐☐

| 守る ★ | まもる | 동 지키다 |

疲れていたが、友達に会う約束を守るために仕方なく
出かけた。 피곤했지만, 친구와 만날 약속을 지키기 위해 하는 수 없이 외출했다.

0373 ☐☐☐

| 問いかける ★ | といかける | 동 질문을 하다, 물어보다 |

思春期の息子は問いかけても返事をしてくれない。
사춘기인 아들은 질문을 해도 대답을 해 주지 않는다.

*<Day별 단어 퀴즈 PDF>를 활용하여 꼭 복습하세요.

완성 단어

0374	あいだがら 間柄	몡 (사람 간의) 사이, 관계
0375	たが お互い	몡 서로
0376	どうし 同士	몡 동료, 한패
0377	じんみゃく 人脈	몡 인맥
0378	ふたご 双子	몡 쌍둥이
0379	だんじょ 男女	몡 남녀
0380	おもかげ 面影	몡 옛 모습
0381	いんねん 因縁	몡 인연
0382	うんめい 運命	몡 운명
0383	おんけい 恩恵	몡 은혜
0384	ぎり 義理	몡 의리
0385	ぜんい 善意	몡 선의
0386	かま 構う	통 마음을 쓰다, 상관하다
0387	げきれい 激励	몡 격려
0388	ありがたい	い형 고맙다, 감사하다
0389	ついぼ 追慕	몡 추모
0390	たいとう 対等	몡 대등
0391	から 絡む	통 얽히다
0392	めぐ 恵まれる	통 축복받다, 혜택받다
0393	えんまん 円満だ	な형 원만하다
0394	たいめん 対面	몡 대면

0395	なかなお 仲直り	몡 화해
0396	あいしょう 相性	몡 궁합, 상성
0397	あいそ あいそう 愛想 / 愛想	몡 붙임성, 대접, 계산
0398	もたれる	통 기대다, 속이 거북하다
0399	きずつ 傷付く	통 다치다, 상처 입다, 상하다
0400	そむ 背く	통 등지다, 어기다, 배반하다
0401	てき 敵	몡 적
0402	ひさ 久しい	い형 오래다, 오래되다
0403	きょうしゅく 恐縮だ	な형 송구스럽다
0404	ふ ま 振る舞う	통 행동하다, 대접하다
0405	まい 参る	통 오다, 가다 (겸양어)
0406	うかが 伺う	통 찾아뵙다, 듣다, 묻다 (겸양어)
0407	こ お越しになる	오시다 (존경어)
0408	お返し	몡 답례, 답례품, 복수
0409	きゅうこん 求婚	몡 구혼, 청혼
0410	こんやく 婚約	몡 약혼
0411	こうこう 孝行	몡 효도, 효행
0412	さいかい 再会	몡 재회
0413	ちかづ 近付く	통 접근하다, 다가오다
0414	ちかづ 近付ける	통 가까이하다, 다가가다
0415	ちやほや	부 (상대를) 어르는, 추어올리는

DAY 06 일상생활

0416 ☐☐☐

| 日常 | ★ | にちじょう | 명 일상 |

へいわ　にちじょう　す
平和な日常が過ごせることはありがたいことだと思う。
평화로운 **일상**을 보낼 수 있는 것은 감사한 일이라고 생각한다.

0417 ☐☐☐

| 暮らす | ★ | くらす | 동 살다 |

とし　いそが　せいかつ　あ　　いなか　く
都市の忙しい生活に飽きて、田舎で暮らすことにした。
도시의 바쁜 생활에 질려서, 시골에서 살기로 했다.

[문형] 동사 보통형 + ことにする ~(하)기로 하다

0418 ☐☐☐

| 早起き | | はやおき | 명 일찍 일어남 |

はや お　　あさ　はん　た　　　　　　ちこく　　　　　いっせき に
早起きすると朝ご飯も食べられるし遅刻もしないから一石二
ちょう
鳥だ。　일찍 일어나면 아침밥도 먹을 수 있고 지각도 하지 않으니까 일석이조이다.

0419 ☐☐☐

| 起床 | | きしょう | 명 기상 |

しつ　　　すいみん　　　きしょうご　きも
質のいい睡眠をとると起床後も気持ちがいい。
질이 좋은 수면을 취하면 **기상** 후에도 기분이 좋다.

0420 ☐☐☐

| 年頃 | | としごろ | 명 (어떤 것에 상응하는) 나이 |

むすめ　いまじゅけん　　　　なや　　おお　としごろ
娘は今受験などで悩みの多い年頃です。
딸은 지금 수험 등으로 고민이 많을 **나이**입니다.

0421 ☐☐☐

| 触る | ★ | さわる | 통 만지다, (마음에) 거슬리다 |

飼い猫の爪を切ろうと足に触ったとたん逃げられて失敗した。 기르는 고양이의 손톱을 자르려고 발을 만진 순간 도망쳐서 실패했다.

[문형] 동사 た형 + とたん ~(한) 순간

0422 ☐☐☐

| 背負う | せおう | 통 짊어지다, 떠맡다 |

背中に大きい荷物を背負っていた人を手伝いました。
등에 큰 짐을 짊어지고 있던 사람을 도왔습니다.

0423 ☐☐☐

| せっせと | - | 부 열심히, 부지런히 |

家を買うにはせっせとお金を貯めなければならない。
집을 사려면 열심히 돈을 모아야 한다.

[문형] 동사 ない형 + なければならない ~(해)야 한다

0424 ☐☐☐

| 振り向く | ★ | ふりむく | 통 돌아보다 |

どこかで聞いたことがある声が聞こえて振り向いた。
어디선가 들어본 적이 있는 목소리가 들려서 돌아보았다.

[문형] 동사 た형 + ことがある ~(한) 적이 있다

0425 ☐☐☐

| 振り返る | ふりかえる | 통 뒤돌아보다, 회고하다 |

１年を振り返って、自分なりに頑張ってきたなと思った。
1년을 뒤돌아보고, 자기 나름대로 열심히 해 왔다고 생각했다.

[문형] 명사 + なりに ~나름대로

0426 ☐☐☐

| ありがちだ | - | な형 (세상에) 흔히 있다 |

植物に水をやりすぎて枯らしてしまうのはありがちな失敗だ。
식물에 물을 너무 많이 줘서 시들게 해 버리는 것은 흔히 있는 실패이다.

[문형] 동사 て형 + しまう ~(해) 버리다

0427 □□□

| 偶然 | ★ | ぐうぜん | 🔤 우연히 🔤 우연 |

<ruby>友達<rt>ともだち</rt></ruby>が<ruby>偶然<rt>ぐうぜん</rt></ruby><ruby>私<rt>わたし</rt></ruby>と<ruby>色違<rt>いろちが</rt></ruby>いのシャツを<ruby>着<rt>き</rt></ruby>ていて<ruby>驚<rt>おどろ</rt></ruby>いた。
친구가 **우연히** 나와 색만 다른 셔츠를 입고 있어서 놀랐다.

0428 □□□

| ぶつかる | ★ | - | 🔤 부딪히다 |

<ruby>歩<rt>ある</rt></ruby>きスマホは<ruby>車<rt>くるま</rt></ruby>とぶつかる<ruby>恐<rt>おそ</rt></ruby>れがあるので<ruby>危険<rt>きけん</rt></ruby>です。
걸으며 스마트폰을 하는 것은 차와 **부딪힐** 우려가 있으므로 위험합니다.

[문형] 동사 사전형 + 恐れがある ~(할) 우려가 있다

0429 □□□

| 借り | ★ | かり | 🔤 빚, 은혜 |

この<ruby>借<rt>か</rt></ruby>りはいつかお<ruby>返<rt>かえ</rt></ruby>しします。
이 **빚**은 언젠가 갚겠습니다.

0430 □□□

| 通話 | ★ | つうわ | 🔤 통화 |

<ruby>母<rt>はは</rt></ruby>に<ruby>電話<rt>でんわ</rt></ruby>をかけてみたが、<ruby>誰<rt>だれ</rt></ruby>かと<ruby>通話中<rt>つうわちゅう</rt></ruby>だっだ。
엄마에게 전화를 걸어 보았는데, 누군가와 **통화** 중이었다.

0431 □□□

| 切れる | ★ | きれる | 🔤 다 되다, 끊어지다 |

このラジオ、バッテリーが<ruby>切<rt>き</rt></ruby>れちゃっているね。
이 라디오, 배터리가 **다 되어** 버렸네.

[문형] 동사 て형 + ちゃう ~(해) 버리다 ★ て를 빼고 ちゃう를 붙임

0432 □□□

| 別れ際 | ★ | わかれぎわ | 🔤 헤어질 때, 헤어지는 순간 |

<ruby>別<rt>わか</rt></ruby>れ<ruby>際<rt>ぎわ</rt></ruby>に<ruby>友達<rt>ともだち</rt></ruby>に<ruby>手<rt>て</rt></ruby>を<ruby>振<rt>ふ</rt></ruby>りました。
헤어질 때에 친구에게 손을 흔들었습니다.

0433 ☐☐☐

| 拾得 | しゅうとく | 명 습득 |

道で１万円札の束を拾得して警察に届けました。
길에서 1만 엔 지폐 다발을 습득해서 경찰에 전달했습니다.

0434 ☐☐☐

| ぼろぼろ | - | 부 너덜너덜, 부슬부슬 |

母にもらった財布は長く使ってぼろぼろになったが、捨てられない。 어머니에게 받은 지갑은 오래 써 너덜너덜해졌지만, 버릴 수 없다.

0435 ☐☐☐

| ぎしぎし ★ | - | 부 삐걱삐걱, 꽉꽉 |

椅子からぎしぎしと音が鳴るので新しいものに買い替えたい。
의자에서 삐걱삐걱 소리가 나서 새로운 것으로 사서 바꾸고 싶다.

0436 ☐☐☐

| 外れる | はずれる | 동 빗나가다, 어긋나다, 떨어지다 |

今日雨が降ると天気予報で見ましたが、外れました。
오늘 비가 온다고 일기 예보에서 봤지만, 빗나갔습니다.

0437 ☐☐☐

| 通りかかる | とおりかかる | 동 (마침) 지나가다 |

駅前を通りかかった時、偶然昔の同僚と再会しました。
역 앞을 지나가던 때, 우연히 예전 동료와 재회했습니다.

0438 ☐☐☐

| きちんと | - | 부 정확히 |

試験があるから遅刻しないようにきちんと５時に起きた。
시험이 있기 때문에 지각하지 않도록 정확히 5시에 일어났다.

[문형] 동사 ない형 + ないように ~(하)지 않도록

0439 ☐☐☐

| 引き出す ★ | ひきだす | 🅢 꺼내다, 끄집어내다, 인출하다 |

押し入れの奥にあった布団を久しぶりに引き出してみた。
벽장 속에 있던 이불을 오랜만에 **꺼내** 보았다.

0440 ☐☐☐

| 反省 ★ | はんせい | 🅜 반성 |

昨日、両親に嘘をついたことをずっと反省しています。
어제, 부모님께 거짓말을 한 것을 계속 **반성**하고 있습니다.

0441 ☐☐☐

| めでたい | - | 🅘형 경사스럽다, 축하할 만하다 |

娘さんが大学に合格したなんて本当におめでたいですね。
따님이 대학에 합격했다니 정말 경사스럽네요.

[문형] 동사 보통형 + なんて ~(하)다니

0442 ☐☐☐

| 急激だ ★ | きゅうげきだ | 🅝형 급격하다 |

急激に暑くなって、エアコンを買い求める人が多くなったそうだ。 급격하게 더워져서, 에어컨을 구매하는 사람이 많아졌다고 한다.

0443 ☐☐☐

| ついている ★ | - | 운이 따르다 |

くじに当たるとは、本当についているね。
추첨에 당첨되다니, 정말로 운이 따르네.

0444 ☐☐☐

| 湿っぽい ★ | しめっぽい | 🅘형 눅눅하다, 축축하다 |

最近湿っぽい日が続いて気分が落ち込みがちだ。
최근 눅눅한 날이 계속되어 기분이 침울해지기 일쑤이다.

[문형] 동사 ます형 + がちだ ~(하)기 일쑤이다

0445 ☐☐☐

物足りない ★	ものたりない	어딘지 아쉽다, 부족하다

昨日買った服のデザインが少し物足りなくて他の服に
交換した。 어제 산 옷의 디자인이 좀 어딘지 아쉬워서 다른 옷으로 교환했다.

0446 ☐☐☐

見慣れる	みなれる	동 눈에 익다, 낯익다

赤ちゃんは見慣れていない人を見たせいか泣いてしまった。
아기는 눈에 익지 않은 사람을 본 탓인지 울어 버렸다.

[문형] 동사 보통형 + せいか ~탓인지

0447 ☐☐☐

重たい	おもたい	い형 무겁다

このかばんは重たいけど頑丈だから旅行の時よく使って
いる。 이 가방은 무겁지만 튼튼해서 여행 때 자주 사용하고 있다.

0448 ☐☐☐

持ち ★	もち	명 지속(력), 가짐

バッテリーの持ちがいいノートパソコンを買った。
배터리 지속력이 좋은 노트북을 샀다.

0449 ☐☐☐

速達	そくたつ	명 속달

重要な書類を忘れて出張先に行った姉に書類を速達で
送った。 중요한 서류를 잊고 출장지에 간 누나에게 서류를 속달로 보냈다.

0450 ☐☐☐

小包	こづつみ	명 소포

海外の友達への小包が破れないように包装をしっかり
した。 해외에 있는 친구에게의 소포가 찢어지지 않도록 포장을 확실하게 했다.

DAY
06

해커스 JLPT 기출 단어장 N2

0451 ☐☐☐

| 騒々しい ★ | そうぞうしい | い형 시끄럽다 |

でんき や まえ すこ そうぞう
電気屋の前が少し騒々しいけどなぜなんだろう。
전자 제품 매장 앞이 좀 시끄러운데 왜일까?

0452 ☐☐☐

| 近々 | ちかぢか | 부 곧, 머지않아 |

せんせい ちかぢかうかが おも
先生、近々伺いたいと思っております。
선생님, 곧 찾아뵙고 싶다고 생각하고 있습니다.

0453 ☐☐☐

| 門限 | もんげん | 명 통금 시간 |

りょう もんげん きび かえ
うちの寮は門限が厳しいもんだから、もう帰らなきゃ。
우리 기숙사는 통금 시간이 엄격하니까, 이제 돌아가야겠다.

[문형] い형용사 보통형 + もんだから ~(하)니까

0454 ☐☐☐

| しきりに | - | 자꾸만, 끊임없이, 계속 |

あね けしょうひん こうか い か
姉がしきりにこの化粧品は効果があると言うから買ってみた。
언니가 자꾸만 이 화장품이 효과가 있다고 말해서 사 봤다.

0455 ☐☐☐

| 治安 | ちあん | 명 치안 |

ち あん じ かん で あぶ
治安がよくてもこんな時間に出かけるのは危ないよ。
치안이 좋아도 이런 시간에 외출하는 것은 위험해.

0456 ☐☐☐

| 目印 | めじるし | 명 표시, 표지 |

よ かくにん ほん めじるし
どこまで読んだか確認するために本に目印をつけた。
어디까지 읽었는지 확인하기 위해서 책에 표시를 했다.

*<Day별 단어 퀴즈 PDF>를 활용하여 꼭 복습하세요.

완성 단어

0457 ☐☐☐	<ruby>出<rt>で</rt></ruby>くわす	동 우연히 만나다, 마주치다
0458 ☐☐☐	めいめい	명 각각, 각자
0459 ☐☐☐	かけら	명 파편
0460 ☐☐☐	<ruby>吸<rt>す</rt></ruby>い<ruby>殻<rt>がら</rt></ruby>	명 담배꽁초
0461 ☐☐☐	<ruby>手<rt>て</rt></ruby>ぶら	명 빈손, 맨손
0462 ☐☐☐	ところが	접 그런데, 그렇지만
0463 ☐☐☐	<ruby>団地<rt>だんち</rt></ruby>	명 (아파트 등의) 단지
0464 ☐☐☐	<ruby>軒<rt>のき</rt></ruby>	명 처마
0465 ☐☐☐	<ruby>塀<rt>へい</rt></ruby>	명 담, 담장
0466 ☐☐☐	はしご	명 사다리
0467 ☐☐☐	<ruby>長居<rt>ながい</rt></ruby>	명 오래 머무름
0468 ☐☐☐	<ruby>雨戸<rt>あまど</rt></ruby>	명 덧문
0469 ☐☐☐	<ruby>身近<rt>みぢか</rt></ruby>だ	な형 가깝다, 친숙하다
0470 ☐☐☐	<ruby>引<rt>ひ</rt></ruby>っかかる	동 걸리다
0471 ☐☐☐	<ruby>雑音<rt>ざつおん</rt></ruby>	명 잡음, 소음
0472 ☐☐☐	しいんと	부 아주 조용히
0473 ☐☐☐	<ruby>書留<rt>かきとめ</rt></ruby>	명 등기
0474 ☐☐☐	<ruby>記事<rt>きじ</rt></ruby>	명 기사
0475 ☐☐☐	<ruby>日頃<rt>ひごろ</rt></ruby>	명 평소
0476 ☐☐☐	<ruby>真<rt>ま</rt></ruby>っ<ruby>先<rt>さき</rt></ruby>	명 맨 앞, 최초
0477 ☐☐☐	<ruby>明<rt>あ</rt></ruby>くる	다음, 이다음

0478 ☐☐☐	<ruby>真<rt>ま</rt></ruby>っ<ruby>昼間<rt>ひるま</rt></ruby>	명 한낮, 대낮
0479 ☐☐☐	<ruby>真夜中<rt>まよなか</rt></ruby>	명 한밤중, 심야
0480 ☐☐☐	<ruby>上<rt>のぼ</rt></ruby>る	동 오르다, 올라가다
0481 ☐☐☐	<ruby>今<rt>いま</rt></ruby>に	부 이제 곧, 머지않아
0482 ☐☐☐	<ruby>名字<rt>みょうじ</rt></ruby>	명 성씨, 성
0483 ☐☐☐	<ruby>世帯<rt>せたい</rt></ruby>	명 세대, 가구
0484 ☐☐☐	ちょっとした	약간의, 상당한
0485 ☐☐☐	<ruby>粗末<rt>そまつ</rt></ruby>だ	な형 허술하다, 변변찮다
0486 ☐☐☐	ぶら<ruby>下<rt>さ</rt></ruby>げる	동 늘어뜨리다, 매달다
0487 ☐☐☐	ダブる	동 겹치다, 중복되다
0488 ☐☐☐	それにしても	접 그렇다고 해도
0489 ☐☐☐	<ruby>就寝<rt>しゅうしん</rt></ruby>	명 취침
0490 ☐☐☐	<ruby>寝巻<rt>ねまき</rt></ruby>	명 잠옷
0491 ☐☐☐	<ruby>眠<rt>ねむ</rt></ruby>り	명 잠, 수면
0492 ☐☐☐	<ruby>一眠<rt>ひとねむ</rt></ruby>り	명 한숨 잠, 잠깐 잠
0493 ☐☐☐	<ruby>目覚<rt>めざ</rt></ruby>める	동 눈뜨다, 잠에서 깨다, 깨닫다
0494 ☐☐☐	ひっくり<ruby>返<rt>かえ</rt></ruby>る	동 뒤집히다, 엎어지다
0495 ☐☐☐	じゃんけん	명 가위바위보
0496 ☐☐☐	<ruby>雑<rt>ざつ</rt></ruby>だ	な형 조잡하다, 엉성하다
0497 ☐☐☐	<ruby>送別会<rt>そうべつかい</rt></ruby>	명 송별회
0498 ☐☐☐	<ruby>向上<rt>こうじょう</rt></ruby>	명 향상

해커스 JLPT 기출 단어장 N2

DAY 07 성격·태도

MP3 바로 듣기

0499 ☐☐☐

性格 ★ **せいかく** 명 성격

かれ せいかく だれ えんまん つ あ
彼は**性格**がいいから誰とでも円満に付き合える。
그는 **성격**이 좋아서 누구와도 원만하게 사귈 수 있다.

0500 ☐☐☐

人柄 ★ **ひとがら** 명 인품, 사람됨

むす こ たんにん せんせい ひとがら よ しんらい
息子の担任の先生は**人柄**が良くて信頼できる。
아들의 담임 선생님은 **인품**이 좋아서 신뢰할 수 있다.

0501 ☐☐☐

真面目だ ★ **まじめだ** な형 성실하다, 진지하다

た なか あい か まじ め
田中さんは相変わらず**真面目**ですね。
다나카 씨는 변함없이 **성실**하네요.

0502 ☐☐☐

陽気だ ★ **ようきだ** な형 명랑하다, 밝고 쾌활하다

よう き かのじょ はな ま きぶん よ
陽気な彼女と話していると、いつの間にか気分が良くなる。
명랑한 그녀와 이야기하고 있으면, 어느샌가 기분이 좋아진다.

0503 ☐☐☐

朗らかだ ★ **ほがらかだ** な형 쾌활하다, 쾌청하다

おとうと ほが だれ やさ
弟 は**朗らか**なうえに誰にでも優しいです。
남동생은 **쾌활한** 데다가 누구에게나 친절합니다.

[문형] な형용사 어간 な + うえに ~(인) 데다가

0504 ☐☐☐

| 愉快だ | ★ | ゆかいだ | な형 유쾌하다 |

あつ　き　　　　　　　ゆ かい　ひと　　　　　　　じ かん
集まりに来たみんなが愉快な人だったからいい時間が
す
過ごせた。 모임에 온 모두가 유쾌한 사람이었어서 좋은 시간을 보낼 수 있었다.

0505 ☐☐☐

| 温厚だ | ★ | おんこうだ | な형 온화하다, 온후하다 |

おんこう　ひと　　　おこ　　　　　　　こわ
温厚な人こそ怒ったときが怖いものだ。
온화한 사람이야말로 화났을 때가 무서운 법이다.

[문형] い형용사 사전형 + ものだ ~(인) 법이다

0506 ☐☐☐

| 賢い | ★ | かしこい | い형 똑똑하다, 현명하다 |

かのじょ　かしこ　　　　　　　　ど りょく　　　　　　　　　せいせき　よ
彼女は賢いものの、努力をしないので成績は良くない。
그녀는 똑똑하지만, 노력을 하지 않아서 성적은 좋지 않다.

[문형] い형용사 보통형 + ものの ~(하)지만

0507 ☐☐☐

| 素直だ | ★ | すなおだ | な형 순진하다, 솔직하다 |

いもうと　　すなお　　　　　　　きず　　　　　　ひと
妹は素直なだけに傷つきやすい人です。
여동생은 순진한 만큼 상처받기 쉬운 사람입니다.

[문형] な형용사 어간 な + だけに ~(인) 만큼

0508 ☐☐☐

| 率直だ | ★ | そっちょくだ | な형 솔직하다 |

すず き　　　　　そっちょく　　　　　うそ
鈴木さんは率直だから嘘をつくわけがない。
스즈키 씨는 솔직하니까 거짓말을 할 리가 없다.

[문형] 동사 보통형 + わけがない ~(할) 리가 없다

0509 ☐☐☐

| 冷静だ | ★ | れいせいだ | な형 냉정하다 |

とき　　　れいせい　かんが　　　　　こうどう　　　　　かれ　ちょうしょ
どんな時でも冷静に考えてから行動するのが彼の長所だ。
어떤 때이든지 냉정하게 생각하고 나서 행동하는 것이 그의 장점이다.

[문형] 동사 て형 + から ~(하)고 나서

0510 ☐☐☐

慎重だ	★	しんちょうだ	な형 신중하다

はら   わたし   ふたり   しんちょう   せいかく   あいしょう
原さんと私は二人とも慎重な性格なので相性がいい。
하라 씨와 나는 둘 다 신중한 성격이라서 궁합이 좋다.

0511 ☐☐☐

単純だ	★	たんじゅんだ	な형 단순하다

こ   たんじゅん   むずか   と
子どもは単純だが、たまに難しいことを問いかけることが
ある。 아이들은 단순하지만, 가끔 어려운 것을 질문하는 경우가 있다.

[문형] 동사 사전형 + ことがある ~(하)는 경우가 있다

0512 ☐☐☐

臆病だ	★	おくびょうだ	な형 겁이 많다

おくびょう   えい が   まった   み
臆病なのでホラー映画は全く見られません。
겁이 많아서 호러 영화는 전혀 볼 수 없습니다.

0513 ☐☐☐

欠点	★	けってん	명 결점, 단점

だれ   せいかく   けってん
誰にでも性格の欠点はあるものです。
누구에게나 성격의 결점은 있는 법입니다.

0514 ☐☐☐

弱点	★	じゃくてん	명 약점

ともだち   じゃくてん   はんせい
友達の弱点をからかったことを反省している。
친구의 약점을 놀린 것을 반성하고 있다.

0515 ☐☐☐

でたらめだ	★	-	な형 엉터리이다, 아무렇게나 하다

かれ   し ごと   しんよう
彼はいつもでたらめな仕事をするから信用できかねます。
그는 항상 엉터리로 일을 하니까 신용하기 어렵습니다.

[문형] 동사 ます형 + かねる ~(하)기 어렵다

0516 ☐☐☐

そそっかしい ★ | - | い형 덜렁대다, 경솔하다

_{あに}兄はそそっかしい_{せいかく}性格で、しきりに_{やくそく}約束を_{わす}忘れる。
오빠는 덜렁대는 성격이라, 자꾸만 약속을 잊는다.

0517 ☐☐☐

ずるい ★ | - | い형 치사하다, 교활하다, 능글맞다

あの_{じょうし}上司はずるいから_{そんけい}尊敬するどころか_{かか}関わりたくもない。
저 상사는 치사해서 존경하기는커녕 상관하고 싶지도 않다.

[문형] 동사 사전형 + どころか ~는커녕

0518 ☐☐☐

大人しい ★ | おとなしい | い형 얌전하다

_{でんしゃ}電車の_{なか}中では_{おとな}大人しく_{すわ}座っていてください。
전철 안에서는 얌전하게 앉아 있어 주세요.

0519 ☐☐☐

鈍感だ ★ | どんかんだ | な형 둔감하다

_{わたし}私は_{けっこう}結構_{どんかん}鈍感なので_{まわ}周りが_{そうぞう}騒々しくても_き気にならない。
나는 꽤 둔감하기 때문에 주변이 시끄러워도 신경 쓰이지 않는다.

0520 ☐☐☐

敏感だ ★ | びんかんだ | な형 민감하다

_{かのじょ}彼女はいつも_{まわ}周りの_{ひと}人の_{きも}気持ちに_{びんかん}敏感に_き気づき、_{やさ}優しい_{ことば}言葉をかける。
그녀는 항상 주변 사람들의 기분을 민감하게 알아차리고, 상냥한 말을 건다.

0521 ☐☐☐

わがままだ ★ | - | な형 제멋대로이다, 버릇없다

_{ちかぢか}近々_{しょうがくせい}小学生になる_{むすこ}息子のわがままな_{せいかく}性格を_{なお}直したい。
머지않아 초등학생이 되는 아들의 제멋대로인 성격을 고치고 싶다.

0522 ☐☐☐

| 勝手だ | ★ | かってだ | な형 마음대로 하다, 제멋대로 하다 |

友達が毎回約束の時間を勝手に遅らせるから困る。
친구가 매번 약속 시간을 마음대로 늦춰서 곤란하다.

0523 ☐☐☐

| 短気だ | ★ | たんきだ | な형 성미가 급하다 |

祖父は短気で怒りやすいところもあるが、根は優しい人だ。
할아버지는 성미가 급해 쉽게 화를 내는 부분도 있지만, 근본은 상냥한 사람이다.

0524 ☐☐☐

| 姿勢 | ★ | しせい | 명 자세 |

何でもせっせと済ませようとする姿勢が彼の長所です。
무엇이든 부지런히 끝내려고 하는 자세가 그의 장점입니다.

[문형] 동사 의지형 + とする ~(하)려고 하다

0525 ☐☐☐

| 作法 | ★ | さほう | 명 예의범절, 법식 |

最近、食事の作法を知らない若い人が多いらしい。
최근, 식사 예의범절을 모르는 젊은 사람이 많은 것 같다.

0526 ☐☐☐

| 積極的だ | ★ | せっきょくてきだ | な형 적극적이다 |

人間関係において積極的なコミュニケーションは重要だ。
인간관계에 있어서 적극적인 커뮤니케이션은 중요하다.

[문형] 명사 + において ~에 있어서

0527 ☐☐☐

| 頼もしい | ★ | たのもしい | い형 믿음직스럽다 |

高橋さんが一番頼もしいことだし、この仕事は彼女に
任せたい。 다카하시 씨가 가장 믿음직스러우니까, 이 일은 그녀에게 맡기고 싶다.

[문형] い형용사 보통형 + ことだし ~니까

0528 ☐☐☐

たくましい ★ - いき 씩씩하다, 늠름하다

むすこ ころ な た あ
息子は転んでも泣かずにたくましく立ち上がった。
아들은 넘어져도 울지 않고 씩씩하게 일어섰다.

[문형] 동사 ない형 + ずに ~(하)지 않고

0529 ☐☐☐

質素だ ★ しっそだ な형 검소하다, 소박하다

りょうしん と し はな しっそ く
両親は都市から離れたところで質素に暮らしている。
부모님은 도시에서 떨어진 곳에서 검소하게 생활하고 있다.

0530 ☐☐☐

真剣だ ★ しんけんだ な형 진지하다

かれ しんけん そうだん の ほんとう
彼はいつも真剣に相談に乗ってくれて本当にありがたい。
그는 항상 진지하게 상담에 응해 주어서 정말 감사하다.

0531 ☐☐☐

無口だ ★ むくちだ な형 말이 없다, 과묵하다

はしもと うちき むくち なか ひと
橋本さんは内気で無口だけど、仲がいい人とはよくしゃ
べる。 하시모토 씨는 내성적이고 말이 없지만, 사이가 좋은 사람들과는 잘 말한다.

0532 ☐☐☐

細かい ★ こまかい いき 자세하다, 세심하다

こま せつめい
細かいところまできちんと説明してくれてありがとう。
자세한 부분까지 정확히 설명해 줘서 고마워.

0533 ☐☐☐

面倒だ ★ めんどうだ な형 귀찮다

かれ だれ めんどう おも いっしょうけんめい
彼は誰もが面倒だと思うことでも一生懸命します。
그는 누구나가 귀찮다고 생각하는 일이라도 열심히 합니다.

0534 ☐☐☐

文句 ★	もんく	명 불평, 불만

自分の意志で医学部に入ったからこそきつくても文句は
言えない。 자신의 의지로 의학부에 들어왔기에 힘들어도 불평은 말할 수 없다.

[문형] 동사 보통형 + からこそ ~(하)기에

0535 ☐☐☐

卑怯だ ★	ひきょうだ	な형 비겁하다

卑怯なことまでして勝ちたくはありません。
비겁한 짓까지 해서 이기고 싶지는 않습니다.

0536 ☐☐☐

やかましい ★	-	い형 까다롭다, 시끄럽다

彼女は完璧主義者だけに何事にもやかましい。
그녀는 완벽주의자인 만큼 무슨 일에든 까다롭다.

0537 ☐☐☐

乱暴だ ★	らんぼうだ	な형 난폭하다

そんなに乱暴に振舞えばみんなから嫌われるはずだ。
그렇게 난폭하게 행동하면 모두에게 미움받을 것이다.

[문형] 동사 보통형 + はずだ ~(일) 것이다

0538 ☐☐☐

厚かましい ★	あつかましい	い형 뻔뻔스럽다, 염치없다

彼はみんなに迷惑をかけたのに何であんなに厚かましいん
だろう。 그는 모두에게 민폐를 끼쳤는데 어째서 저렇게 뻔뻔스러울까?

0539 ☐☐☐

情けない ★	なさけない	い형 한심하다, 매정하다

一度失敗しただけで自分のことを情けないと思わないで。
한 번 실패한 것만으로 자신을 한심하다고 생각하지 마.

*<Day별 단어 퀴즈 PDF>를 활용하여 꼭 복습하세요.

완성 단어

0540	は き 張り切る	동 힘을 내다, 분발하다	0561	はくじゃく 薄弱だ	な형 박약하다
0541	ねば づよ 粘り強い	い형 끈기 있다, 끈질기다	0562	こころよわ 心弱い	い형 심약하다
0542	けんめい 賢明	명 현명	0563	なま い き 生意気	명 건방짐, 주제넘음
0543	ちゅうじつ 忠実だ	な형 충실하다	0564	いさぎよ 潔い	い형 미련 없이 깨끗하다
0544	おお 大らかだ	な형 대범하다, 털털하다	0565	お 惜しむ	동 아쉬워하다, 아끼다
0545	かつりょく 活力	명 활력	0566	こう い 好意	명 호의
0546	かんぺき 完璧	명 완벽	0567	き くば 気配り	명 배려
0547	てってい 徹底	명 철저	0568	けんそん 謙遜	명 겸손
0548	おもおも 重々しい	い형 무게 있다	0569	じゅうじつ 充実	명 충실
0549	だいたん 大胆だ	な형 대담하다	0570	せいじつ 誠実	명 성실
0550	うち き 内気だ	な형 내성적이다	0571	けいかい 警戒	명 경계
0551	そ ぼく 素朴だ	な형 소박하다	0572	な な 馴れ馴れしい	い형 매우 정답다, 스스럼없다
0552	けっぺきしょう 潔癖症	명 결벽증	0573	のろい	い형 둔하다, 느리다
0553	とがる	동 뾰족하다, 예민해지다	0574	なま 怠ける	동 게으름 피우다
0554	い じ わる 意地悪だ	な형 심술궂다, 짓궂다	0575	かんしょう 干渉	명 간섭
0555	じ ぶんかっ て 自分勝手だ	な형 제멋대로이다	0576	けいそつ 軽率だ	な형 경솔하다
0556	ごういん 強引だ	な형 억지로 하다	0577	ささいだ	な형 사소하다, 하찮다
0557	がん こ 頑固だ	な형 완고하다, 고집스럽다	0578	うら 恨む	동 원망하다
0558	けつじょ 欠如	명 결여	0579	しゅうちゃく 執着	명 집착
0559	くよくよ	부 끙끙	0580	い じ 意地	명 근성, 고집, 욕심
0560	わりに	부 비교적	0581	おおざっ ぱ 大雑把だ	な형 조잡하다, 엉성하다

DAY 08 행동·동작

MP3 바로 듣기

0582 ☐☐☐

かばう ★ - 图 감싸다

子どもが悪いことをした時、それをかばってはいけない。
아이가 나쁜 짓을 했을 때, 그것을 감싸서는 안 된다.

0583 ☐☐☐

勇ましい ★ **いさましい** い형 씩씩하다, 용감하다

相手と実力の差がありながらも、選手たちは勇ましく試合
に挑んだ。 상대와 실력 차가 있지만, 선수들은 씩씩하게 시합에 도전했다.

[문형] 동사 ます형 + ながらも ~(이)지만

0584 ☐☐☐

出迎える ★ **でむかえる** 图 마중 나가다

仕事から帰ってきたお父さんを玄関に出迎えた。
일에서 돌아온 아버지를 현관에 마중 나갔다.

0585 ☐☐☐

贈る **おくる** 图 (감사, 축복을 담아) 주다, 보내다

送別会の別れ際にプレゼントを贈るつもりです。
송별회에서 헤어질 때 선물을 줄 예정입니다.

0586 ☐☐☐

慌てる ★ **あわてる** 图 허둥지둥하다, 당황하다

昨日は真夜中に地震が起きて慌てました。
어제는 한밤중에 지진이 발생해서 허둥지둥했습니다.

0587 ☐☐☐

| じたばた | ★ | - | 🔲 바둥바둥, 바동바동 |

赤ちゃんは不機嫌なのか泣きながらじたばたしていた。
아기는 기분이 좋지 않은지 울면서 **바둥바둥** 하고 있었다.

0588 ☐☐☐

| 抱える | ★ | かかえる | 🔲 안다, 떠안다 |

姉は花束を抱えて幸せだというように笑っていた。
언니는 꽃다발을 안고 행복하다는 것처럼 웃고 있었다.

[문형] な형용사 보통형 + というように ~(라)는 것처럼

0589 ☐☐☐

| 調節 | ★ | ちょうせつ | 🔲 조절 |

写真を撮る前に照明の明るさをほどよく調節した。
사진을 찍기 전에 조명의 밝기를 알맞게 조절했다.

0590 ☐☐☐

| 鈍い | ★ | にぶい | 🔲 둔하다, 무디다 |

渡辺さんは動きが鈍いせいか、仕事が遅い。
와타나베 씨는 움직임이 둔한 탓인지, 일이 느리다.

[문형] い형용사 보통형 + せいか ~탓인지

0591 ☐☐☐

| 油断 | ★ | ゆだん | 🔲 방심, 부주의 |

簡単な作業は、つい油断してしまうから、失敗しがちだ。
간단한 작업은, 무심코 방심해 버리니까, 실패하기 쉽다.

[문형] 동사 て형 + しまう ~(해) 버리다 / 동사 ます형 + がちだ ~(하)기 쉽다

0592 ☐☐☐

| 収める | | おさめる | 🔲 담다, 거두다 |

山頂から見た美しい光景をカメラに完璧に収めた。
산 정상에서 본 아름다운 광경을 카메라에 완벽하게 담았다.

DAY
08

해커스 JLPT 기출 단어장 N2

0593 ☐☐☐

だらしない ★ - 　　　　　い형 칠칠찮다, 야무지지 못하다

だらしないと思われたくないから遅刻しないよう早起きしている。 칠칠찮다고 생각되고 싶지 않아서 지각하지 않도록 일찍 일어나고 있다.

0594 ☐☐☐

機敏だ ★ きびんだ 　　　　　な형 기민하다, 날쌔다

猫は機敏な動きで塀を上りました。
고양이는 기민한 움직임으로 담을 올랐습니다.

0595 ☐☐☐

皮肉 ★ ひにく 　　　　　명 비아냥, 야유, 빈정거림

人を傷つける意地悪な皮肉を言ってはいけません。
사람을 상처 입히는 심술궂은 비아냥을 말해서는 안 됩니다.

0596 ☐☐☐

取り除く ★ とりのぞく 　　　　　동 제거하다, 없애다

ガラスの破片が皮膚に刺さった時、自分で取り除くのは危ない。 유리 파편이 피부에 박혔을 때, 스스로 제거하는 것은 위험하다.

0597 ☐☐☐

暴れる あばれる 　　　　　동 날뛰다, 설치다

警察は道で暴れている人がいると聞いたとたん、その場に向かった。 경찰은 길에서 날뛰고 있는 사람이 있다고 듣자마자, 그 장소로 향했다.

[문형] 동사 た형 + とたん ~(하)자마자

0598 ☐☐☐

わざと - 　　　　　부 일부러

家に早く帰りたくて友達にわざと門限を 1 時間早めに教えた。
집에 빨리 돌아가고 싶어서 친구에게 일부러 통금 시간을 1시간 이르게 알려 주었다.

0599 ☐☐☐

| 大げさだ ★ | おおげさだ | な형 과장되다 |

人の信頼を得られるように、大げさに言う癖を直したい。
사람들의 신뢰를 얻을 수 있도록, 과장되게 말하는 버릇을 고치고 싶다.

0600 ☐☐☐

| ぼやく ★ | - | 동 투덜거리다, 불평하다 |

彼はわがままでいつもぼやいているから一緒に働きたくない。 그는 제멋대로에 항상 투덜거려서 함께 일하고 싶지 않다.

0601 ☐☐☐

| 余計だ | よけいだ | な형 쓸데없다, 남다 |

普段使わない物でも捨てられないので部屋が余計な物でいっぱいだ。
평소 사용하지 않는 물건이라도 버릴 수 없어서 방이 쓸데없는 물건으로 가득이다.

0602 ☐☐☐

| いじる ★ | - | 동 만지작거리다, 만지다, 괴롭히다 |

不安になったら、つい髪をいじってしまうのが私の癖だ。
불안해지면, 무심코 머리카락을 만지작거리고 마는 것이 나의 버릇이다.

[문형] 동사 て형 + しまう ~(하)고 만다

0603 ☐☐☐

| 歩む ★ | あゆむ | 동 걷다, 전진하다 |

退職を決めてからこれからの人生をどう歩んでいくか悩んでいる。
퇴직을 결정하고 나서 앞으로의 인생을 어떻게 걸어갈지 고민하고 있다.

[문형] 동사 て형 + から ~(하)고 나서

0604 ☐☐☐

| ぞろぞろ ★ | - | 부 졸졸, 줄줄 |

幼稚園の子供たちが先生の後ろをぞろぞろ歩いている。
유치원 아이들이 선생님의 뒤를 졸졸 걷고 있다.

DAY 08

해커스 JLPT 기출 단어장 N2

0605 ☐☐☐

| 去る | ★ | さる | 통 떠나다 |

そぼ おさな ころ こきょう さ
祖母は幼い頃に故郷を去ってからずっと東京に住んで
います。
할머니는 어린시절 고향을 떠나고 나서 계속 도쿄에서 살고 있습니다.

0606 ☐☐☐

| 戻る | ★ | もどる | 통 되돌아가다 |

じゅぎょう はじ せき もど
もうすぐ授業が始まるから席に戻りましょう。
곧 수업이 시작되니까 자리로 되돌아갑시다.

0607 ☐☐☐

| うつむく | ★ | - | 통 고개를 숙이다 |

わたし おさな ころ ひと ちゅうもく
私は幼い頃、人に注目されるとうつむいてしまうぐらい
て や
照れ屋だった。
나는 어린 시절, 사람에게 주목받으면 고개를 숙이고 말 정도로 수줍음이 많은 사람이었다.

0608 ☐☐☐

| 下を向く | ★ | したをむく | (시선이나 얼굴이) 아래를 향하다 |

かお した む しせい ちょうじかんつづ こし いた
顔が下を向く姿勢を長時間続けると腰が痛くなります。
얼굴이 아래를 향하는 자세를 긴 시간 지속하면 허리가 아파집니다.

0609 ☐☐☐

| あげる | ★ | - | 통 주다 |

たんじょうび ねまき
めいに誕生日プレゼントとしてキャラクターの寝巻を
あげた。 조카에게 생일 선물로 캐릭터 잠옷을 주었다.

[문형] 명사 + として ~로

0610 ☐☐☐

| 与える | ★ | あたえる | 통 주다, 내주다, 부여하다 |

あんぜん こ けいたい あた
安全のため、子どもに携帯を与えることにした。
안전을 위해, 아이에게 휴대 전화를 주기로 했다.

[문형] 동사 보통형 + ことにする ~(하)기로 하다

0611 ☐☐☐

借りる ★ | かりる | 图 빌리다

彼は頻繁に忘れ物をして友達によくペンを借りる。

그는 빈번하게 물건을 잃어버려서 친구에게 자주 펜을 빌린다.

0612 ☐☐☐

真似 ★ | まね | 图 흉내

子どもは親の真似をするので子どもの前では行動に
注意するべきだ。

아이는 부모의 **흉내**를 내기 때문에 아이 앞에서는 행동에 주의해야 한다.

[문형] 동사 사전형 + べきだ ~(해)야 한다

0613 ☐☐☐

会釈 | えしゃく | 图 가벼운 인사

道で同僚と偶然出会ったので会釈をしてすれ違った。

길에서 동료와 우연히 마주쳐서 **가벼운 인사**를 하고 지나갔다.

0614 ☐☐☐

ずらす | - | 图 (위치를) 조금 옮기다, 비켜 놓다, (시간을) 미루다

通る人にぶつからないように椅子を右へずらしました。

지나가는 사람과 부딪히지 않도록 의자를 오른쪽으로 조금 옮겼습니다.

[문형] 동사 ない형 + ないように ~(하)지 않도록

0615 ☐☐☐

揚げる | あげる | 图 높이 올리다

運動会が始まる前に学校の旗を揚げた。

운동회가 시작되기 전에 학교의 깃발을 높이 올렸다.

0616 ☐☐☐

つまずく ★ | - | 图 (발에) 걸리다, 걸려 비틀거리다

ぼうっと歩いていたら、石につまずき転んでしまった。

멍하니 걷고 있었더니, 돌에 걸려 넘어지고 말았다.

0617 ☐☐☐

| 接触 | せっしょく | 명 접촉 |

かいがい い
海外に行ったことがないので外国人と接触する機会が
すく
少なかった。 해외에 간 적이 없어서 외국인과 접촉할 기회가 적었다.

[문형] 동사 た형 + ことがない ~(한) 적이 없다

0618 ☐☐☐

| 直接 ★ | ちょくせつ | 명 직접 |

でん わ   ちょくせつかお あ   あやま ほう
電話やメールより直接顔を合わせて謝った方がいいよ。
전화나 이메일보다 직접 얼굴을 마주하고 사과하는 편이 좋아.

0619 ☐☐☐

| じっと ★ | - | 부 가만히, 꼭 |

ね あか   すがた み
寝ている赤ちゃんの姿をじっと見ていました。
자고 있는 아기의 모습을 가만히 보고 있었습니다.

0620 ☐☐☐

| ぼんやり ★ | - | 부 멍하니 |

ね ぶ そく   きょう いちにちじゅう
寝不足のせいか、今日は一日中ぼんやりしていた。
잠이 부족했던 탓인지, 오늘은 하루 종일 멍하니 있었다.

0621 ☐☐☐

| 全力 | ぜんりょく | 명 전력, 온 힘 |

ぜんりょく どりょく   かのじょ み なら
どんなことでも全力で努力する彼女を見習いましょう。
어떤 일이든 전력으로 노력하는 그녀를 본받읍시다.

0622 ☐☐☐

| 依然 ★ | いぜん | 여전히, 전과 다름없이 |

し ごと かれ まか   い ぜんなや
この仕事を彼に任せるかどうか依然悩んでいる。
이 일을 그에게 맡길지 어떨지 여전히 고민하고 있다.

[문형] 동사 보통형 + かどうか ~(할)지 어떨지

*<Day별 단어 퀴즈 PDF>를 활용하여 꼭 복습하세요.

완성 단어

0623	きた 鍛える	동 단련하다, 훈련하다	0644	あまりにも	너무나도
0624	ちかよ 近寄る	동 접근하다, 다가가다	0645	くっつく	동 붙다, 달라붙다
0625	ちか 誓う	동 맹세하다, 서약하다	0646	だ 抱きしめる	동 끌어안다, 껴안다
0626	ちぎ 契る	동 굳게 약속하다	0647	せっ 接する	동 접하다, 닿다
0627	はげ 励む	동 힘쓰다, 노력하다	0648	ひ こ 引っ込む	동 틀어박히다
0628	はげ 励ます	동 격려하다	0649	よ だ 呼び出す	동 불러내다
0629	さ あ 差し上げる	동 드리다 (겸양어)	0650	ぬ 抜く	동 뽑다, 빼내다
0630	て わた 手渡す	동 (직접) 건네다, 전하다	0651	う 撃つ	동 쏘다, 사격하다
0631	つ こ 突っ込む	동 돌입하다, 깊이 파고들다	0652	あくしゅ 握手	명 악수
0632	つつし 慎む	동 삼가다, 조심하다	0653	くちぶえ 口笛	명 휘파람
0633	い ば 威張る	동 우쭐거리다, 으스대다	0654	こし か 腰掛ける	동 걸터앉다
0634	だま 騙す	동 속이다, 달래다	0655	こする	동 비비다
0635	あおぐ	동 부채질하다	0656	どく	동 물러나다, 비키다
0636	い つ 言い付ける	동 지시하다, 고자질하다	0657	にぎ し 握り締める	동 움켜쥐다, 꽉 쥐다
0637	いじめる	동 괴롭히다	0658	つ 吊る	동 달다, 매달다
0638	いたずら	명 장난	0659	さ 裂く	동 찢다
0639	くる 苦しめる	동 괴롭히다	0660	ち 散らす	동 흩뜨리다, 어지르다
0640	ゆうわく 誘惑	명 유혹	0661	つ 突く	동 찌르다
0641	しじゅう 始終	부 언제나, 늘, 시종	0662	よほど	부 상당히, 꽤
0642	ちょくちょく	부 이따금, 가끔	0663	かげき 過激だ	な형 과격하다
0643	やたら	부 함부로, 무턱대고, 마구	0664	ぐずぐず	부 우물쭈물, 투덜투덜

DAY 09 신체·외모

MP3 바로 듣기

0665 ☐☐☐

| 腕 | ★ | うで | 명 팔 |

うんどう はじ うで きんにく
運動を始めてから腕に筋肉がつきました。
운동을 시작하고 나서 팔에 근육이 붙었습니다.

[문형] 동사 て형 + から ~(하)고 나서

0666 ☐☐☐

| 肩 | ★ | かた | 명 어깨 |

し せい わる さいきんかた いた
姿勢が悪いせいか、最近肩が痛い。
자세가 나쁜 탓인지, 최근 어깨가 아프다.

[문형] い형용사 보통형 + せいか ~탓인지

0667 ☐☐☐

| 心臓 | ★ | しんぞう | 명 심장 |

の しんぞう
コーヒーを飲みすぎると心臓がどきどきする。
커피를 너무 많이 마시면 심장이 두근두근한다.

0668 ☐☐☐

| 血液 | ★ | けつえき | 명 혈액 |

けん さ けつえき と どんかん いた
検査のために血液を採ったが鈍感なのか痛くなかった。
검사를 위해 혈액을 뽑았는데 둔감한 것인지 아프지 않았다.

0669 ☐☐☐

| 腹 | | はら | 명 배 |

ね はら へ
寝られないぐらい腹が減ってしょうがない。
잘 수 없을 정도로 매우 배가 고프다.

[문형] 동사 て형 + しょうがない 매우 ~(하)다

0670 ☐☐☐

骨　　ほね　　명 뼈

骨が折れた時は動かずに救急車を呼んでください。
뼈가 부러졌을 때는 움직이지 말고 구급차를 불러 주세요.

[문형] 동사 ない형 + ずに ~(하)지 말고

0671 ☐☐☐

肌　　はだ　　명 피부, 살갗, 표피

肌が敏感なので使えない化粧品が多い。
피부가 민감해서 쓰지 못하는 화장품이 많다.

0672 ☐☐☐

皮膚　　ひふ　　명 피부

皮膚は体内の水分を守る役割をします。
피부는 체내의 수분을 지키는 역할을 합니다.

0673 ☐☐☐

脚　　あし　　명 다리

見慣れた道なので油断していたら、自転車で転んで脚をけがした。
눈에 익은 길이라서 방심하고 있었더니, 자전거에서 굴러 다리를 다쳤다.

0674 ☐☐☐

膝　　ひざ　　명 무릎

この猫は警戒するどころか、私の膝の上に乗ってきた。
이 고양이는 경계하기는커녕, 내 무릎 위에 올라왔다.

[문형] 동사 사전형 + どころか ~는커녕

0675 ☐☐☐

肘　　ひじ　　명 팔꿈치

感覚が鈍くて肘にできた傷にも気づかなかった。
감각이 둔해서 팔꿈치에 생긴 상처도 알아차리지 못했다.

0676 ☐☐☐

胸部	きょうぶ	몡 흉부

健康診断で胸部のX線を撮りました。
건강 진단에서 흉부 X레이를 찍었습니다.

0677 ☐☐☐

不自由だ	ふじゆうだ	な형 불편하다, 부자유스럽다

彼は体が不自由ながらも粘り強く練習してマラソンを走り切った。 그는 몸이 불편하지만 끈기 있게 연습해서 마라톤을 끝까지 달렸다.

[문형] な형용사 어간 + ながらも ~(이)지만

0678 ☐☐☐

小柄だ ★	こがらだ	な형 몸집이 작다

息子は他の友達に比べて小柄だが、誰よりも元気だ。
아들은 다른 친구들에 비해서 몸집이 작지만, 누구보다도 건강하다.

0679 ☐☐☐

ほっと ★	-	閏 안심하는, 후유하고 한숨 쉬는

娘が階段で転んだが大したけがはしなくてほっとした。
딸이 계단에서 굴렀는데 큰 상처는 입지 않아서 안심했다.

0680 ☐☐☐

体格 ★	たいかく	몡 체격

あの選手は体格が大きいのに動きがとても機敏だ。
저 선수는 체격이 큰데 움직임이 무척 기민하다.

0681 ☐☐☐

容姿 ★	ようし	몡 용모와 자태

楊貴妃は容姿が美しいことで歴史に名を残した。
양귀비는 용모와 자태가 아름다운 것으로 역사에 이름을 남겼다.

0682 ☐☐☐

| 格好 | ★ | かっこう | 명 모습 |

まち へん かっこう ひとびと おお
ハロウィーンだからか街に変な格好をした人々が多い。
핼러윈이기 때문인지 거리에 이상한 모습을 한 사람들이 많다.

0683 ☐☐☐

| 外見 | ★ | がいけん | 명 (사람의) 겉모습 |

がいけん ひと はんだん
外見だけで人を判断してはいけないものだ。
겉모습만으로 사람을 판단해서는 안 되는 법이다.

[문형] 동사 보통형 + ものだ ~(인) 법이다

0684 ☐☐☐

| 姿 | | すがた | 명 모습, 자태 |

こ ようき かつりょく すがた み わたし げんき で
子どもたちの陽気で活力のある姿を見て私も元気が出た。
아이들의 쾌활하고 활력 있는 모습을 보고 나도 기운이 났다.

0685 ☐☐☐

| 様子 | ★ | ようす | 명 상태, 상황, 모습 |

かれ ほが きょう ようす すこ
彼はいつも朗らかなのに今日は様子が少しおかしいね。
그는 항상 명랑한데 오늘은 상태가 조금 이상하네.

0686 ☐☐☐

| 縮む | ★ | ちぢむ | 동 줄어들다, 작아지다 |

とし と しんちょう ちぢ
年を取るにつれて身長が縮むという。
나이를 먹음에 따라 키가 줄어든다고 한다.

[문형] 동사 사전형 + につれて ~(함)에 따라

0687 ☐☐☐

| 減らす | | へらす | 동 줄이다 |

たいじゅう へ かげき うんどう からだ
体重を減らしたいにせよ、過激な運動は体によくない。
체중을 줄이고 싶다고 해도, 과격한 운동은 몸에 좋지 않다.

[문형] 동사 보통형 + にせよ ~(라)고 해도

0688 ☐☐☐

めっきり	-	🔲 부쩍

めいがめっきり成長して驚かずにはいられなかった。
조카가 부쩍 성장해서 놀라지 않을 수 없었다.

[문형] 동사 ない형 + ずにはいられない ~(하)지 않을 수 없다

0689 ☐☐☐

常に	★ つねに	🔲 늘, 항상

あの陸上選手は常に体を鍛えています。
저 육상 선수는 늘 몸을 단련하고 있습니다.

0690 ☐☐☐

隠す	★ かくす	🔲 감추다, 숨기다

卒業写真を撮る前に化粧でニキビを隠した。
졸업 사진을 찍기 전에 화장으로 여드름을 감췄다.

0691 ☐☐☐

徐々に	★ じょじょに	🔲 서서히

椅子につまずいてできた腕の傷が徐々に治っています。
의자에 걸려서 생긴 팔의 상처가 서서히 낫고 있습니다.

0692 ☐☐☐

滑らかだ	★ なめらかだ	な형 매끄럽다, 순조롭다

滑らかな肌になれるということで話題の化粧品を買ってみた。 매끄러운 피부가 될 수 있다고 해서 화제인 화장품을 사 봤다.

[문형] 동사 보통형 + ということだ ~(라)고 한다

0693 ☐☐☐

うっすら	-	🔲 희미하게

赤ちゃんがうっすら目を開けて母をじっと見ていた。
아기가 희미하게 눈을 뜨고 엄마를 가만히 보고 있었다.

0694 ☐☐☐

| 若々しい | わかわかしい | い형 젊다, 풋풋하다 |

いつまでも健康で若々しく暮らしたいから毎日運動している。
언제까지나 건강하고 젊게 살고 싶으니까 매일 운동하고 있다.

0695 ☐☐☐

| 違う | ★ | ちがう | 동 다르다 |

私と妹は双子といっても顔が全く違います。
저와 여동생은 쌍둥이라고 해도 얼굴이 전혀 다릅니다.

[문형] 명사 + といっても ~(라)고 해도

0696 ☐☐☐

| 相当 | ★ | そうとう | 부 상당히 |

山本さんは髪を切ると相当イメージが変わるね。
야마모토 씨는 머리를 자르면 상당히 이미지가 바뀌네.

0697 ☐☐☐

| 美しい | ★ | うつくしい | い형 아름답다 |

見た目がいい人より気配りのできる人が本当に美しい
人だと思う。
겉모습이 멋진 사람보다 배려를 할 수 있는 사람이 정말 아름다운 사람이라고 생각한다.

0698 ☐☐☐

| 美容 | びよう | 명 미용 |

美容に興味を持つ人が増えて美容家電の販売も伸びた。
미용에 흥미를 가지는 사람이 늘어서 미용 가전의 판매도 증가했다.

0699 ☐☐☐

| 魅力 | ★ | みりょく | 명 매력 |

あのアイドルは歌唱力をはじめ、いろんな魅力がある。
저 아이돌은 가창력을 비롯하여, 다양한 매력이 있다.

[문형] 명사 + をはじめ ~을 비롯하여

0700 ☐☐☐

にっこり　　★　-　　　　　　　　　　　　🔤 방긋

にっこり笑っている子供の素直な顔がかわいかった。
방긋 웃고 있는 아이의 순진한 얼굴이 귀여웠다.

0701 ☐☐☐

にこやかだ　　-　　　　　　　　　　　　な형 생글거리다

良い印象を与えるため、にこやかに話そうと努力している。
좋은 인상을 주기 위해, 생글거리며 이야기하도록 노력하고 있다.

0702 ☐☐☐

微笑む　　ほほえむ　　　　　　　　🔤 미소 짓다

お客様と会話する時は微笑むことが大事です。
손님과 대화할 때는 미소 짓는 것이 중요합니다.

0703 ☐☐☐

整う　　ととのう　　　　　　　　　🔤 정돈되다

面接の前に身だしなみが整っているか徹底的に確認した。
면접 전에 차림새가 정돈되어 있는지 철저하게 확인했다.

0704 ☐☐☐

あたかも　　-　　　　　　　　　　　　🔤 마치, 꼭

彼女は派手な色に髪を染めていてあたかも芸能人のようだ。
그녀는 화려한 색으로 머리를 염색해서 마치 연예인 같다.

0705 ☐☐☐

紳士　　しんし　　　　　　　　　　🔤 신사

素敵なスーツ姿の紳士から道を聞かれました。
멋진 양복 차림의 신사가 길을 물었습니다.

*<Day별 단어 퀴즈 PDF>를 활용하여 꼭 복습하세요.

완성 단어

0706	せいべつ 性別	명 성별	0727	はだし 裸足	명 맨발
0707	かみ け 髪の毛	명 머리카락	0728	しかも	접 게다가
0708	くちびる 唇	명 입술	0729	どういつ 同一だ	な형 동일하다
0709	けっかん 血管	명 혈관	0730	おおがら 大柄だ	な형 몸집이 크다
0710	い 胃	명 위	0731	ちぢ 縮れる	동 주름지다, 곱슬거리다
0711	へそ	명 배꼽	0732	かお 顔つき	명 얼굴 생김새, 용모
0712	ず のう 頭脳	명 두뇌	0733	す がお 素顔	명 민낯, 맨얼굴
0713	のう 脳	명 뇌	0734	めん 面	명 얼굴, 면, 표면
0714	ひたい 額	명 이마	0735	ちゃんと	부 틀림없이, 착실하게
0715	ひとみ 瞳	명 눈동자	0736	み 見かけ	명 외관, 겉보기
0716	まぶた	명 눈꺼풀	0737	いっけん 一見	명 일견, 한번 봄
0717	ほお ほほ 頬 / 頬	명 볼, 뺨	0738	け いろ 毛色	명 털 색, 머리카락 색
0718	わき 脇	명 겨드랑이, 옆구리, 옆	0739	かみがた 髪型	명 머리 모양
0719	たいもう 体毛	명 체모	0740	だいいちいんしょう 第一印象	명 첫인상
0720	つば 唾	명 침, 타액	0741	わざとらしい	い형 부자연스럽다
0721	ふく 膨らむ	동 부풀다, 불룩해지다	0742	むさくるしい	い형 누추하다
0722	ふく 膨らます	동 부풀리다, 부풀게 하다	0743	みにく 醜い	い형 보기 흉하다
0723	なでる	동 쓰다듬다, 어루만지다	0744	み 見つめる	동 응시하다, 주시하다
0724	しわ	명 주름	0745	へいぼん 平凡だ	な형 평범하다
0725	しら が 白髪	명 흰머리, 백발	0746	す とお 透き通る	동 투명하다, 맑다
0726	はだか 裸	명 알몸	0747	そ 剃る	동 깎다

DAY 10 여가·취미

MP3 바로 듣기

0748 ☐☐☐

余暇	よか	몡 여가 (시간)

余暇を使ってバドミントンを習うことにしました。
여가 시간을 사용해서 배드민턴을 배우기로 했습니다.

[문형] 동사 사전형 + ことにする ~(하)기로 하다

0749 ☐☐☐

休み ★	やすみ	몡 휴일, 휴가, 휴식

休みに友達から借りたゲームをしました。
휴일에 친구에게서 빌린 게임을 했습니다.

0750 ☐☐☐

休憩	きゅうけい	몡 휴게

仕事の休憩時間にはいつも携帯をいじりがちだ。
업무의 휴게 시간에는 항상 휴대 전화를 만지기 일쑤이다.

[문형] 동사 ます형 + がちだ ~(하)기 일쑤이다

0751 ☐☐☐

過ごす	すごす	됩 (시간을) 보내다

週末はいつも映画を見ながら過ごしています。
주말은 항상 영화를 보면서 보내고 있습니다.

0752 ☐☐☐

つぶす ★	-	됩 (시간을) 때우다

脚や腕などの筋力トレーニングをしながら暇をつぶして
いる。 다리나 팔 등의 근력 트레이닝을 하면서 시간을 때우고 있다.

0753 ☐☐☐

取り組む	とりくむ	图 몰두하다

みんなでクリスマスパーティー企画に**取り組ん**でいます。
다 함께 크리스마스 파티 기획에 몰두하고 있습니다.

0754 ☐☐☐

退屈だ ★	たいくつだ	な형 따분하다, 무료하다

大雨でずっと家にいたら**退屈**でたまらない。
큰비로 계속 집에 있었더니 너무 따분하다.

[문형] な형용사 어간 で + たまらない 너무 ~(하)다

0755 ☐☐☐

眺める ★	ながめる	图 바라보다

旅行先できれいな雪景色をぼんやり**眺め**ていました。
여행지에서 아름다운 설경을 멍하니 바라보고 있었습니다.

0756 ☐☐☐

ごろごろ ★	-	图 빈둥빈둥, 뒹굴뒹굴, 우르르

徹夜で本を読んで疲れたから今日は家で**ごろごろ**したい。
밤을 새워서 책을 읽어 피곤하니까 오늘은 집에서 빈둥빈둥하고 싶다.

0757 ☐☐☐

ぶらぶら ★	-	图 설렁설렁, 어슬렁어슬렁

今日は公園を**ぶらぶら**散歩しました。
오늘은 공원을 설렁설렁 산책했습니다.

0758 ☐☐☐

ほぼ ★	-	图 거의, 대체로

私と弟は映画の好みが**ほぼ**同じなのでよく一緒に見に
行っている。 나와 남동생은 영화 취향이 거의 같아서 자주 같이 보러 다니고 있다.

0759 ☐☐☐

| しょっちゅう | - | 🔲 늘, 언제나 |

しょっちゅう旅行するから家族にお土産をよく贈っている。
늘 여행하기 때문에 가족에게 기념품을 자주 보내고 있다.

0760 ☐☐☐

| せいぜい | - | 🔲 기껏해야, 겨우, 가능한 한 |

休みはせいぜい2日だから海外旅行はできるはずがない。
휴가는 기껏해야 2일이니까 해외여행은 가능할 리가 없다.

[문형] 동사 보통형 + はずがない ~(할) 리가 없다

0761 ☐☐☐

| 割と | ★ わりと | 🔲 생각보다, 비교적 |

料理教室の授業料が割と安くて通ってみることにした。
요리 교실의 수업료가 생각보다 싸서 다녀 보기로 했다.

0762 ☐☐☐

| 合間 | あいま | 🔲 틈틈, 짬짬 |

今日は疲れていたので勉強の合間に少し寝ました。
오늘은 피곤했기 때문에 공부하는 틈틈이 조금 잤습니다.

0763 ☐☐☐

| さっさと | ★ - | 🔲 서둘러, 빨리빨리 |

好きな番組が始まる前にさっさと用事を済ませた。
좋아하는 방송이 시작하기 전에 서둘러 용무를 끝냈다.

0764 ☐☐☐

| 趣味 | ★ しゅみ | 🔲 취미 |

パン作りが趣味で、作ったパンを友達にあげたりします。
빵 만들기가 취미라, 만든 빵을 친구에게 주거나 합니다.

0765 ☐☐☐

きっかけ ★ - 명 계기

あの試合をきっかけにサッカーに興味を持ち始めた。
그 시합을 계기로 축구에 흥미를 가지기 시작했다.

0766 ☐☐☐

興味深い きょうみぶかい い형 매우 흥미롭다

今日はライバル戦だから興味深い試合になるはずだ。
오늘은 라이벌전이니까 매우 흥미로운 시합이 될 것이다.

[문형] 동사 보통형 + はずだ ~(할) 것이다

0767 ☐☐☐

目標 ★ もくひょう 명 목표

目標に向かってチームで励まし合いながら練習している。
목표를 향해 팀에서 서로 격려하며 연습하고 있다.

0768 ☐☐☐

挑戦 ちょうせん 명 도전

美容師に挑戦したくて仕事終わりに美容学校に通って
いる。 미용사에 도전하고 싶어서 퇴근 후 미용 학교에 다니고 있다.

0769 ☐☐☐

活気 ★ かっき 명 활기

うちのサークルは活気があって、活動がすごく楽しい。
우리 동아리는 활기가 있어서, 활동이 매우 즐겁다.

0770 ☐☐☐

初歩 ★ しょほ 명 초보 (단계)

中国語はまだ初歩だが、うまく話せるよう会話練習に
励んでいる。
중국어는 아직 초보 단계이지만, 잘 말할 수 있도록 회화 연습에 노력하고 있다.

0771 ☐☐☐

| 失望 | ★ | しつぼう | 명 실망 |

マラソン完走(かんそう)どころか10kmも走(はし)れなかった自分(じぶん)に失望(しつぼう)
した。 마라톤 완주는커녕 10km도 달리지 못했던 자신에게 실망했다.

[문형] 명사 + どころか ~는커녕

0772 ☐☐☐

| 邪魔 | ★ | じゃま | 명 방해 |

運動(うんどう)する時(とき)、髪(かみ)が邪魔(じゃま)にならないように後(うし)ろで結(むす)んだ。
운동할 때, 머리카락이 방해되지 않도록 뒤로 묶었다.

[문형] 동사 ない형 + ないように ~(하)지 않도록

0773 ☐☐☐

| 騒がしい | ★ | さわがしい | い형 시끄럽다, 떠들썩하다 |

外(そと)があまりにも騒(さわ)がしくて本(ほん)がまったく読(よ)めなかった。
바깥이 너무나도 시끄러워서 책을 전혀 읽을 수 없었다.

0774 ☐☐☐

| くだらない | - | | 시시하다, 하찮다 |

他人(たにん)にくだらないと思(おも)われる趣味(しゅみ)でも自分(じぶん)さえ満足(まんぞく)なら
いいだろう。
타인에게 시시하다고 생각되는 취미라도 자신만 만족스럽다면 좋을 것이다.

0775 ☐☐☐

| 昼間 | ★ | ひるま | 명 낮, 주간 |

今日(きょう)昼間(ひるま)に母(はは)と頭脳(ずのう)トレーニングのゲームをしました。
오늘 낮에 어머니와 두뇌 트레이닝 게임을 했습니다.

0776 ☐☐☐

| 一日中 | ★ | いちにちじゅう | 명 하루 종일 |

一日中(いちにちじゅう)部屋(へや)に引(ひ)っ込(こ)んでゲームばかりするのはよくない。
하루 종일 방에 틀어박혀서 게임만 하는 것은 좋지 않다.

0777 ☐☐☐

たちまち	★	-	부 금세

毎日英語の勉強をしたおかげでたちまち実力が上がった。
매일 영어 공부를 한 덕분에 금세 실력이 올랐다.

[문형] 동사 た형 + おかげで ~덕분에

0778 ☐☐☐

面白い	★	おもしろい	い형 재미있다

チェスをやってみたら思ったより面白かった。
체스를 해 보니 생각한 것보다 재미있었다.

0779 ☐☐☐

主だ	★	おもだ	な형 주되다, 주요하다

大人になってからの主な趣味はギターを弾くことです。
어른이 되고 나서의 주된 취미는 기타를 치는 것입니다.

[문형] 동사 て형 + から ~(하)고 나서

0780 ☐☐☐

意外だ	★	いがいだ	な형 의외다, 뜻밖이다

運動嫌いの彼がテニスを始めたというから意外だった。
운동을 싫어하는 그가 테니스를 시작했다고 하니까 의외였다.

[문형] 동사 보통형 + というから ~(라)고 하니까

0781 ☐☐☐

容易だ	★	よういだ	な형 용이하다, 쉽다

散歩は容易にできて健康にもいいのでちょくちょくやっています。
산책은 용이하게 할 수 있고 건강에도 좋기 때문에 이따금 하고 있습니다.

0782 ☐☐☐

表現	★	ひょうげん	명 표현

気持ちを体で表現できるのがダンスの魅力だと思う。
감정을 몸으로 표현할 수 있는 것이 댄스의 매력이라고 생각한다.

0783 ☐☐☐

めくる ★ - 图 (책장을) 넘기다

この本はページをめくるのがもったいないくらい面白かった。
이 책은 페이지를 넘기는 것이 아까울 정도로 재미있었다.

0784 ☐☐☐

ぶつける ★ - 图 맞히다, 맞추다

ドッジボールをしたが、相手にボールをぶつけられなかった。
피구를 했는데, 상대에게 공을 **맞히지** 못했다.

0785 ☐☐☐

熱中 ねっちゅう 图 열중

新作の小説を食事もせずに熱中して読んだ。
신작 소설을 식사도 하지 않고 **열중**해서 읽었다.

[문형] 동사 ない형 + ずに ~(하)지 않고 ★ 예외 する → せずに

0786 ☐☐☐

夢中だ ★ むちゅうだ な형 열중하다, 몰두하다

弟は映画に夢中で私が近寄るのにも気づかなかった。
남동생은 영화에 **열중**해서 내가 다가가는 것에도 알아차리지 못했다.

0787 ☐☐☐

行為 ★ こうい 图 행위

写真が趣味でも迷惑行為をしてまで撮影しないで欲しい。
사진이 취미여도 민폐 **행위**를 하면서까지 촬영하지 않았으면 좋겠다.

0788 ☐☐☐

潜る もぐる 图 잠수하다, 잠입하다

娘は初めて海に潜る時、よほど怖かったのかぐずぐずしていた。 딸은 처음으로 바다에 잠수할 때, 상당히 무서웠는지 우물쭈물했었다.

*<Day별 단어 퀴즈 PDF>를 활용하여 꼭 복습하세요.

완성 단어

0789 ☐☐☐	ひとやす 一休み	명	잠깐 쉼
0790 ☐☐☐	やす 休まる	동	편안해지다
0791 ☐☐☐	きゅうそく 休息	명	휴식
0792 ☐☐☐	まんきつ 満喫	명	만끽
0793 ☐☐☐	ゆうゆう 悠々と		유유히, 여유롭게
0794 ☐☐☐	なご 和む	동	부드러워지다, 온화해지다
0795 ☐☐☐	じき 時期	명	시기
0796 ☐☐☐	すきま 隙間	명	틈, 짬, 겨를
0797 ☐☐☐	ひといき 一息	명	잠깐 쉼, 한숨 돌림
0798 ☐☐☐	きっさ 喫茶	명	차를 마심, 카페
0799 ☐☐☐	みわた 見渡す	동	바라보다, 전망하다
0800 ☐☐☐	かんしょう 鑑賞	명	감상
0801 ☐☐☐	にわ 庭いじり	명	정원 손질
0802 ☐☐☐	てもと 手元	명	손이 미치는 범위, 주변
0803 ☐☐☐	えぐ 絵の具	명	그림물감
0804 ☐☐☐	ぼうえんきょう 望遠鏡	명	망원경
0805 ☐☐☐	いちいち	명	하나하나, 일일이
0806 ☐☐☐	おもき 思い切って	부	과감히, 마음껏
0807 ☐☐☐	ここち 心地	명	기분, 느낌, 마음
0808 ☐☐☐	わくわく	부	두근두근, 울렁울렁
0809 ☐☐☐	もあ 盛り上がる	동	고조되다, 흥이 오르다

0810 ☐☐☐	えて 得手	명	장기, 특기
0811 ☐☐☐	ながつづ 長続き	명	길게 지속함
0812 ☐☐☐	いこ 入れ込む	동	몰두하다, 밀어넣다
0813 ☐☐☐	ふたた 再び	명	두 번, 재차, 다시
0814 ☐☐☐	にゅうかい 入会	명	입회
0815 ☐☐☐	りようとうろく 利用登録	명	이용 등록
0816 ☐☐☐	どうが 動画	명	동영상
0817 ☐☐☐	めあたら 目新しい	い형	새롭다, 신기하다
0818 ☐☐☐	しゅうしゅう 収集	명	수집
0819 ☐☐☐	けいば 競馬	명	경마
0820 ☐☐☐	こうかい 公開	명	공개
0821 ☐☐☐	もともと	부	원래, 처음부터
0822 ☐☐☐	たん 単なる		단순한
0823 ☐☐☐	かくじん 各人	명	각자
0824 ☐☐☐	こうどう 行動	명	행동
0825 ☐☐☐	てづく 手作り	명	손수 만듦, 수제
0826 ☐☐☐	てが 手書き	명	자필, 손으로 씀
0827 ☐☐☐	さんちょう 山頂	명	산꼭대기, 정상
0828 ☐☐☐	げざん げさん 下山 / 下山	명	하산
0829 ☐☐☐	ちょうぼう 眺望	명	조망, 전망
0830 ☐☐☐	げんぞう 現像	명	(사진) 현상

MP3 바로 듣기

0831 ☐☐☐

距離 ★ **きょり** 명 거리

えき　ある　ぶん　きょり　いえ
駅から歩いて10分くらいの距離に家がある。
역에서 걸어서 10분 정도 거리에 집이 있다.

> 관련어 **遠距離** えんきょり 명 원거리

0832 ☐☐☐

交差点 ★ **こうさてん** 명 교차로

こう さ てん　ひる　しん や　こうつうりょう　おお
この交差点は昼だけでなく深夜も交通量が多い。
이 교차로는 낮 뿐만 아니라 심야에도 교통량이 많다.

[문형] 명사 + だけでなく ~뿐만 아니라

0833 ☐☐☐

通路 **つうろ** 명 통로

わたし　ひ こう き　の　とき　で い　つう ろ がわ　せき　えら
私は飛行機に乗る時、出入りしやすい通路側の席を選ぶ。
나는 비행기를 탈 때, 출입하기 쉬운 통로 쪽 자리를 고른다.

0834 ☐☐☐

合図 ★ **あいず** 명 신호

くるま　まわ　うんてんしゃ　あい ず　おく　とき　つか
車のライトは周りの運転者に合図を送る時にも使われる。
자동차의 라이트는 주변 운전자에게 신호를 보낼 때에도 쓰인다.

0835 ☐☐☐

直通 **ちょくつう** 명 직통

なり た くうこう　い　とき　とうきょうえきまえ　ちょくつう　の
成田空港に行く時はいつも東京駅前で直通バスに乗る。
나리타 공항에 갈 때는 항상 도쿄역 앞에서 직통버스를 탄다.

0836 ☐☐☐

左右　　　さゆう　　　명 좌우

道を渡る時は車が来ないか左右を確認するべきだ。
길을 건널 때에는 차가 오지 않는지 좌우를 확인해야 한다.

[문형] 동사 사전형 + べきだ ~(해)야 한다

0837 ☐☐☐

走行　　　そうこう　　　명 주행

走行中は危ないので、携帯などを触らないようにして
ください。 주행 중에는 위험하므로, 휴대 전화 등을 만지지 않도록 해 주세요.

[문형] 동사 ない형 + ないように ~(하)지 않도록

0838 ☐☐☐

免許　　　めんきょ　　　명 면허

免許を取って以来、海沿いをドライブすることが趣味に
なった。 면허를 딴 이래로, 바닷가를 드라이브하는 것이 취미가 되었다.

[문형] 동사 て형 + 以来 ~이래로

0839 ☐☐☐

乗車　★　じょうしゃ　　　명 승차

私が乗車したとたんバスが発車して転ぶところだった。
내가 승차한 순간 버스가 발차해서 넘어질 뻔했다.

[문형] 동사 た형 + とたん ~(한) 순간 / 동사 사전형 + ところだった ~(할) 뻔했다

0840 ☐☐☐

指定　★　してい　　　명 지정

飛行機で外の景色が見たいから窓側の席を指定した。
비행기에서 바깥의 경치가 보고 싶어서 창가 쪽 자리를 지정했다.

0841 ☐☐☐

券売機　★　けんばいき　　　명 매표기, (표) 판매기

電車のきっぷは入口の脇にある券売機でご購入ください。
전철 표는 입구 옆에 있는 매표기에서 구입해 주세요.

0842 ☐☐☐

| 運行 | ★ | うんこう | 명 운행 |

このシャトルバスは三島駅から当美術館まで運行します。
이 셔틀버스는 미시마역에서 당 미술관까지 운행합니다.

0843 ☐☐☐

| 運賃 | ★ | うんちん | 명 운임 |

利用者の減少により、運賃を上げざるを得なくなった。
이용자 감소로 인해, 운임을 올리지 않을 수 없게 되었다.

[문형] 명사 + により ~로 인해 / 동사 ない형 + ざるを得ない ~(하)지 않을 수 없다

0844 ☐☐☐

| 延長 | ★ | えんちょう | 명 연장 |

線路が延長されたおかげで、乗り換えなしで隣の地域まで
行ける。 선로가 연장된 덕분에, 환승 없이 옆 지역까지 갈 수 있다.

[문형] 동사 た형 + おかげで ~덕분에

0845 ☐☐☐

| 大幅だ | ★ | おおはばだ | な형 큰 폭이다, 변동이 크다 |

近くで道路の工事をしているせいか、バスが大幅に遅れ
ている。 근처에서 도로 공사를 하고 있기 때문인지, 버스가 큰 폭으로 늦고 있다.

[문형] 동사 보통형 + せいか ~때문인지

0846 ☐☐☐

| 公共 | | こうきょう | 명 공공 |

公共交通機関を利用する際はマナーを守りましょう。
공공 교통 기관을 이용할 때는 매너를 지킵시다.

0847 ☐☐☐

| 視野 | ★ | しや | 명 시야 |

運転において視野を広く持つことはとても重要だ。
운전에 있어서 시야를 넓게 가지는 것은 매우 중요하다.

[문형] 명사 + において ~에 있어서

0848 ☐☐☐

徐行		じょこう	图 서행

じょこう　ひょうしき　おも　じゅうたくがい　つうがく ろ
徐行の標識は主に住宅街や通学路などにある。
서행 표지는 주로 주택가나 통학로 등에 있다.

0849 ☐☐☐

達する	★	たっする	图 달하다, 이르다

くるま　　びょう　さいこうそく ど　　たっ
この車は5秒で最高速度に達する。
이 차는 5초 만에 최고 속도에 달한다.

0850 ☐☐☐

乗り継ぐ	★	のりつぐ	图 갈아타다

そ ぼ　いえ　い　　　でんしゃ　　　　の　つ
祖母の家に行くには電車とバスを乗り継がないといけない。
할머니 집에 가려면 전철과 버스를 갈아타야 한다.

0851 ☐☐☐

引き返す	★	ひきかえす	图 되돌아가다, 되돌리다

おおあめ　　　　ひこうき　くうこう　ひ　かえ
大雨のせいで飛行機が空港に引き返しているそうだ。
큰비 때문에 비행기가 공항으로 되돌아가고 있다고 한다.

0852 ☐☐☐

足元	★	あしもと	图 발밑, 발 있는 곳, 근처

じょうしゃ　さい　あしもと　　ちゅう い
ご乗車の際は足元にご注意ください。
승차하실 때는 발밑에 주의해 주세요.

0853 ☐☐☐

衝突	★	しょうとつ	图 충돌

うんてんちゅう　かんが　ごと　　　　まえ　きけん　きづ　　　　　しょうとつ
運転中に考え事をすると、前の危険に気付かずに衝突
おそ
する恐れがある。
운전 중에 이런저런 생각을 하면, 앞의 위험을 알아차리지 못하고 충돌할 우려가 있다.

[문형] 동사 ない형 + ずに ~(하)지 못하고 / 동사 사전형 + 恐れがある ~(할) 우려가 있다

0854 ☐☐☐

| 欠陥 | ★ | けっかん | 명 결함 |

バスのエンジンに欠陥が見つかって運行中止になりました。
버스 엔진에 결함이 발견되어 운행 중지되었습니다.

0855 ☐☐☐

| 過密 | ★ | かみつ | 명 과밀 |

大都市の過密により、通勤ラッシュ時の混雑はひどくなる一方だ。 대도시의 과밀로 인해, 통근 러시 때의 혼잡은 심해지기만 할 뿐이다.

[문형] 동사 사전형 + 一方だ ~(할) 뿐이다

0856 ☐☐☐

| 改善 | ★ | かいぜん | 명 개선 |

利用者のニーズに応え、駅の施設が徐々に改善されている。 이용자의 니즈에 부응하여, 역의 시설이 서서히 개선되고 있다.

[문형] 명사 + に応え ~에 부응하여

0857 ☐☐☐

| おおよそ | ★ | - | 부 대략, 대강 |

目的地までは車でおおよそ1時間ぐらいかかる。
목적지까지는 차로 대략 1시간 정도 걸린다.

0858 ☐☐☐

| うとうと | ★ | - | 부 꾸벅꾸벅 (좀) |

電車で立ったままでうとうとするとは、相当疲れていたようだ。
전철에서 선 채로 꾸벅꾸벅 졸다니, 상당히 지쳐 있었던 것 같다.

[문형] 동사 た형 + ままで ~(한) 채로

0859 ☐☐☐

| がらがらだ | ★ | - | な형 텅텅 비다 |

平日の朝と違って昼間は電車の中ががらがらだ。
평일 아침과 다르게 낮은 전철 안이 텅텅 비었다.

0860 ☐☐☐

| 最寄り | ★ | もより | 명 가장 가까움 |

まいにち も よ えき じ てんしゃ い
毎日最寄りの駅まで自転車で行っている。
매일 가장 가까운 역까지 자전거로 가고 있다.

0861 ☐☐☐

| 手前 | ★ | てまえ | 명 앞쪽, 본인과 가까운 쪽 |

こう さ てん て まえ お
交差点の手前でタクシーから降りました。
교차로의 앞쪽에서 택시를 내렸습니다.

0862 ☐☐☐

| 早まる | | はやまる | 동 빨라지다 |

あたら み しゅうでん じ かん すこ はや
新しいダイヤを見たら、終電の時間が少し早まっていた。
새 운행표를 보니, 막차 시간이 조금 빨라져 있었다.

0863 ☐☐☐

| 乗り遅れる | | のりおくれる | 동 (탈것을) 놓치다 |

でんしゃ の おく しゅっきん じ かん かいしゃ とうちゃく
電車に乗り遅れて、出勤時間までに会社に到着できそう
にない。 전철을 놓쳐서, 출근 시간까지 회사에 도착할 수 있을 것 같지 않다.

[문형] 동사 ます형 + そうにない ~(할) 것 같지 않다

0864 ☐☐☐

| 塞がる | | ふさがる | 동 막히다, 차다 |

おおゆき でんしゃ と どう ろ ふさ
大雪で電車が止まったうえに、道路が塞がってバスも
と
止まった。 폭설로 전철이 멈춘 데다가, 도로도 막혀서 버스도 멈췄다.

[문형] 동사 보통형 + うえに ~(인) 데다가

0865 ☐☐☐

| 詰め合う | | つめあう | 동 (사이를) 좁히다, 채우다 |

こ しゃない じょうきゃく つ あ すわ
混みあった車内で乗客が詰め合って座っている。
혼잡한 차내에서 승객이 사이를 좁혀 앉아 있다.

0866 □□□

貨物	かもつ	명 화물

ちち　　　　　　くにぐに　　かもつ　はこ　しごと
父はアジアの国々に貨物を運ぶ仕事をしている。
아버지는 아시아의 여러 나라에 **화물**을 옮기는 일을 하고 있다.

0867 □□□

運搬	うんぱん	명 운반

ひ　こ　　がいしゃ　　　　　　　　　　　かぐ　うんぱん
引っ越し会社のトラックが家具を運搬していた。
이삿짐센터의 트럭이 가구를 **운반**하고 있었다.

0868 □□□

航海	こうかい	명 항해

じぶん　ふね　ひろ　　す　とお　　　うみ　こうかい　　　　しょうらい
自分の船で広くて透き通った海を航海するのが将来の
ゆめ
夢だ。　나의 배로 드넓고 투명한 바다를 **항해**하는 것이 장래의 꿈이다.

0869 □□□

近郊	きんこう	명 근교

やす　　ひ　　とうきょうきんこう　　　　　　　　　　　　　おお
休みの日は東京近郊をドライブすることが多い。
쉬는 날에는 도쿄 **근교**를 드라이브하는 일이 많다.

0870 □□□

しばらく ★	-	부 잠시

でんしゃ　とうちゃく　　　　　　　　　　ま
電車が到着するまでしばらくお待ちください。
전철이 도착할 때까지 **잠시** 기다려 주십시오.

0871 □□□

いきなり ★	-	부 갑자기

でんしゃ　　　　　　ていしゃ　じこ　　　おも
電車がいきなり停車して事故かと思ったが、そうでは
なかった。　전철이 **갑자기** 정차해서 사고인가 생각했는데, 그렇지는 않았다.

*<Day별 단어 퀴즈 PDF>를 활용하여 꼭 복습하세요.

완성 단어

0872 ☐☐☐	しんにゅう 進入	명 진입
0873 ☐☐☐	けいろ 経路	명 경로
0874 ☐☐☐	たど 立ち止まる	동 멈춰 서다
0875 ☐☐☐	じょうようしゃ 乗用車	명 승용차
0876 ☐☐☐	しゃりょう 車両	명 차량
0877 ☐☐☐	しゃりん 車輪	명 차바퀴
0878 ☐☐☐	ねんぴ 燃費	명 연비
0879 ☐☐☐	ひょうしき 標識	명 표지, 표식
0880 ☐☐☐	えきしゃ 駅舎	명 역사, 역
0881 ☐☐☐	しゅうでん 終電	명 마지막 전철, 막차
0882 ☐☐☐	ふなびん 船便	명 배편
0883 ☐☐☐	いっぱんせき 一般席	명 일반석
0884 ☐☐☐	ゆそう 輸送	명 수송
0885 ☐☐☐	てっきょう 鉄橋	명 철교
0886 ☐☐☐	かいつう 開通	명 개통
0887 ☐☐☐	はっしゃ 発車	명 발차
0888 ☐☐☐	かいそく 快速	명 쾌속
0889 ☐☐☐	りんじ 臨時	명 임시
0890 ☐☐☐	ろせん 路線	명 노선
0891 ☐☐☐	ちゃくりく 着陸	명 착륙
0892 ☐☐☐	だっせん 脱線	명 탈선

0893 ☐☐☐	ちえん 遅延	명 지연
0894 ☐☐☐	でこぼこ 凸凹	명 울퉁불퉁함, 요철
0895 ☐☐☐	えんかつ 円滑だ	な형 원활하다
0896 ☐☐☐	こうさ 交差	명 교차
0897 ☐☐☐	がえ ごった返す	동 몹시 혼잡하다, 붐비다
0898 ☐☐☐	こあ 混み合う	동 붐비다, 혼잡하다
0899 ☐☐☐	かんさん 閑散	명 한산
0900 ☐☐☐	ひとどお 人通り	명 왕래, 통행
0901 ☐☐☐	そうげい 送迎	명 송영, 보내고 맞이함
0902 ☐☐☐	ちぢ 縮まる	동 (시간, 거리가) 줄어들다
0903 ☐☐☐	きんぺん 近辺	명 부근
0904 ☐☐☐	きんりん 近隣	명 근린, 인근
0905 ☐☐☐	ちゅうりんじょう 駐輪場	명 자전거 주차장
0906 ☐☐☐	ていりゅうじょ 停留所	명 정류소
0907 ☐☐☐	ふみきり 踏切	명 건널목
0908 ☐☐☐	いっぺんに	부 한번에
0909 ☐☐☐	うかうか	부 부주의하게, 멍하게
0910 ☐☐☐	ざっと	부 대충, 대강
0911 ☐☐☐	む 向ける	동 (어느 방향으로) 돌리다
0912 ☐☐☐	お 降ろす	동 내리다
0913 ☐☐☐	かこじょうしゃ 駆け込み乗車	명 뛰어들기 승차

0914 ☐☐☐

| 旅 | たび | 명 여행 |

いつか一人でアフリカをゆっくり旅してみたい。
언젠가 혼자서 아프리카를 느긋이 **여행**해 보고 싶다.

0915 ☐☐☐

| 旅先 ★ | たびさき | 명 여행지 |

旅先で買って来たお土産をクラスの全員に配った。
여행지에서 사 온 기념품을 학급 전원에게 나누어 주었다.

0916 ☐☐☐

| 名所 ★ | めいしょ | 명 명소 |

吉野山といえば、春に山全体が桃色になる桜の名所だ。
요시노산이라고 하면, 봄에 산 전체가 분홍색이 되는 벚꽃 **명소**다.

[문형] 명사 + といえば ~(이)라고 하면

0917 ☐☐☐

| 景色 ★ | けしき | 명 경치 |

展望台から見る景色はずっと眺めていたいほど素敵だった。
전망대에서 보는 **경치**는 계속 바라보고 있고 싶을 정도로 멋졌다.

0918 ☐☐☐

| 風景 | ふうけい | 명 풍경, 경치 |

日が沈むにつれて山の風景もだんだん変化していった。
해가 짐에 따라 산의 **풍경**도 점점 변화해 갔다.

[문형] 동사 사전형 + につれて ~(함)에 따라

0919 ☐☐☐

観覧	かんらん	명 관람

アメリカの遊園地でパレードを観覧しました。
미국의 유원지에서 퍼레이드를 관람했습니다.

0920 ☐☐☐

期待 ★	きたい	명 기대

明日からの家族旅行への期待で娘は一日中にこにこしていた。 내일부터의 가족 여행에의 기대로 딸은 하루 종일 생글생글 웃고 있었다.

0921 ☐☐☐

冒険	ぼうけん	명 모험

私が旅行作家を目指したきっかけは小さい頃聞いた冒険の話だ。 내가 여행 작가를 지망하게 된 계기는 어릴 적 들은 모험 이야기이다.

0922 ☐☐☐

名高い	なだかい	い형 유명하다, 잘 알려져 있다

大阪は昔からおいしい食べ物が多いと名高い。
오사카는 옛날부터 맛있는 음식이 많다고 유명하다.

0923 ☐☐☐

すっきり ★	-	부 말끔히, 후련히

すっきり晴れていたおかげで海が遠くまで見渡せた。
말끔히 날씨가 갠 덕분에 바다를 멀리까지 바라볼 수 있었다.

[문형] 동사 た형 + おかげで ~덕분에

0924 ☐☐☐

快い ★	こころよい	い형 상쾌하다, 기분 좋다

ぶらぶら散歩していたら快い風が吹いてきた。
설렁설렁 산책하고 있었더니 상쾌한 바람이 불어왔다.

0925 ☐☐☐

清い　　きよい　　い형 깨끗하다, 맑다

山の上から流れてくる清い水がこの町の自慢だそうだ。
산 위에서 흘러오는 **깨끗한** 물이 이 마을의 자랑이라고 한다.

0926 ☐☐☐

楽しむ　　たのしむ　　동 즐기다

子供と一緒に楽しめるダイビング体験に申し込んだ。
아이와 함께 즐길 수 있는 다이빙 체험을 신청했다.

0927 ☐☐☐

周辺　★　しゅうへん　　명 주변

チェックインのついでに周辺のおいしい店をスタッフに
聞いた。　체크인하는 김에 주변의 맛있는 가게를 스태프에게 물었다.

[문형] 명사 の + ついでに ~(하)는 김에

0928 ☐☐☐

日帰り　★　ひがえり　　명 당일치기

毎年お花見や紅葉狩りなどの日帰りツアーに参加して
いる。　매년 꽃놀이나 단풍 구경 등의 당일치기 투어에 참가하고 있다.

0929 ☐☐☐

下旬　★　げじゅん　　명 하순

7月下旬に京都の有名な祭りを見に行く予定だ。
7월 하순에 교토의 유명한 축제를 보러 갈 예정이다.

0930 ☐☐☐

途中　★　とちゅう　　명 도중

名古屋に向かっている途中、車の窓から富士山が見えた。
나고야로 향하는 도중, 자동차 창문으로 후지산이 보였다.

DAY
12

해커스 JLPT 기출 단어장 N2

0931 ☐☐☐

| 途端 | ★ | とたん | 명 순간, 찰나 |

<ruby>空港<rt>くうこう</rt></ruby>に<ruby>着<rt>つ</rt></ruby>いた<ruby>途端<rt>とたん</rt></ruby>、<ruby>大雨<rt>おおあめ</rt></ruby>が<ruby>降<rt>ふ</rt></ruby>り<ruby>始<rt>はじ</rt></ruby>めて<ruby>飛行機<rt>ひこうき</rt></ruby>が<ruby>遅延<rt>ちえん</rt></ruby>になった。 공항에 도착한 순간, 큰비가 내리기 시작해서 비행기가 지연되었다.

0932 ☐☐☐

| 近年 | | きんねん | 명 근래, 근년 |

<ruby>近年<rt>きんねん</rt></ruby>、わが<ruby>市<rt>し</rt></ruby>は<ruby>地元<rt>じもと</rt></ruby>への<ruby>観光客<rt>かんこうきゃく</rt></ruby>を<ruby>増<rt>ふ</rt></ruby>やすことに<ruby>力<rt>ちから</rt></ruby>を<ruby>入<rt>い</rt></ruby>れている。 근래, 우리 시는 고장에의 관광객을 늘리는 것에 힘을 쏟고 있다.

0933 ☐☐☐

| 遅らす | ★ | おくらす | 동 늦추다 |

<ruby>重要<rt>じゅうよう</rt></ruby>な<ruby>仕事<rt>しごと</rt></ruby>が<ruby>入<rt>はい</rt></ruby>って<ruby>旅行<rt>りょこう</rt></ruby>の<ruby>日程<rt>にってい</rt></ruby>を<ruby>遅<rt>おく</rt></ruby>らすよりほかなくなった。
중요한 일이 들어와서 여행 일정을 늦출 수밖에 없게 되었다.

[문형] 동사 사전형 + よりほかない ~(할) 수밖에 없다

0934 ☐☐☐

| 決める | ★ | きめる | 동 결정하다 |

<ruby>今年<rt>ことし</rt></ruby>の<ruby>冬<rt>ふゆ</rt></ruby>は<ruby>父<rt>ちち</rt></ruby>の<ruby>故郷<rt>こきょう</rt></ruby>である<ruby>北海道<rt>ほっかいどう</rt></ruby>に<ruby>行<rt>い</rt></ruby>くと<ruby>決<rt>き</rt></ruby>めました。
올해 겨울은 아버지의 고향인 홋카이도에 가기로 결정했습니다.

0935 ☐☐☐

| 息抜き | ★ | いきぬき | 명 휴식, 한숨 돌림 |

<ruby>日常<rt>にちじょう</rt></ruby>から<ruby>離<rt>はな</rt></ruby>れられる<ruby>旅行<rt>りょこう</rt></ruby>は<ruby>私<rt>わたし</rt></ruby>にとって<ruby>最高<rt>さいこう</rt></ruby>の<ruby>息抜<rt>いきぬ</rt></ruby>きだ。
일상에서 멀어질 수 있는 여행은 나에게 있어 최고의 휴식이다.

[문형] 명사 + にとって ~에게 있어

0936 ☐☐☐

| 思い切り | ★ | おもいきり | 부 마음껏, 실컷 |

このビュッフェでは<ruby>地元<rt>じもと</rt></ruby>の<ruby>料理<rt>りょうり</rt></ruby>を<ruby>思<rt>おも</rt></ruby>い<ruby>切<rt>き</rt></ruby>り<ruby>味<rt>あじ</rt></ruby>わえます。
이 뷔페에서는 이 고장의 요리를 마음껏 맛볼 수 있습니다.

0937 ☐☐☐

| 間際 | ★ | まぎわ | 명 직전 |

バスの出発間際になって財布を家に置いてきたことに
気付いた。 버스 출발 직전이 되어서 지갑을 집에 놓고 온 것을 깨달았다.

0938 ☐☐☐

| 予め | ★ | あらかじめ | 부 미리, 앞서 |

旅先の天気予報を予め確認しておくといいでしょう。
여행지의 일기 예보를 미리 확인해 두면 좋겠지요.

0939 ☐☐☐

| 計画 | ★ | けいかく | 명 계획 |

ざっと旅行計画を立ててから細かい日程を決めていった。
대강 여행 계획을 세우고 나서 자세한 일정을 결정해 갔다.

[문형] 동사 て형 + から ~(하)고 나서

0940 ☐☐☐

| 荷物 | ★ | にもつ | 명 짐 |

荷物を軽くするために余計なものは入れないようにした。
짐을 가볍게 하기 위해 쓸데없는 것은 넣지 않도록 했다.

[문형] 동사 ない형 + ないように ~(하)지 않도록

0941 ☐☐☐

| 徒歩 | ★ | とほ | 명 도보 |

この宿はアクセスが良くて徒歩で色々な観光地に行ける。
이 숙소는 접근성이 좋아서 도보로 여러 관광지에 갈 수 있다.

0942 ☐☐☐

| 手配 | | てはい | 명 준비, 수배 |

ホテルの手配をはじめ、旅行に行くには色々準備することが
多い。 호텔 준비를 비롯하여, 여행에 가기 위해서는 여러모로 준비할 것이 많다.

[문형] 명사 + をはじめ ~를 비롯하여

0943 ☐☐☐

航空	こうくう	명 항공

航空会社のサービスセンターで出発の日付を変えた。
항공 회사의 서비스 센터에서 출발 날짜를 바꿨다.

0944 ☐☐☐

記憶 ★	きおく	명 기억

一度行ったことがある場所の地理はほぼ記憶している。
한 번 간 적이 있는 장소의 지리는 거의 기억하고 있다.

[문형] 동사 た형 + ことがある ~(한) 적이 있다

0945 ☐☐☐

得る ★	える	동 얻다

旅行を通して新しいことに挑戦できる積極性を得た。
여행을 통해 새로운 것에 도전할 수 있는 적극성을 얻었다.

[문형] 명사 + を通して ~을 통해

0946 ☐☐☐

感動 ★	かんどう	명 감동

初めてオーロラを見て、感動したあまり声も出なかった。
처음으로 오로라를 보고, 감동한 나머지 목소리도 나오지 않았다.

[문형] 동사 た형 + あまり ~(한) 나머지

0947 ☐☐☐

瞬間	しゅんかん	명 순간

太陽が海に沈む瞬間を写真に撮った。
태양이 바다로 지는 순간을 사진으로 찍었다.

0948 ☐☐☐

待合室 ★	まちあいしつ	명 대합실

友達から遅れると連絡があって駅舎の待合室で待つことにした。 친구로부터 늦어진다고 연락이 있어서 역사의 **대합실**에서 기다리기로 했다.

[문형] 동사 사전형 + ことにする ~(하)기로 하다

0949 ☐☐☐

| 街角 | ★ | まちかど | 📁 길거리, 길모퉁이 |

<ruby>原宿<rt>はらじゅく</rt></ruby>に<ruby>行<rt>い</rt></ruby>く<ruby>途中<rt>とちゅう</rt></ruby>、<ruby>道<rt>みち</rt></ruby>に<ruby>迷<rt>まよ</rt></ruby>って<ruby>街角<rt>まちかど</rt></ruby>で<ruby>地図<rt>ちず</rt></ruby>アプリを<ruby>開<rt>ひら</rt></ruby>いた。
하라주쿠에 가는 도중, 길을 잃어서 길거리에서 지도 앱을 열었다.

0950 ☐☐☐

| 大都市 | | だいとし | 📁 대도시 |

<ruby>活気<rt>かっき</rt></ruby><ruby>溢<rt>あふ</rt></ruby>れる<ruby>大都市<rt>だいとし</rt></ruby>の<ruby>風景<rt>ふうけい</rt></ruby>に<ruby>胸<rt>むね</rt></ruby>がわくわくした。
활기 넘치는 대도시의 풍경에 가슴이 두근두근했다.

0951 ☐☐☐

| のんびり | ★ | - | 📁 느긋이, 태평히 |

<ruby>昼間<rt>ひるま</rt></ruby>の<ruby>閑散<rt>かんさん</rt></ruby>とした<ruby>公園<rt>こうえん</rt></ruby>でのんびり<ruby>散歩<rt>さんぽ</rt></ruby>した。
낮의 한산한 공원에서 느긋이 산책했다.

0952 ☐☐☐

| 注意 | ★ | ちゅうい | 📁 주의 |

<ruby>市場<rt>いちば</rt></ruby>など<ruby>混<rt>こ</rt></ruby>み<ruby>合<rt>あ</rt></ruby>うところではすりに<ruby>注意<rt>ちゅうい</rt></ruby>した<ruby>方<rt>ほう</rt></ruby>がいい。
시장 등 붐비는 곳에서는 소매치기에 주의하는 편이 좋다.

0953 ☐☐☐

| 訪れる | ★ | おとずれる | 📁 방문하다 |

<ruby>再<rt>ふたた</rt></ruby>び<ruby>訪<rt>おとず</rt></ruby>れた<ruby>日本<rt>にほん</rt></ruby>は20<ruby>年前<rt>ねんまえ</rt></ruby>と<ruby>比<rt>くら</rt></ruby>べてだいぶ<ruby>変<rt>かわ</rt></ruby>っていた。
다시 방문한 일본은 20년 전과 비교해 상당히 바뀌어 있었다.

0954 ☐☐☐

| 誘う | ★ | さそう | 📁 권유하다 |

<ruby>日々<rt>ひび</rt></ruby>のストレス<ruby>解消<rt>かいしょう</rt></ruby>に<ruby>母<rt>はは</rt></ruby>を<ruby>一泊二日<rt>いっぱくふつか</rt></ruby>の<ruby>温泉旅行<rt>おんせんりょこう</rt></ruby>に<ruby>誘<rt>さそ</rt></ruby>った。
매일의 스트레스 해소를 위해 어머니께 1박 2일 온천 여행을 권유했다.

*<Day별 단어 퀴즈 PDF>를 활용하여 꼭 복습하세요.

완성 단어

0955 □□□	りょこうがいしゃ 旅行会社	명 여행 회사	0976 □□□	べっそう 別荘	명 별장
0956 □□□	めぐ 巡る	동 돌다, 순회하다	0977 □□□	ぼくじょう 牧場	명 목장
0957 □□□	めいぶつ 名物	명 명물	0978 □□□	みずぎ 水着	명 수영복
0958 □□□	りょかくせん 旅客船	명 여객선	0979 □□□	れんけい 連携	명 연계, 제휴
0959 □□□	ぜっけい 絶景	명 절경	0980 □□□	いっしょう 一生	명 일생, 평생
0960 □□□	あなば 穴場	명 숨은 명소	0981 □□□	あんまり	부 별로, 그다지
0961 □□□	ふんすい 噴水	명 분수	0982 □□□	うんと	부 아주, 몹시
0962 □□□	きゅうか 休暇	명 휴가	0983 □□□	しきさい 色彩	명 색채
0963 □□□	くつろぐ	동 편히 쉬다	0984 □□□	どうはん 同伴	명 동반
0964 □□□	しあわ 幸せ	명 행복	0985 □□□	ちが すれ違う	동 스쳐 지나다
0965 □□□	きらく 気楽だ	な형 홀가분하다, 마음 편하다	0986 □□□	できごと 出来事	명 사건, 일어난 일
0966 □□□	ゆったり	부 느긋하게, 헐겁게	0987 □□□	みうしな 見失う	동 보던 것을 놓치다
0967 □□□	きょだい 巨大だ	な형 거대하다	0988 □□□	ふんしつ 紛失	명 분실
0968 □□□	かいほう 解放	명 해방	0989 □□□	ずれる	동 어긋나다, 빗나가다
0969 □□□	へいたん 平坦	명 평탄	0990 □□□	あ 明かり	명 불빛
0970 □□□	まどお 待ち遠しい	い형 몹시 기다려 지다	0991 □□□	あがた 明け方	명 새벽녘
0971 □□□	ゆめふく 夢が膨らむ	꿈이 부풀다	0992 □□□	ひで 日の出	명 일출, 해돋이
0972 □□□	つ 釣り	명 낚시	0993 □□□	いまごろ 今頃	명 지금쯤
0973 □□□	たどつ 辿り着く	동 겨우 다다르다	0994 □□□	じさ 時差	명 시차
0974 □□□	まぢか 間近だ	な형 아주 가깝다	0995 □□□	なみき 並木	명 가로수
0975 □□□	やど 宿	명 숙소	0996 □□□	いっかい 一回	명 1회, 한 번

DAY 13 운동·경기

MP3 바로 듣기

0997 ☐☐☐

| 登山 | ★ | とざん | 명 등산 |

凸凹の山道を歩くのも登山の楽しみの一つだ。
울퉁불퉁한 산길을 걷는 것도 등산의 즐거움 중 하나다.

0998 ☐☐☐

| 大変だ | ★ | たいへんだ | な형 힘들다 |

姿勢改善のためにヨガを始めたが、思った以上に大変だった。 자세 개선을 위해 요가를 시작했는데, 생각했던 이상으로 힘들었다.

0999 ☐☐☐

| 消耗 | | しょうもう | 명 소모 |

コーチに体力を消耗しにくい走り方を教えてもらった。
코치에게 체력을 쉽게 소모하지 않는 달리기 방법을 가르침 받았다.

1000 ☐☐☐

| 苦手だ | ★ | にがてだ | な형 서툴다, 질색이다 |

運動は種目をとわず、ほとんど苦手だ。
운동은 종목을 불문하고, 대부분 서툴다.

[문형] 명사 + をとわず ~을 불문하고

1001 ☐☐☐

| 回数 | | かいすう | 명 횟수 |

毎日腕立て伏せをして回数を記録している。
매일 팔 굽혀 펴기를 하고 횟수를 기록하고 있다.

1002 □□□

| 防止 | ぼうし | 명 방지 |

けが**防止**のために運動前はしっかりストレッチをしよう。
부상 방지를 위해 운동 전에는 확실히 스트레칭을 하자.

1003 □□□

| 持ち上げる | もちあげる | 동 들어 올리다 |

ダンベルなら左右合わせて20キロまで**持ち上げられる**。
덤벨이라면 좌우 합쳐서 20kg까지 들어 올릴 수 있다.

1004 □□□

| 育成 | いくせい | 명 육성 |

今後は次世代選手の**育成**に力を入れていくと決めました。
앞으로는 차세대 선수 육성에 힘을 써 가겠다고 결정했습니다.

1005 □□□

| 発揮 ★ | はっき | 명 발휘 |

彼は自分の実力を十分に**発揮**し、試合に圧勝した。
그는 자신의 실력을 충분히 발휘해, 시합에서 압승했다.

1006 □□□

| 活躍 | かつやく | 명 활약 |

海外で**活躍**するプロゴルファーになるのが夢だ。
해외에서 활약하는 프로 골퍼가 되는 것이 꿈이다.

1007 □□□

| 柔軟だ ★ | じゅうなんだ | な형 유연하다 |

あのジュニア選手は体力があるうえに体も**柔軟だ**。
저 주니어 선수는 체력이 있는 데다가 몸도 유연하다.

[문형] 동사 보통형 + うえに ~(인) 데다가

1008 ☐☐☐

| 当てる | ★ | あてる | 통 맞히다 |

あんな速い球をバットに当てられるなんて。
저런 빠른 공을 배트에 맞힐 수 있다니.

1009 ☐☐☐

| 引っ張る | | ひっぱる | 통 (잡아)당기다 |

審判の合図とともに両チームは勢いよく綱を引っ張った。
심판의 신호와 함께 양 팀은 기세 좋게 밧줄을 잡아당겼다.

[문형] 명사 + とともに ~와 함께

1010 ☐☐☐

| 追いかける | | おいかける | 통 뒤쫓다 |

追いかけて来るライバル選手との距離が縮まって焦った。
뒤쫓아 오는 라이벌 선수와의 거리가 줄어들어 초조해졌다.

1011 ☐☐☐

| 競技 | | きょうぎ | 명 경기, 겨룸 |

いきなりの雨で第1ラウンドの競技が中止となった。
갑작스러운 비로 제1라운드 경기가 중지되었다.

1012 ☐☐☐

| 開催 | ★ | かいさい | 명 개최 |

ワールドカップは4年に一回開催される名高いサッカーの
大会だ。 월드컵은 4년에 한 번 개최되는 유명한 축구 대회이다.

1013 ☐☐☐

| 主催 | | しゅさい | 명 주최 |

妹が市主催の剣道大会に参加することになった。
여동생이 시 주최 검도 대회에 참가하게 되었다.

[문형] 동사 사전형 + ことになる ~(하)게 되다

1014 ☐☐☐

進出　★　しんしゅつ　　　명 진출

本選に進出したからには優勝を目標に頑張りたい。
ほんせん　しんしゅつ　　　　　　　　　ゆうしょう　もくひょう　がんば

본선에 진출하게 된 이상 우승을 목표로 힘내고 싶다.

[문형] 동사 た형 + からには ~(하)게 된 이상

1015 ☐☐☐

獲得　★　かくとく　　　명 획득

必死に練習しただけに、金メダルが獲得できて嬉しかった。
ひっし　れんしゅう　　　　　　きん　　　　　かくとく　　　　うれ

필사적으로 연습한 만큼, 금메달을 획득할 수 있어서 기뻤다.

[문형] 동사 보통형 + だけに ~(한) 만큼

1016 ☐☐☐

一軍　　いちぐん　　　명 1군

夢に見た一軍のチームに入れたなんて、幸せでたまらない。
ゆめ　み　いちぐん　　　　　　　はい　　　　　しあわ

꿈에 그리던 1군 팀에 들어갔다니, 행복해서 견딜 수 없다.

[문형] な형용사 어간 で + たまらない ~(해)서 견딜 수 없다

1017 ☐☐☐

争う　★　あらそう　　　동 싸우다, 다투다

今回争うことになった相手チームはかなり手ごわそうだ。
こんかいあらそ　　　　　　　　あいて　　　　　　　て

이번에 싸우게 된 상대 팀은 꽤 상대하기 힘겨울 것 같다.

1018 ☐☐☐

競う　★　きそう　　　동 겨루다, 경합하다

世界中から集まったスケートボーダーが技を競っている。
せかいじゅう　あつ　　　　　　　　　　　　　　わざ　きそ

전 세계에서 모인 스케이트 보더가 기술을 겨루고 있다.

1019 ☐☐☐

張り合う　★　はりあう　　　동 경쟁하다, 겨루다

まだ中学生なのに成人の選手と同等に張り合えるなんて。
ちゅうがくせい　　　　せいじん　せんしゅ　どうとう　は　あ

아직 중학생인데 성인 선수와 동등하게 경쟁할 수 있다니.

1020 ☐☐☐

| 攻める | せめる | 图 공격하다 |

相手のパンチをガードしつつ、**攻める**チャンスを狙った。
상대의 펀치를 가드하면서, 공격할 찬스를 노렸다.

[문형] 동사 ます형 + つつ ~(하)면서

1021 ☐☐☐

| 倒す ★ | たおす | 图 쓰러뜨리다, 넘어뜨리다 |

前回の優勝者を倒したあの新人に期待が集まっている。
지난 회의 우승자를 쓰러뜨린 그 신인에게 기대가 모이고 있다.

1022 ☐☐☐

| 有利だ ★ | ゆうりだ | な형 유리하다 |

基本的にホームグラウンドで戦うチームの方が**有利だ**
そうだ。 기본적으로 홈그라운드에서 싸우는 팀 쪽이 유리하다고 한다.

1023 ☐☐☐

| 勢い ★ | いきおい | 图 기세 |

ラグビー選手達がボールを奪おうと**勢い**よく体をぶつけ
合った。 럭비 선수들이 공을 뺏으려고 기세 좋게 몸을 맞부딪혔다.

1024 ☐☐☐

| 匹敵 | ひってき | 图 필적 |

この高校生チームはプロチームにも**匹敵**するだろうと言
われている。 이 고등학생 팀은 프로팀에도 필적할 것이라고 일컬어지고 있다.

1025 ☐☐☐

| 圧倒 ★ | あっとう | 图 압도 |

田中選手は見る人を**圧倒**させるすばらしいスキルを持っ
ている。 다나카 선수는 보는 사람을 압도시키는 훌륭한 스킬을 가지고 있다.

| 관련어 | 圧倒的だ あっとうてきだ [な형] 압도적이다 |

1026 ☐☐☐

| 惜しい | ★ | おしい | い형 아깝다, 애석하다 |

わずか一点の差で負けるとは惜しくてしかたない。
겨우 1점 차로 지다니 **아까워서** 견딜 수 없다.

[문형] 동사 て형 + しかたない ~(해)서 견딜 수 없다

1027 ☐☐☐

| 敗れる | ★ | やぶれる | 동 패배하다, 지다 |

このまま敗れるかと思ったら急に状況が一変した。
이대로 **패배하나** 했더니 갑자기 상황이 일변했다.

[문형] 동사 사전형 + かと思ったら ~(하)나 했더니

1028 ☐☐☐

| 悔しい | ★ | くやしい | い형 분하다 |

体調不良であるばかりに試合に負けたのが悔しくてならない。 컨디션 불량 탓에 시합에서 진 것이 너무 분하다.

[문형] 명사 である + ばかりに ~탓에 / い형용사 て형 + ならない 너무 ~(하)다

1029 ☐☐☐

| 悔やむ | ★ | くやむ | 동 후회하다 |

負けて辛いのはわかるが悔やんでばかりいても仕方ない。
져서 괴로운 것은 알지만 **후회하고만** 있어도 어쩔 수 없다.

[문형] 동사 て형 + ばかりいる ~(하)고만 있다

1030 ☐☐☐

| 圧勝 | ★ | あっしょう | 명 압승 |

あの強豪チームに圧勝するとはなんて奇跡的なことか。
그 강호 팀에게 압승하다니 어찌 이리 기적적인지.

[문형] 의문사 + な형용사 어간 な + ことか ~(인)지

1031 ☐☐☐

| 乗り越える | | のりこえる | 동 극복하다, 뛰어넘다 |

大きなけがを乗り越えた彼は今やチームのエースである。
큰 부상을 극복한 그는 이젠 팀의 에이스이다.

1032 ☐☐☐

| 精一杯 | ★ | せいいっぱい | 명 힘껏, 최대한 |

世界大会に出られるレベルに達するまで精一杯努力していきたい。 세계 대회에 나갈 수 있는 레벨에 달할 때까지 힘껏 노력해 나가고 싶다.

1033 ☐☐☐

| 声援 | ★ | せいえん | 명 성원 |

ギャラリーの熱い声援でスタジアムは興奮に包まれた。
관중의 뜨거운 성원으로 스타디움은 흥분에 휩싸였다.

1034 ☐☐☐

| 持ち込む | | もちこむ | 동 가지고 들어오다, 가지고 들어가다 |

瓶など割れやすいものはスタジアムに持ち込まないでください。 병 등 깨지기 쉬운 물건은 스타디움에 가지고 들어오지 말아 주세요.

1035 ☐☐☐

| 見逃す | ★ | みのがす | 동 (못 보고) 놓치다 |

前の席の人に視野が塞がれて勝利の瞬間を見逃してしまった。 앞자리 사람에게 시야가 가려져서 승리의 순간을 놓치고 말았다.

[문형] 동사 て형 + しまう ~(하)고 말다

1036 ☐☐☐

| 中継 | ★ | ちゅうけい | 명 중계 |

近隣の広場でオリンピックの中継をするそうなので見に行った。 인근 광장에서 올림픽 중계를 한다고 해서 보러 갔다.

1037 ☐☐☐

| 一瞬 | ★ | いっしゅん | 명 일순간, 한순간 |

一瞬、隙を突かれてボールを奪われたのが失点につながった。 일순간, 허를 찔려 볼을 빼앗긴 것이 실점으로 이어졌다.

*<Day별 단어 퀴즈 PDF>를 활용하여 꼭 복습하세요.

완성 단어

1038 □□□	す もう 相撲	명 스모		1059 □□□	しんぜん 親善	명 친선
1039 □□□	けんどう 剣道	명 검도		1060 □□□	よ せん 予選	명 예선
1040 □□□	たいそう 体操	명 체조		1061 □□□	たいせん 対戦	명 대전, 대항전
1041 □□□	こ 漕ぐ	동 (노를) 젓다		1062 □□□	ぞっこう 続行	명 속행, 계속해서 진행함
1042 □□□	か げん 加減	명 가감, 조절		1063 □□□	ぎゃくてん 逆転	명 역전
1043 □□□	けんめい 懸命だ	な형 열심히 하다		1064 □□□	だつらく 脱落	명 탈락
1044 □□□	つかむ	동 붙잡다, 파악하다		1065 □□□	どっと	부 한꺼번에
1045 □□□	け 蹴る	동 (발로) 차다		1066 □□□	いかにも	정말로, 너무나도
1046 □□□	ねじる	동 비틀다, 틀다, 돌리다		1067 □□□	どう じ 同時	명 동시
1047 □□□	かつ 担ぐ	동 메다, 짊어지다		1068 □□□	とうてい 到底	부 도저히
1048 □□□	たいかん 体感	명 체감		1069 □□□	きょうじゃく 強弱	명 강약
1049 □□□	きょうりょく 強力だ	な형 강력하다		1070 □□□	ふ り 不利だ	な형 불리하다
1050 □□□	手ごわい	い형 상대하기 힘겹다, 벅차다		1071 □□□	どうにか	부 그런대로, 어떻게든
1051 □□□	かく	동 긁다, 땀을 흘리다		1072 □□□	こうげき 攻撃	명 공격
1052 □□□	かいちょう 快調だ	な형 쾌조이다, 호조이다		1073 □□□	しょうはい 勝敗	명 승패
1053 □□□	ひき 率いる	동 거느리다, 인솔하다		1074 □□□	ひ わ 引き分け	명 무승부
1054 □□□	しゅつじょう 出場	명 출장, 출전		1075 □□□	しんぱん 審判	명 심판
1055 □□□	かいまく 開幕	명 개막		1076 □□□	しょうきん 賞金	명 상금
1056 □□□	げんえき 現役	명 현역		1077 □□□	き せき 奇跡	명 기적
1057 □□□	しょう ぶ 勝負	명 승부		1078 □□□	こうふん 興奮	명 흥분
1058 □□□	じゅん い 順位	명 순위		1079 □□□	こうみょう 巧妙だ	な형 교묘하다

해커스 JLPT 기출 단어장 N2

1080 ☐☐☐

和やかだ ★ **なごやかだ** な형 평온하다, 온화하다

家族と穴場のカフェでのんびりと和やかな時間を過ごした。
가족과 숨은 명소인 카페에서 느긋이 평온한 시간을 보냈다.

1081 ☐☐☐

飼い始める **かいはじめる** 동 기르기 시작하다

カメを飼い始める前に予めその特徴を調べておいた。
거북이를 기르기 시작하기 전에 미리 그 특징을 조사해 두었다.

1082 ☐☐☐

かわいがる - 동 귀여워하다

うちの猫は自分をかわいがってくれる姉のことが大好き
なようだ。 우리 고양이는 자신을 귀여워해 주는 언니를 매우 좋아하는 것 같다.

1083 ☐☐☐

漏れる ★ **もれる** 동 새다, 누설되다, 누락되다

明け方になったせいかカーテンの隙間から光が漏れ始めた。
새벽녘이 된 탓인지 커튼 틈에서 빛이 새기 시작했다.

[문형] 동사 보통형 + せいか ~탓인지

1084 ☐☐☐

破片 ★ **はへん** 명 파편

ガラスの破片は新聞紙などに包んで捨ててください。
유리 파편은 신문지 등에 감싸서 버려 주세요.

1085 ☐☐☐

しまう ★ - 〔동〕 정리하다, 치우다

<ruby>冬<rt>ふゆ</rt></ruby>の<ruby>服<rt>ふく</rt></ruby>を**しまう**かどうか<ruby>天<rt>てん</rt></ruby><ruby>気<rt>き</rt></ruby><ruby>予<rt>よ</rt></ruby><ruby>報<rt>ほう</rt></ruby>を<ruby>見<rt>み</rt></ruby>て<ruby>決<rt>き</rt></ruby>めよう。

겨울 옷을 정리할지 안 할지 일기 예보를 보고 정하자.

[문형] 동사 보통형 + かどうか ~(할)지 안 할지

1086 ☐☐☐

整える ★ ととのえる 〔동〕 정돈하다

ベッドを**整え**ながら<ruby>今<rt>きょう</rt></ruby><ruby>日<rt></rt></ruby>の<ruby>朝<rt>あさ</rt></ruby>ご<ruby>飯<rt>はん</rt></ruby>は<ruby>何<rt>なに</rt></ruby>にするか<ruby>考<rt>かんが</rt></ruby>えた。

침대를 정돈하면서 오늘의 아침밥은 무엇으로 할지 생각했다.

1087 ☐☐☐

畳む ★ たたむ 〔동〕 개다, 접다, 꺾다

<ruby>洗<rt>せん</rt></ruby><ruby>濯<rt>たく</rt></ruby><ruby>物<rt>もの</rt></ruby>が<ruby>乾<rt>かわ</rt></ruby>いたら**畳ん**でおいてくれないかな。

세탁물이 마르면 개어 두면 좋겠어.

[문형] 동사 ない형 + ないかな ~(하)면 좋겠어

1088 ☐☐☐

絞る ★ しぼる 〔동〕 (쥐어)짜다, 조이다

<ruby>雑<rt>ぞう</rt></ruby><ruby>巾<rt>きん</rt></ruby>を<ruby>洗<rt>せん</rt></ruby><ruby>濯<rt>たく</rt></ruby>した<ruby>後<rt>あと</rt></ruby>、きちんと**絞ら**ないと<ruby>臭<rt>くさ</rt></ruby>くなる。

걸레를 세탁한 후, 잘 짜지 않으면 악취가 난다.

1089 ☐☐☐

収納 ★ しゅうのう 〔명〕 수납

<ruby>最<rt>さい</rt></ruby><ruby>近<rt>きん</rt></ruby><ruby>涼<rt>すず</rt></ruby>しくなったので<ruby>扇<rt>せん</rt></ruby><ruby>風<rt>ぷう</rt></ruby><ruby>機<rt>き</rt></ruby>を<ruby>押<rt>お</rt></ruby>し<ruby>入<rt>い</rt></ruby>れに**収納**した。

최근 시원해졌기 때문에 선풍기를 벽장에 수납했다.

1090 ☐☐☐

乾燥 ★ かんそう 〔명〕 건조

<ruby>冬<rt>ふゆ</rt></ruby>は<ruby>空<rt>くう</rt></ruby><ruby>気<rt>き</rt></ruby>が**乾燥**しているから<ruby>室<rt>しつ</rt></ruby><ruby>内<rt>ない</rt></ruby>で<ruby>洗<rt>せん</rt></ruby><ruby>濯<rt>たく</rt></ruby><ruby>物<rt>もの</rt></ruby>を<ruby>干<rt>ほ</rt></ruby>している。

겨울은 공기가 건조하기 때문에 실내에서 세탁물을 말리고 있다.

DAY
14

해커스 JLPT 기출 단어장 N2

1091 ☐☐☐

| 換気 | かんき | 圏 환기 |

へ や かん き き ぶん
部屋の換気をしたら気分がすっきりした。
방의 환기를 했더니 기분이 개운해졌다.

1092 ☐☐☐

| 園芸 | えんげい | 圏 원예 |

えんげい はじ にわ あざ
園芸を始めてから庭が鮮やかになった。
원예를 시작하고 나서 정원이 산뜻해졌다.

[문형] 동사 て형 + から ~(하)고 나서

1093 ☐☐☐

| ごちゃごちゃ ★ | - | 閏 엉망진창 |

へ や ひろ もの おお
部屋の広さのわりに物が多くてごちゃごちゃしている。
방의 넓이에 비해서 물건이 많아 엉망진창이다.

[문형] 명사 の + わりに ~에 비해서

1094 ☐☐☐

| 散らかす ★ | ちらかす | 圄 어지르다 |

わたし あいだ か いぬ いえ ち
私のいない間、飼い犬がまた家を散らかした。
내가 없는 사이, 기르는 개가 또 집을 어질렀다.

1095 ☐☐☐

| 散らばる ★ | ちらばる | 圄 흩어지다, 어질러지다 |

ばこ たお ゆか ち
ゴミ箱を倒したせいでゴミが床に散らばってしまった。
쓰레기통을 쓰러뜨린 탓에 쓰레기가 바닥에 흩어져 버렸다.

[문형] 동사 て형 + しまう ~(해) 버리다

1096 ☐☐☐

| 汚い ★ | きたない | い형 더럽다 |

むすめ どろあそ ふく きたな
娘が泥遊びをしてきたらしい。どうりで服が汚いわけだ。
딸이 진흙 놀이를 하고 온 것 같다. 그러니 옷이 더러운 것이다.

[문형] い형용사 보통형 + わけだ ~(인) 것이다

1097 ☐☐☐

| 汚す | よごす | 图 더럽히다 |

こんなに服を汚すのなら着替えてから掃除した方がよかった。
이렇게 옷을 더럽힐 거였다면 갈아입고 나서 청소하는 편이 좋았다.

[문형] 동사 보통형 + 方がよかった ~(하)는 편이 좋았다

1098 ☐☐☐

| どける | - | 图 치우다, 비키다 |

行き来の邪魔にならないようにテーブルをリビングの脇にどけた。 오고 감에 방해가 되지 않도록 테이블을 거실 한 켠으로 치웠다.

[문형] 동사 ない형 + ないように ~(하)지 않도록

1099 ☐☐☐

| 出し入れ | だしいれ | 图 꺼내고 넣음 |

思い切って倉庫の中のものを片づけたら荷物の出し入れが楽になった。
마음 먹고 창고 안의 물건을 정리했더니 짐을 꺼내고 넣는 것이 편해졌다.

1100 ☐☐☐

| 戸棚 | とだな | 图 찬장, 선반 |

戸棚には姉が旅先で買って来た湯飲みが並べられている。
찬장에는 언니가 여행지에서 사 온 찻잔이 늘어놓아져 있다.

1101 ☐☐☐

| 針 ★ | はり | 图 바늘 |

目の悪い祖母の代わりに針に糸を通してあげた。
눈이 나쁜 할머니 대신 바늘에 실을 통과시켜 주었다.

1102 ☐☐☐

| 帰省 ★ | きせい | 图 귀성 |

今住んでいる地域の名物お菓子を買って帰省した。
지금 살고 있는 지역의 명물 과자를 사서 귀성했다.

1103 ☐☐☐

| 育児 | ★ | いくじ | 명 육아 |

いくじ はじ とき し
育児を始めたばかりの時は知らないことだらけだった。
육아를 막 시작했을 때에는 모르는 것투성이었다.

[문형] 명사 + だらけ ~투성이

> 관련어 育児休暇 いくじきゅうか 명 육아 휴가

1104 ☐☐☐

| 世話 | ★ | せわ | 명 돌봄, 보살핌 |

しゅっちょう い おば か みっかかん せわ
出張に行く叔母の代わりに三日間おいの世話をすること
にした。 출장을 가는 숙모 대신 삼 일간 조카를 돌보기로 했다.

[문형] 동사 사전형 + ことにする ~(하)기로 하다

1105 ☐☐☐

| 養う | ★ | やしなう | 동 기르다, 양육하다 |

おとな わたし やしな そふ おん かえ
大人になったら私を養ってくれた祖父に恩を返したい。
어른이 되면 나를 길러 준 할아버지에게 은혜를 갚고 싶다.

1106 ☐☐☐

| 甘やかす | ★ | あまやかす | 동 응석 부리게 하다 |

こども あま きょういく よ おも
子供を甘やかしすぎるのは教育に良くないと思う。
아이를 너무 응석 부리게 하는 것은 교육에 좋지 않다고 생각한다.

1107 ☐☐☐

| 連れる | ★ | つれる | 동 데리고 가다, 데리고 오다 |

こども つ ひがえ おんせん い
子供を連れて日帰りで温泉に行ってきた。
아이를 데리고 당일치기로 온천에 다녀왔다.

> 관련어 連れ つれ 명 동행, 동반자

1108 ☐☐☐

| 引き離す | ★ | ひきはなす | 동 떨어뜨리다, 떼어 놓다 |

ようちえん にゅうえんしき はじ わたし ひ はな むすめ な
幼稚園の入園式で初めて私と引き離された娘は泣いて
しまった。 유치원 입학식에서 처음으로 나와 떨어진 딸은 울어 버렸다.

1109 ☐☐☐

| 抱く | いだく | 图 (마음을) 품다, 안다 |

父は孫が生まれることに期待を抱いているようだ。
아버지는 손주가 태어나는 것에 기대를 품고 있는 것 같다.

1110 ☐☐☐

| 抱っこ | だっこ | 图 안음, 안김 |

石につまずいた息子を持ち上げ抱っこしてあげた。
돌에 걸려 넘어진 아들을 들어 올려 안아 주었다.

1111 ☐☐☐

| 誕生 | たんじょう | 图 탄생 |

待ち遠しかった子供の誕生に家族全員が喜んだ。
몹시 기다렸던 아이의 탄생에 가족 전원이 기뻐했다.

1112 ☐☐☐

| ごほうび | - | 图 보상, 상 |

おつかいのごほうびとして娘においしいドーナツを作って
あげた。 심부름의 보상으로 딸에게 맛있는 도넛을 만들어 주었다.

[문형] 명사 + として ~으로

1113 ☐☐☐

| しつけ | - | 图 훈육, 예의범절 교육 |

必要な時にしっかりとしつけをすることは子育てにおいて
大切です。 필요할 때에 제대로 훈육을 하는 것은 아이 키우기에 있어서 중요합니다.

[문형] 명사 + において ~에 있어서

1114 ☐☐☐

| 迷子 | まいご | 图 미아 |

迷子になっていた娘は交番で大人しく私を待っていた。
미아가 되었던 딸은 파출소에서 얌전히 나를 기다리고 있었다.

1115 ☐☐☐

幼児	★	ようじ	명 유아

幼児は遊んでいく中で様々なことを学ぶものだ。

유아는 놀아가며 다양한 것을 배우는 법이다.

[문형] 동사 사전형 + ものだ ~(인) 법이다

1116 ☐☐☐

幼い	★	おさない	い형 어리다

幼い子供にこの本はまだ難しいかもしれない。

어린 아이에게 이 책은 아직 어려울지도 모른다.

[문형] い형용사 보통형 + かもしれない ~(일)지도 모른다

1117 ☐☐☐

育つ		そだつ	동 자라다, 성장하다

娘が健康に育っていくことを心から願っている。

딸이 건강하게 자라 갈 것을 진심으로 바라고 있다.

1118 ☐☐☐

行儀	★	ぎょうぎ	명 예의, 예의범절, 행동거지

他の人の迷惑にならないようお行儀よく行動しましょう。

다른 사람에게 민폐가 되지 않도록 예의 바르게 행동합시다.

1119 ☐☐☐

安定		あんてい	명 안정

子供が幼稚園に入って、仕事と育児の両立も安定してきた。

아이가 유치원에 들어가서, 일과 육아의 양립도 안정되고 있다.

1120 ☐☐☐

走り回る		はしりまわる	동 뛰어다니다

公共の場では走り回らないようあれほど言い聞かせたのに。

공공 장소에서는 뛰어다니지 않도록 그토록 타일렀는데.

*<Day별 단어 퀴즈 PDF>를 활용하여 꼭 복습하세요.

완성 단어

1121	かじ 家事	명 가사, 집안일		1142	すいそう 水槽	명 수조, 어항
1122	せいり 整理	명 정리		1143	ほうき	명 빗자루
1123	せいそう 清掃	명 청소		1144	まくら 枕	명 베개
1124	かび	명 곰팡이		1145	けいこうとう 蛍光灯	명 형광등
1125	かだい 過大だ	な형 과대하다, 지나치다		1146	ろうそく	명 초, 양초
1126	ふけつ 不潔だ	な형 불결하다		1147	やね 屋根	명 지붕
1127	は 掃く	동 쓸다		1148	てんじょう 天井	명 천장
1128	よそお 装う	동 꾸미다, 그런 체하다		1149	まどがわ 窓側	명 창가
1129	た つ 建て付ける	동 (문 등을) 잘 맞춰 달다		1150	みまも 見守る	동 지켜보다
1130	てい 手入れ	명 손질, 단속		1151	おだてる	동 치켜세우다
1131	とじま 戸締り	명 문단속		1152	き 着せる	동 입히다
1132	れいだんぼう 冷暖房	명 냉난방		1153	こづか 小遣い	명 용돈
1133	かしつ 加湿	명 가습		1154	こごと 小言	명 잔소리
1134	ぬ 縫う	동 꿰매다		1155	はんこう 反抗	명 반항
1135	か ぬし 飼い主	명 (동물의) 주인		1156	うらがえ 裏返す	동 뒤집다
1136	かくん 家訓	명 가훈		1157	あま 甘える	동 어리광 부리다
1137	かけい 家計	명 가계		1158	のびのび	부 구김살 없이, 쭉쭉
1138	けいたい 形態	명 형태		1159	も 揉む	동 주무르다, 비비다
1139	ようひん 用品	명 용품		1160	じどう 児童	명 아동
1140	お い 押し入れ	명 벽장, 붙박이장		1161	ふぼ 父母	명 부모
1141	しょくたく 食卓	명 식탁		1162	しそん 子孫	명 자손

해커스 JLPT 기출 단어장 N2

1163 ☐☐☐

学業	がくぎょう	명 학업

がくぎょう しゅうちゅう き いらい いちど
学業に集中すると決めて以来、一度もゲームをしていない。
학업에 집중하겠다고 결정한 이래로, 한 번도 게임을 하지 않았다.

[문형] 동사 て형 + 以来 ~이래로

1164 ☐☐☐

学期	★ がっき	명 학기

こんがっき にがて かもく ちから そそ おも
今**学期**は苦手な科目にもっと力を注ぎたいと思います。
이번 학기는 잘하지 못하는 과목에 더 힘을 쏟고 싶다고 생각합니다.

1165 ☐☐☐

講義	★ こうぎ	명 강의

こうぎ せつめい おもしろ にんき
この**講義**は説明がわかりやすく面白いので人気がある。
이 강의는 설명이 알기 쉽고 재미있기 때문에 인기가 있다.

1166 ☐☐☐

開講	かいこう	명 개강

じんがっき かいこう しんにゅうせい む かいさい
新学期の**開講**にともなって新入生向けセミナーが開催
された。 신학기 개강에 따라 신입생 대상 세미나가 개최되었다.

[문형] 명사 + にともなって ~에 따라

1167 ☐☐☐

休講	きゅうこう	명 휴강

たいふう さい し しじ きゅうこう
台風の際は市の指示にしたがって**休講**にするかどうか
けってい
決定します。 태풍 때에는 시의 지시에 따라 휴강으로 할지 안 할지 결정합니다.

[문형] 명사 + にしたがって ~에 따라 / 동사 사전형 + かどうか ~(할)지 안 할지

1168 ☐☐☐

登校　　　とうこう　　　명 등교

小_{ちい}さい頃_{ころ}は一人_{ひとり}で登校_{とうこう}できなくて姉_{あね}と一緒_{いっしょ}に学校_{がっこう}に行_いっていた。　어릴 적에는 혼자서 등교하지 못해 언니와 함께 학교에 갔었다.

1169 ☐☐☐

通学　　　つうがく　　　명 통학

免許_{めんきょ}を取_とってからは、毎日_{まいにち}自分_{じぶん}の車_{くるま}で通学_{つうがく}している。
면허를 따고 나서는, 매일 자신의 차로 통학하고 있다.

[문형] 동사 て형 + から　~(하)고 나서

1170 ☐☐☐

休校　　　きゅうこう　　　명 휴교

早起_{はやお}きが習慣_{しゅうかん}になっていて休校_{きゅうこう}の日_ひなのに朝早_{あさはや}く起_おきてしまった。　일찍 일어나는 게 습관이 되어 있어서 휴교 날인데 아침 일찍 일어나 버렸다.

[문형] 동사 て형 + しまう　~(해) 버리다

1171 ☐☐☐

授業時間　　　じゅぎょうじかん　　　명 수업 시간

家庭科_{かていか}の授業時間_{じゅぎょうじかん}に針_{はり}の安全_{あんぜん}な使_{つか}い方_{かた}を教_{おそ}わった。
가정과 수업 시간에 바늘의 안전한 사용 방법을 배웠다.

1172 ☐☐☐

大学時代　　　だいがくじだい　　　명 대학 시절

キャンパスを歩_{ある}いていたら大学時代_{だいがくじだい}が懐_{なつ}かしくなった。
캠퍼스를 걷고 있으니 대학 시절이 그리워졌다.

1173 ☐☐☐

はっきり　★　-　　　부 확실히

かなり時間_{じかん}が経_たったせいか授業内容_{じゅぎょうないよう}がはっきり思_{おも}い出_だせない。　꽤 시간이 지난 탓인지 수업 내용이 확실히 생각나지 않는다.

[문형] 동사 보통형 + せいか　~탓인지

1174 ☐☐☐

| 実践 | ★ | じっせん | 명 실천 |

本校は学生一人一人の個性を伸ばす教育を実践しています。
본교는 학생 한 명 한 명의 개성을 기르는 교육을 실천하고 있습니다.

1175 ☐☐☐

| 決意 | けつい | 명 결심, 결의 |

受験勉強は大変だけど、大学合格のために頑張ろうと
決意した。 수험 공부는 힘들지만, 대학 합격을 위해 힘내자고 결심했다.

1176 ☐☐☐

| 単位 | たんい | 명 학점, 단위 |

残った学期に20単位ずつ単位を取らないと卒業できない。
남은 학기에 20학점씩 학점을 따지 않으면 졸업할 수 없다.

1177 ☐☐☐

| 補充 | ほじゅう | 명 보충 |

補充学習は生徒に最低限の学力を身につけるために行
われる。 보충 학습은 학생에게 최저한의 학력을 습득하도록 하기 위해 시행된다.

1178 ☐☐☐

| ひっそり | - | 부 조용히, 가만히, 남몰래 |

校長先生が自習中の生徒たちをひっそり見守っていた。
교장 선생님이 자습 중인 학생들을 조용히 지켜보고 있었다.

1179 ☐☐☐

| 通い始める | かよいはじめる | 동 다니기 시작하다 |

今年の春から 弟 は小学校に通い始める。
올해 봄부터 남동생은 초등학교에 다니기 시작한다.

1180 ☐☐☐

取り出す　　とりだす　　동 꺼내다

じっけんちゅう　　　　　　　　　　　　わ　　　　　　　　　　　　　　　　と　だ　ゆか
実験中にフラスコが割れたので、ほうきを取り出し床を
は
掃いた。　실험 중에 플라스크가 깨져서, 빗자루를 꺼내 바닥을 쓸었다.

1181 ☐☐☐

行事　★　ぎょうじ　　명 행사

せい と　　　うんどうかい　　　　ぎょうじ　とお　　きょうりょく　たいせつ　まな
生徒は運動会などの行事を通して、協力の大切さを学ぶ。
학생은 운동회 등의 행사를 통해, 협력의 소중함을 배운다.

[문형] 명사 + を通して ~를 통해

1182 ☐☐☐

参観　　さんかん　　명 참관

じゅぎょうさんかん　き　　　　　わたし　み　　むすめ　　　　　　　うれ
授業参観に来ている私を見た娘はいかにも嬉しそうに
わら
笑った。　수업 참관에 온 나를 본 딸은 너무나도 기쁜듯이 웃었다.

1183 ☐☐☐

新入生歓迎会　しんにゅうせい　명 신입생 환영회
かんげいかい

なご　　　　　ふん い き　なか　　しんにゅうせいかんげいかい　　おこな
和やかな雰囲気の中で新入生歓迎会が行われた。
화기애애한 분위기 속에서 신입생 환영회가 진행되었다.

1184 ☐☐☐

進路　　しんろ　　명 진로

めんだん　　じ かん　たんにん　せんせい　そつぎょう ご　しん ろ　　　　はな
面談の時間に担任の先生と卒業後の進路について話し
あ
合った。　면담 시간에 담임 선생님과 졸업 후의 진로에 대해 의논했다.

1185 ☐☐☐

部活　　ぶかつ　　명 동아리 활동

ぶ かつ　じ かん　たいそう ぶ　ひと　　　　たいそう き ぐ　かつ　はこ
部活の時間に体操部の人たちが体操器具を担いで運ん
でいた。　동아리 활동 시간에 체조부 사람들이 체조 기구를 짊어지고 옮기고 있었다.

1186 ☐☐☐

課題　　　かだい　　　명 과제

あした　やくそく
明日は約束があるからどうにか今日中に課題を終わら
きょうじゅう　かだい　お
せたい。　내일은 약속이 있으니까 어떻게든 오늘 중으로 과제를 끝내고 싶다.

1187 ☐☐☐

日課　　★　にっか　　　명 일과

わたし　かよ　　　　　ちゅうがっこう　　　　　　　　ぜんいん　あさどくしょ
私が通っている中学校ではクラス全員で朝読書をするのが
にっか
日課だ。　내가 다니고 있는 중학교에서는 학급 전원이 아침 독서를 하는 것이 일과다.

1188 ☐☐☐

分担　　★　ぶんたん　　　명 분담

いちばんだい じ　　　　　　　てきせつ　やくわりぶんたん　おも
グループワークで一番大事なのは適切な役割分担だと思う。
그룹 워크에서 제일 중요한 것은 적절한 역할 분담이라고 생각한다.

1189 ☐☐☐

当番　　　とうばん　　　명 당번

とうばん　がっこう　つ　　し だい きょうしつ　かん き　おこな
当番は学校に着き次第、教室の換気を行ってください。
당번은 학교에 도착하는 대로, 교실의 환기를 해 주세요.

[문형] 동사 ます형 + 次第 ~(하)는 대로

1190 ☐☐☐

在籍　　★　ざいせき　　　명 재적, 단체나 학교에 등록되어 있음

ほんだいがく　　　やく　　めい　りゅうがくせい　ざいせき
本大学には約1000名の留学生が在籍しています。
본 대학에는 약 1000명의 유학생이 재적하고 있습니다.

1191 ☐☐☐

必修　　　ひっしゅう　　　명 필수 (과목)

えい ご　　　ねんせい　ひっしゅう か もく　　ぜんいん う
英語は1年生の必修科目なので全員受けなければなら
ない。　영어는 1학년 필수 과목이므로 모두 받아야 한다.

[문형] 동사 ない형 + なければならない ~(해)야 한다

1192 ☐☐☐

| 履修 | りしゅう | 명 이수 |

せんこう か もく　　　　　ひと　　 り しゅう　　　　　　そつぎょう
専攻科目をもう一つ履修すれば卒業できる。
전공 과목을 하나 더 이수하면 졸업할 수 있다.

1193 ☐☐☐

| 各々 | おのおの | 명 각자, 각기, 제각각 |

せい と　　　　　おのおの　　のうりょく　はっき　　　　きょういく　　ば　　つく
生徒たちが各々の能力を発揮できる教育の場が作りたい。
학생들이 각자의 능력을 발휘할 수 있는 교육의 장을 만들고 싶다.

1194 ☐☐☐

| ぎりぎりだ ★ | - | な형 아슬아슬하다 |

はし　　　　　　とうこう じ かん　　　　　　　　　 ま　あ
走っていけば登校時間ぎりぎりに間に合うかもしれない。
뛰어가면 등교 시간 아슬아슬하게 늦지 않을지도 모른다.

[문형] 동사 보통형 + かもしれない ~(할)지도 모른다

1195 ☐☐☐

| うるさい ★ | - | い형 시끄럽다, 떠들썩하다 |

やす　じ かん
休み時間だというのにこのクラスはうるさいどころかとても
しず
静かだ。 쉬는 시간인데 이 반은 시끄럽기는커녕 매우 조용하다.

[문형] い형용사 사전형 + どころか ~는커녕

1196 ☐☐☐

| ふざける | - | 동 장난치다 |

ろう か　　　　　　　　　　せい と　　　　　せんせい　ちゅう い
廊下でふざけていた生徒たちに先生が注意をしていた。
복도에서 장난치고 있던 학생들에게 선생님이 주의를 주고 있었다.

1197 ☐☐☐

| 憧れる ★ | あこがれる | 동 동경하다 |

あこが　　　　　　だいがく　はい　　　　　　　　せいいっぱい ど りょく　　　おも
憧れていた大学に入ったことだし、精一杯努力しようと思う。
동경하던 대학에 들어갔으니까, 힘껏 노력하려고 생각한다.

[문형] 동사 보통형 + ことだし ~니까

1198 ☐☐☐

| くみ取る | くみとる | 唐 헤아리다 |

円滑な交友関係のためには人の気持ちをくみ取る力が
必要だ。 원활한 교우 관계를 위해서는 남의 기분을 **헤아리는** 힘이 필요하다.

1199 ☐☐☐

| 学館 | がっかん | 名 학관 |

学館とは教育のために建てられた建物のことを意味する。
학관이란 교육을 위해서 지어진 건물을 의미한다.

1200 ☐☐☐

| 学生課 | がくせいか | 名 학생과 |

学生証の交付は学生課で行われています。
학생증 교부는 **학생과**에서 행해지고 있습니다.

1201 ☐☐☐

| いっせいに ★ | - | 일제히 |

チャイムが鳴ると生徒たちはいっせいに学食へ向かった。
차임벨이 울리자 학생들은 **일제히** 학생 식당으로 향했다.

1202 ☐☐☐

| どうせ | - | 副 어차피, 어쨌든, 결국 |

どうせ勉強するなら効率の良い方法でやりたい。
어차피 공부해야 한다면 효율이 좋은 방법으로 하고 싶다.

1203 ☐☐☐

| 絶対評価 | ぜったいひょうか | 名 절대 평가 |

絶対評価の科目で90点以上を取るため、懸命に勉強
している。 절대 평가 과목에서 90점 이상을 따기 위해, 열심히 공부하고 있다.

*<Day별 단어 퀴즈 PDF>를 활용하여 꼭 복습하세요.

완성 단어

1204 □□□	がくねん 学年	명 학년
1205 □□□	にゅうし 入試	명 입시, 입학시험
1206 □□□	がんしょ 願書	명 원서
1207 □□□	しんがくりつ 進学率	명 진학률
1208 □□□	きゅうがく 休学	명 휴학
1209 □□□	りゅうねん 留年	명 유급
1210 □□□	らくだい 落第	명 낙제
1211 □□□	ろうにん 浪人	명 재수생, 실직자
1212 □□□	がくれき 学歴	명 학력
1213 □□□	がくじゅつ 学術	명 학술
1214 □□□	かてい 課程	명 과정, 코스
1215 □□□	ちょうこう 聴講	명 청강
1216 □□□	たんしゅく 短縮	명 단축
1217 □□□	もぎしけん 模擬試験	명 모의시험
1218 □□□	さいてん 採点	명 채점
1219 □□□	ぶんかさい 文化祭	명 문화제, 학교 축제
1220 □□□	きょうどう 協同	명 협동
1221 □□□	こうふ 交付	명 교부, 배부
1222 □□□	ちゃくよう 着用	명 착용
1223 □□□	きん 禁じる	동 금지하다
1224 □□□	たんにん 担任	명 담임
1225 □□□	めんだん 面談	명 면담
1226 □□□	りょうりつ 両立	명 양립
1227 □□□	いねむり 居眠り	명 앉아 졺
1228 □□□	ふとうこう 不登校	명 등교 거부
1229 □□□	サボる	동 게으름 피우다
1230 □□□	ぶきよう 不器用だ	な형 서투르다, 재주가 없다
1231 □□□	あんがい 案外だ	な형 뜻밖이다, 의외이다
1232 □□□	ふとくい 不得意だ	な형 서투르다, 자신 없다
1233 □□□	きょうよう 教養	명 교양
1234 □□□	ゆうこう 友好	명 우호
1235 □□□	はさみ	명 가위
1236 □□□	のり 糊	명 (접착용) 풀
1237 □□□	ふうせん 風船	명 풍선
1238 □□□	じかんわり 時間割	명 시간표
1239 □□□	きゅうしょく 給食	명 급식
1240 □□□	がくしょく 学食	명 학생 식당
1241 □□□	がっきゅう 学級	명 학급
1242 □□□	がっかい 学会	명 학회
1243 □□□	ろんぶん 論文	명 논문
1244 □□□	そつろん 卒論	명 졸업 논문
1245 □□□	がいろん 概論	명 개론

1246 ☐☐☐

| 学問 | がくもん | 명 학문 |

じんせい　せかい　げんり　けんきゅう　てつがく　じつ　みりょくてき　がくもん
人生と世界の原理を研究する哲学は実に魅力的な**学問**
であろう。
인생과 세계의 원리를 연구하는 철학은 실로 매력적인 학문일 것이다.

1247 ☐☐☐

| こつこつ | ★ | - | 부 꾸준히 |

ど りょく　　　　　　もくひょう　てんすう　ちか
こつこつ努力してきただけあって目標の点数に近づいて
いる。 꾸준히 노력해 온 만큼 목표 점수에 가까워지고 있다.

[문형] 동사 보통형 + だけあって ~(한) 만큼

1248 ☐☐☐

| 自分で | ★ | じぶんで | <u>스스로</u> |

た　　　　ぶ ぶん　じ ぶん　み　　　　　べんきょう　　　　だいじ
足りない部分を**自分で**見つけながら勉強するのが大事
である。 부족한 부분을 스스로 발견하면서 공부하는 것이 중요하다.

1249 ☐☐☐

| 意欲 | ★ | いよく | 명 의욕 |

つくえ　うえ　かたづ　　　　　　　　べんきょう　い よく　で
机の上を片付けてはじめて勉強に**意欲**が出てきたような
き
気がした。
책상 위를 정리하고 나서야 비로소 공부에 의욕이 생기는 듯한 기분이 들었다.

[문형] 동사 て형 + はじめて ~(하)고 나서야 비로소

1250 ☐☐☐

| 専念 | ★ | せんねん | 명 전념 |

いもうと　じゅけんべんきょう　せんねん　　　　　　　か じ　りょうしん　わたし
妹 が受験勉強に**専念**できるように家事は両親と私がし
ている。 여동생이 수험 공부에 전념할 수 있도록 집안일은 부모님과 내가 하고 있다.

1251 ☐☐☐

略す ★	りゃくす	통 생략하다, 줄이다

今日は単語テストを略して、長文の読解から始めます。
오늘은 단어 테스트를 생략하고, 장문 독해부터 시작합니다.

1252 ☐☐☐

覚え ★	おぼえ	명 외우는 것, 기억

人より覚えが早いだけに、暗記科目は得意である。
남들보다 외우는 것이 빠른 만큼, 암기 과목은 자신 있다.

[문형] い형용사 보통형 + だけに ~(인) 만큼

1253 ☐☐☐

徹夜 ★	てつや	명 밤샘, 철야

徹夜で勉強すると言った兄の部屋から夜中の３時まで
光が漏れていた。
밤샘으로 공부한다고 말한 형의 방에서 새벽 3시까지 빛이 새어 나오고 있었다.

1254 ☐☐☐

終える ★	おえる	통 마치다, 끝내다

やっとドイツ語の入門教材を終えて嬉しくてならない。
드디어 독일어 입문 교재를 마쳐서 너무 기쁘다.

[문형] 동사 て형 + ならない 너무 ~(하)다

1255 ☐☐☐

書き入れる	かきいれる	통 기입하다, 써넣다

セミナーの参加希望者は申請書に名前と住所を書き入れて
ください。 세미나 참가 희망자는 신청서에 이름과 주소를 기입해 주세요.

1256 ☐☐☐

書き出す	かきだす	통 뽑아 적다, 적기 시작하다

今日の授業で特に重要な部分をポイント別に書き出して
みた。 오늘 수업에서 특히 중요한 부분을 포인트별로 뽑아 적어 보았다.

1257 ☐☐☐

妨げる　　さまたげる　　동 방해하다

しゅうちゅう さまた すべ べんきょう
集中を妨げるものを全てしまってから勉強しよう。
집중을 방해하는 것을 전부 치우고 나서 공부하자.

[문형] 동사 て형 + から ~(하)고 나서

1258 ☐☐☐

目次　　もくじ　　명 목차

もく じ きょうざい しょしんしゃ む
目次からしてこの教材は初心者向けのようだ。
목차로 보아 이 교재는 초심자용인 것 같다.

[문형] 명사 + からして ~로 보아

1259 ☐☐☐

一生懸命だ ★　　いっしょうけんめいだ　　な형 열심히 하다, 목숨 걸다

こ ごと い みずか すす いっしょうけんめい べんきょう
小言を言われなくても自ら進んで一生懸命に勉強している。
잔소리를 듣지 않더라도 스스로 나서서 열심히 공부하고 있다.

1260 ☐☐☐

段階 ★　　だんかい　　명 단계

はじ だんかい も かた
ギターを始めたばかりの段階ではまずギターの持ち方から
なら
習う。 기타를 막 시작한 단계에서는 먼저 기타를 잡는 방법부터 배운다.

1261 ☐☐☐

資格　　しかく　　명 자격

にわ し えんげい かん し かく と
庭師になりたくて園芸に関する資格を取ることにした。
정원사가 되고 싶어서 원예에 관한 자격을 따기로 했다.

[문형] 명사 + に関する ~에 관한 / 동사 사전형 + ことにする ~(하)기로 하다

1262 ☐☐☐

継続 ★　　けいぞく　　명 계속(하는 것)

じ ぶん べんきょう けいぞく やく だ
自分へのごほうびは勉強の継続に役立つ。
스스로에게 주는 상은 공부를 계속하는 것에 도움이 된다.

1263 ☐☐☐

| 根気 | ★ | こんき | 명 끈기 |

根気よく勉強を続ければ、いい成績をとることができると思う。
끈기 있게 공부를 계속하면, 좋은 성적을 얻을 수 있을 거라고 생각한다.

1264 ☐☐☐

| 解く | | とく | 동 풀다 |

大人にも難しい問題をあんな幼い子が解いて見せるとは。
어른에게도 어려운 문제를 저런 어린아이가 풀어 보이다니.

1265 ☐☐☐

| 解き始める | | ときはじめる | 동 풀기 시작하다 |

先生が合図したとたん学生たちはいっせいに問題を
解き始めた。 선생님이 신호한 순간 학생들은 일제히 문제를 풀기 시작했다.

[문형] 동사 た형 + とたん ~(한) 순간

1266 ☐☐☐

| 答案 | | とうあん | 명 답안 |

答案は問題を解き終わった人から前に提出してください。
답안은 문제를 다 푼 사람부터 앞에 제출해 주세요.

1267 ☐☐☐

| 当てはまる | | あてはまる | 동 들어맞다, 적합하다 |

作文コンクールではテーマに当てはまる内容でないと受賞
できません。 작문 콩쿠르에서는 주제에 들어맞는 내용이 아니면 수상할 수 없습니다.

1268 ☐☐☐

| 範囲 | ★ | はんい | 명 범위 |

国語の試験範囲は今学期学んだ内容全部だそうだ。
국어 시험 범위는 이번 학기에 배운 내용 전부라고 한다.

1269 ☐☐☐

半ば	なかば	🅟 중간, 절반

期末テストは６月の半ばくらいに予定されている。
기말 테스트는 6월 중간쯤에 예정되어 있다.

1270 ☐☐☐

難易度	なんいど	🅟 난이도

この教材は本当の試験より難易度が高くていい練習が
できる。 이 교재는 진짜 시험보다 난이도가 높아서 좋은 연습이 된다.

1271 ☐☐☐

達成	たっせい	🅟 달성

一生懸命に勉強して全科目満点という目標を達成した。
열심히 공부해서 전 과목 만점이라는 목표를 달성했다.

관련어 達成感 たっせいかん 🅟 달성감

1272 ☐☐☐

見直す	みなおす	🅥 재검토하다, 다시 보다

本試験でも模擬試験でも問題を解いたら必ず答えを見直す
ようにしている。
본시험에서도 모의시험에서도 문제를 풀면 반드시 답을 재검토하도록 하고 있다.

1273 ☐☐☐

間違う	まちがう	🅥 틀리다

間違った問題の解説を読み、もう一度問題を解いてみた。
틀린 문제의 해설을 읽고, 다시 한번 문제를 풀어 보았다.

1274 ☐☐☐

講演 ★	こうえん	🅟 강연

講演はただ聞くだけでなく自分の言葉で一度整理した方が
記憶に残る。
강연은 그저 듣는 것뿐 아니라 자신의 말로 한번 정리하는 편이 기억에 남는다.

[문형] 동사 보통형 + だけでなく ~뿐 아니라

1275 ☐☐☐

| 講座 | こうざ | 명 강좌 |

とうしみん　　　　　　まどぐち　こうざ　もう　こ　　かのう
当市民センターの窓口にて講座の申し込みが可能です。
본 시민 센터의 창구에서 강좌 신청이 가능합니다.

1276 ☐☐☐

| 補足 ★ | ほそく | 명 보충 |

せんせい　きょうおそ　　　ぶぶん　なか　むずか　　ないよう　　　　　ほそく
先生は今日教わった部分の中で難しい内容について補足
せつめい
して説明した。
선생님은 오늘 배운 부분 중에서 어려운 내용에 대해 보충하여 설명했다.

1277 ☐☐☐

| 欠かす ★ | かかす | 동 빠뜨리다 |

し けんじゅんび　　　　　　　　めんみつ　けいかく　た　　　　　　　　　か
試験準備において綿密に計画を立てることは欠かしてはい
けない。　시험 준비에 있어서 면밀하게 계획을 세우는 것은 빠뜨려서는 안 된다.

[문형] 명사 + において ~에 있어서

1278 ☐☐☐

| よす | - | 동 그만두다 |

よけい　はなし　　　　　　　　　　　じゅぎょう　つづ
余計な話はこれでよして授業を続けます。
쓸데없는 이야기는 이걸로 그만두고 수업을 계속하겠습니다.

1279 ☐☐☐

| 過ち ★ | あやまち | 명 잘못 |

ひと　おな　あやま　く　かえ　　　　　　　　　れきし　まな
人は同じ過ちを繰り返さないように歴史を学ぶ。
사람은 같은 잘못을 반복하지 않도록 역사를 배운다.

[문형] 동사 ない형 + ないように ~(하)지 않도록

1280 ☐☐☐

| 知恵 | ちえ | 명 지혜 |

こてん　とお　せんじん　ちえ　まな
古典を通して先人の知恵を学ぶことができる。
고전을 통해서 선조의 지혜를 배울 수 있다.

[문형] 명사 + を通して ~을 통해서

1281 ☐☐☐

| 頂点 | ★ | ちょうてん | 명 정상, 정점, 꼭대기 |

児童心理の研究を重ねた結果、その学界の頂点に立てた。
아동 심리 연구를 거듭한 결과, 그 학계의 **정상**에 설 수 있었다.

1282 ☐☐☐

| 評価 | ★ | ひょうか | 명 평가 |

彼の能力に関しては実際より過大に評価されているような
気がする。 그의 능력에 관해서는 실제보다 과대하게 **평가**된 것 같은 느낌이 든다.

[문형] 명사 + に関して ~에 관해서

1283 ☐☐☐

| 利口だ | ★ | りこうだ | な형 영리하다, 머리가 좋다 |

利口だとおだててばかりでは教育に良くありません。
영리하다고 치켜세우기만 하면 교육에 좋지 않습니다.

1284 ☐☐☐

| 優秀だ | ★ | ゆうしゅうだ | な형 우수하다 |

学歴が高いからといって優秀であるとは限らない。
학력이 높다고 해서 꼭 우수하다고는 할 수 없다.

[문형] い형용사 보통형 + からといって ~라고 해서 /
동사 보통형 + とは限らない (꼭) ~(하)다고는 할 수 없다

1285 ☐☐☐

| あいまいだ | ★ | - | な형 애매하다 |

彼の作文は表現があいまいなばかりに、説明の内容が理解で
きなかった。 그의 작문은 표현이 애매한 탓에, 설명의 내용을 이해할 수 없었다.

[문형] な형용사 어간 な + ばかりに ~탓에

1286 ☐☐☐

| ぺらぺら | - | 부 술술 |

十年もアメリカで留学していた彼は英語がぺらぺら話せる。
십 년이나 미국에서 유학했던 그는 영어를 술술 말할 수 있다.

*<Day별 단어 퀴즈 PDF>를 활용하여 꼭 복습하세요.

완성 단어

1287 べんがく 勉学	명 면학, 공부	1308 よび 予備	명 예비
1288 ひっき 筆記	명 필기	1309 よびこう 予備校	명 입시 학원
1289 あんき 暗記	명 암기	1310 おんがくきょうしつ 音楽教室	명 음악 교실
1290 かいしゃく 解釈	명 해석	1311 じゅうてん 重点	명 중점
1291 じっしゅう 実習	명 실습	1312 かくしん 核心	명 핵심
1292 しゅとく 取得	명 취득	1313 けいしき 形式	명 형식
1293 ちせい 知性	명 지성	1314 せんこう 選考	명 전형, 선발
1294 てつがく 哲学	명 철학	1315 とうぎ 討議	명 토의
1295 なんかい 何回も	몇 번이나	1316 ようご 用語	명 용어
1296 たい 大して	부 그다지, 별로	1317 かいとう 解答	명 해답
1297 なん 何となく	부 어쩐지, 왠지	1318 まる 丸	명 동그라미
1298 こころえ 心得	명 마음가짐, 소양	1319 ようせい 養成	명 양성, 가르쳐서 길러 냄
1299 ほうふ 抱負	명 포부	1320 やくた 役に立つ	도움이 되다, 쓸모 있다
1300 めいかく 明確だ	な형 명확하다	1321 うこ 打ち込む	동 몰두하다
1301 はんぷく 反復	명 반복	1322 ぜんき 前期	명 전기, 앞의 시기
1302 むやみだ	な형 함부로 하다, 무턱대다	1323 ながねん 長年	명 오랜 세월
1303 れっとうかん 劣等感	명 열등감	1324 ちゅうおうとしょかん 中央図書館	명 중앙 도서관
1304 さいのう 才能	명 재능	1325 しょせき 書籍	명 서적
1305 いと 意図	명 의도	1326 げんしょ 原書	명 원서
1306 めやす 目安	명 기준, 표준, 대중, 목표	1327 ぶあつい 分厚い	い형 두껍다, 두툼하다
1307 しゅうりょう 修了	명 수료	1328 かっこ 括弧	명 괄호

DAY 17 공지·안내

MP3 바로 듣기

1329 ☐☐☐

| 開設 | ★ | かいせつ | 명 개설 |

開設予定の講座リストはホームページで公開しています。
개설 예정인 강좌 리스트는 홈페이지에서 공개하고 있습니다.

1330 ☐☐☐

| 登録 | ★ | とうろく | 명 등록 |

音楽教室のご登録は今日まで受け付けております。
음악 교실 등록은 오늘까지 접수하고 있습니다.

1331 ☐☐☐

| 変更 | ★ | へんこう | 명 변경 |

授業時間などに変更がある場合、電話でお知らせします。
수업 시간 등에 변경이 있는 경우, 전화로 알려 드리겠습니다.

1332 ☐☐☐

| 追加 | ★ | ついか | 명 추가 |

二人部屋になっていますが、千円追加で三人まで泊まれます。
2인실로 되어 있습니다만, 천 엔 추가로 세 명까지 묵을 수 있습니다.

1333 ☐☐☐

| 提供 | ★ | ていきょう | 명 제공 |

お客様に当ホテルの最高のサービスを提供いたします。
손님께 이 호텔의 최고의 서비스를 제공해 드립니다.

140 무료 학습자료 제공 japan.Hackers.com

1334 ☐☐☐

| 招待 | ★ | しょうたい | 명 초대 |

りゅうがくせい みなさま さ どうたいけんきょうしつ しょうたい
留学生の皆様を茶道体験教室に招待します。
유학생 여러분을 다도 체험 교실에 초대합니다.

1335 ☐☐☐

| 抽選 | ★ | ちゅうせん | 명 추첨 |

ちゅうせん か し さんめいさま
抽選でお菓子セットを三名様にプレゼントいたします。
추첨으로 과자 세트를 세 분께 선물해 드립니다.

1336 ☐☐☐

| 返却 | ★ | へんきゃく | 명 반납, 반환 |

きょうよう つか あと へんきゃく
はさみなどの共用のものは使った後すぐ返却しましょう。
가위 등의 공용 물건은 사용한 후 바로 반납합시다.

1337 ☐☐☐

| 廃止 | ★ | はいし | 명 폐지 |

けいえいあっか いち ぶ ろ せん はい し え
経営悪化により一部のバス路線を廃止せざるを得なくな
りました。 경영 악화에 의해서 일부 버스 노선을 폐지하지 않을 수 없게 되었습니다.

[문형] 명사 + により ~에 의해서 / 동사 ない형 + ざるを得ない ~(하)지 않을 수 없다
★예외 する→せざる

1338 ☐☐☐

| 詳細 | ★ | しょうさい | 명 상세 (정보) |

ぎょう じ しょうさい き し
行事については詳細が決まってからお知らせいたします。
행사에 대해서는 상세 정보가 정해지고 나서 알려 드리겠습니다.

[문형] 동사 て형 + から ~(하)고 나서

1339 ☐☐☐

| 参照 | ★ | さんしょう | 명 참조 |

おう ぼ ほうほう こうしき さんしょう
イベントの応募方法は公式SNSアカウントをご参照ください。
이벤트 응모 방법은 공식 SNS 계정을 참조해 주세요.

DAY 17
해커스 JLPT 기출 단어장 N2

1340 ☐☐☐

| 以前 | ★ | いぜん | 명 이전 |

_{みせ かいそう} _{い ぜん} _{ちが ふん い き たの}
店を改装したので以前とはまた違う雰囲気を楽しめます。
가게를 리모델링했기 때문에 **이전**과는 또 다른 분위기를 즐길 수 있습니다.

1341 ☐☐☐

| 延期 | ★ | えんき | 명 연기 |

_{せい と かい} _{じ じょう} _{しんにゅうせいかんげいかい えん き}
生徒会の事情によって新入生歓迎会を延期します。
학생회의 사정에 의해 신입생 환영회를 **연기**합니다.

[문형] 명사 + によって ~에 의해

1342 ☐☐☐

| 締め切る | ★ | しめきる | 동 마감하다 |

_{ぼ しゅう ていいん たっ し だい うけつけ し き}
ボランティアの募集は定員に達し次第、受付を締め切ります。
자원봉사 모집은 정원에 달하는 대로, 접수를 **마감**합니다.

[문형] 동사 ます형 + 次第 ~(하)는 대로

1343 ☐☐☐

| 対象 | | たいしょう | 명 대상 |

_{ていがくねん たいしょう えい ご}
これは低学年を対象とした英語のクラスです。
이것은 저학년을 **대상**으로 한 영어 교실입니다.

> 관련어 対象外 たいしょうがい 대상 외
> 対象品 たいしょうひん 명 대상품

1344 ☐☐☐

| 終日 | ★ | しゅうじつ | 명 종일 |

_{うみ ひ き ねん すいぞくかん しゅうじつ む りょう かいほう}
海の日を記念して水族館を終日無料で開放します。
바다의 날을 기념하여 수족관을 **종일** 무료로 개방합니다.

1345 ☐☐☐

| 周年 | | しゅうねん | 명 주년 |

_{ほんじつ ちゅうおう と しょかん かいかん しゅうねん}
本日は中央図書館の開館50周年イベントがあります。
오늘은 중앙 도서관의 개관 50**주년** 이벤트가 있습니다.

1346 ☐☐☐

| 省略 | ★ | しょうりゃく | 몡 생략 |

じゅうしょ しょうりゃく せいかく き にゅう
住所は省略することなく正確に記入してください。
주소는 생략하지 말고 정확하게 기입해 주세요.

[문형] 동사 사전형 + ことなく ~(하)지 말고

1347 ☐☐☐

| 相違 | ★ | そうい | 몡 상이 |

て づく しょうひん こ こ じゅうりょう じゃっかんそう い ば あい
手作り商品は個々の重量が若干相違する場合があります。
수제 상품은 각각의 중량이 약간 상이한 경우가 있습니다.

1348 ☐☐☐

| 案内 | ★ | あんない | 몡 안내 |

ほん けいけんゆた まち あんない
本ツアーでは経験豊かなガイドがパリの街を案内します。
본 투어에서는 경험 풍부한 가이드가 파리의 거리를 안내합니다.

> 관련어 案内状 あんないじょう 몡 안내장

1349 ☐☐☐

| 誘導 | | ゆうどう | 몡 유도, 안내 |

ひ じょう じ ゆうどう ひ なん
非常時にはスタッフの誘導にしたがってご避難ください。
비상시에는 스태프의 유도에 따라 피난해 주세요.

[문형] 명사 + にしたがって ~에 따라

1350 ☐☐☐

| 主要だ | ★ | しゅようだ | な형 주요하다 |

わ しゃ けいえいほうしん かん しゅよう ないよう い か とお
我が社の経営方針に関する主要な内容は以下の通りです。
우리 회사의 경영 방침에 관한 주요한 내용은 이하와 같습니다.

[문형] 명사 + に関する ~에 관한

1351 ☐☐☐

| 掲示 | ★ | けいじ | 몡 게시 |

けい じ あんないぶん かくにん たいかい もう こ
掲示した案内文を確認したうえで大会にお申し込みください。
게시한 안내문을 확인한 뒤에 대회에 신청해 주세요.

[문형] 동사 た형 + うえで ~(한) 뒤에

1352 ☐☐☐

| 表示 | ひょうじ | 명 표시 |

かいいんとうろく　　　　　　 ひょうじ かかく　　やす　か　　　もと
会員登録されますと**表示**価格より安くお買い求めできます。
회원 등록하시면 표시 가격보다 싸게 구매하실 수 있습니다.

1353 ☐☐☐

| 誤り ★ | あやまり | 명 실수, 잘못 |

じゅけんがんしょ　　さくせい　　とき　あやま　　　　　　　　　　 ねが
受験願書を作成する時、**誤り**がないようにお願いします。
수험 원서를 작성할 때, 실수가 없도록 부탁합니다.

1354 ☐☐☐

| 詳しい ★ | くわしい | い형 자세하다 |

くわ　　さいてんきじゅん
詳しい採点基準についてはプリントに書いてあります。
자세한 채점 기준에 대해서는 프린트에 적혀 있습니다.

1355 ☐☐☐

| 問い合わせる★ | といあわせる | 동 문의하다 |

たんい　　しゅとく　かん　　　 がくせいか　と　あ
単位の取得に関しては学生課に**問い合わせて**ください。
학점 취득에 관해서는 학생과에 문의해 주세요.

[문형] 명사 + に関して ~에 관해서

1356 ☐☐☐

| 催す ★ | もよおす | 동 개최하다 |

にゅうしせつめいかい　　　がつ か　もよお
入試説明会は11月7日に**催す**ことになりました。
입시 설명회는 11월 7일에 개최하게 되었습니다.

[문형] 동사 사전형 + ことになる ~(하)게 되다

1357 ☐☐☐

| 縮める ★ | ちぢめる | 동 줄이다, 단축시키다, 움츠리다 |

せんぱい　せんせい　　　きょり　ちぢ　　　　　かた　　　　こうりゅうかい　　さんか
先輩や先生との距離を**縮め**たい方はぜひ交流会にご参加ください。　선배나 선생님과의 거리를 줄이고 싶은 분은 부디 교류회에 참가해 주세요.

1358 ☐☐☐

含む ★ ふくむ
图 포함하다, 함축하다

とうりょかん すべ しゅくはく ちょうしょく ふく
当旅館は全ての宿泊プランに朝食が含まれរております。
이 여관은 모든 숙박 플랜에 조식이 포함되어 있습니다.

1359 ☐☐☐

除く ★ のぞく
图 빼다, 제거하다

とうてん もくようび のぞ まいにち じ えいぎょう
当店は木曜日を除いて毎日23時まで営業しています。
당점은 목요일을 빼고 매일 23시까지 영업하고 있습니다.

1360 ☐☐☐

限る かぎる
图 한하다, 한정하다

さい い か こさま かぎ わた むりょう さ あ
7歳以下のお子様に限り、綿あめを無料で差し上げます。
7세 이하인 어린이에 한해, 솜사탕을 무료로 드립니다.

1361 ☐☐☐

再度 ★ さいど
图 다시, 재차

ちゅうもんかくてい まえ ちゅうもん しな ただ さいど かくにん
注文確定の前にご注文の品が正しいか再度ご確認ください。
주문 확정 전에 주문하시는 물건이 맞는지 다시 확인해 주세요.

1362 ☐☐☐

至急 ★ しきゅう
图 시급(히), 지급

ちゅうもん しょうひん にゅうか しだい しきゅう おく
ご注文の商品は入荷し次第、至急お送りいたします。
주문하신 상품은 입하하는 대로, 시급히 보내 드리겠습니다.

1363 ☐☐☐

添付 ★ てんぷ
图 첨부

さくせいほうほう あんない てんぷ かくにん
レポートの作成方法の案内を添付したのでご確認ください。
리포트 작성 방법의 안내를 첨부했으므로 확인해 주세요.

1364 ☐☐☐

条件	じょうけん	명 조건

<ruby>条件<rt>じょうけん</rt></ruby>を<ruby>満<rt>み</rt></ruby>たしていないと<ruby>大会<rt>たいかい</rt></ruby>に<ruby>応募<rt>おうぼ</rt></ruby>できません。
조건을 충족시키지 않으면 대회에 응모할 수 없습니다.

> 관련어 悪条件 あくじょうけん 명 악조건

1365 ☐☐☐

項目	こうもく	명 항목

<ruby>資料<rt>しりょう</rt></ruby>は<ruby>項目別<rt>こうもくべつ</rt></ruby>に<ruby>整理<rt>せいり</rt></ruby>した<ruby>後<rt>あと</rt></ruby>、ラベルをはってください。
자료는 항목별로 정리한 후, 라벨을 붙여 주세요.

1366 ☐☐☐

有無	うむ	명 유무

<ruby>歓迎会参加<rt>かんげいかいさんか</rt></ruby>の<ruby>有無<rt>うむ</rt></ruby>をとわず<ruby>今月<rt>こんげつ</rt></ruby>の<ruby>部活<rt>ぶかつ</rt></ruby>の<ruby>会費<rt>かいひ</rt></ruby>は<ruby>二千円<rt>にせんえん</rt></ruby>です。
환영회 참가 유무를 불문하고 이번 달 동아리 활동 회비는 이천 엔입니다.

[문형] 명사 + をとわず ~를 불문하고

1367 ☐☐☐

例外	★	れいがい	명 예외

<ruby>校内<rt>こうない</rt></ruby>での<ruby>私服着用<rt>しふくちゃくよう</rt></ruby>は<ruby>禁<rt>きん</rt></ruby>じておりますが、<ruby>文化祭<rt>ぶんかさい</rt></ruby>の<ruby>時<rt>とき</rt></ruby>は
<ruby>例外<rt>れいがい</rt></ruby>です。 교내에서의 사복 착용은 금지하고 있지만, 문화제 때는 예외입니다.

1368 ☐☐☐

共用	きょうよう	명 공용

<ruby>共用<rt>きょうよう</rt></ruby>のパソコンにログイン<ruby>情報<rt>じょうほう</rt></ruby>を<ruby>残<rt>のこ</rt></ruby>さないでください。
공용 컴퓨터에 로그인 정보를 남기지 말아 주세요.

1369 ☐☐☐

舗装	★	ほそう	명 (도로) 포장

<ruby>約<rt>やく</rt></ruby>１か<ruby>月<rt>げつ</rt></ruby>にわたって<ruby>市役所前<rt>しやくしょまえ</rt></ruby>の<ruby>道路<rt>どうろ</rt></ruby>の<ruby>舗装工事<rt>ほそうこうじ</rt></ruby>を<ruby>行<rt>おこな</rt></ruby>う
<ruby>予定<rt>よてい</rt></ruby>です。 약 1개월에 걸쳐 시청 앞 도로의 포장 공사를 할 예정입니다.

[문형] 명사 + にわたって ~에 걸쳐

*<Day별 단어 퀴즈 PDF>를 활용하여 꼭 복습하세요.

완성 단어

1370 ☐☐☐	み だ 見出し	명 표제, 표제어, 색인		1391 ☐☐☐	それなら	접 그렇다면
1371 ☐☐☐	けん 件	명 건		1392 ☐☐☐	さて	접 그러면, 그래서, 그런데
1372 ☐☐☐	かいかい 開会	명 개회		1393 ☐☐☐	そのため	그 때문에
1373 ☐☐☐	こう ぼ 公募	명 공모		1394 ☐☐☐	ちなみに	접 덧붙여 말하자면
1374 ☐☐☐	かいそう 改装	명 리모델링, 개장		1395 ☐☐☐	つまり	부 즉
1375 ☐☐☐	ひ じょう 非常	명 비상		1396 ☐☐☐	ただし	접 단, 단지
1376 ☐☐☐	ひ づけ 日付	명 날짜		1397 ☐☐☐	のち 後ほど	명 나중에
1377 ☐☐☐	ど にちしゅく 土日祝	토·일·경축일		1398 ☐☐☐	ま 間もなく	부 머지않아
1378 ☐☐☐	り よう じ かん 利用時間	명 이용 시간		1399 ☐☐☐	けいさい 掲載	명 게재
1379 ☐☐☐	かくしゅう 隔週	명 격주		1400 ☐☐☐	つ 告げる	동 고하다, 알리다
1380 ☐☐☐	げつまつ 月末	명 월말		1401 ☐☐☐	しょめい 署名	명 서명
1381 ☐☐☐	まんりょう 満了	명 만료		1402 ☐☐☐	さ 指す	동 가리키다
1382 ☐☐☐	じょがい 除外	명 제외		1403 ☐☐☐	か 兼ねる	동 겸하다
1383 ☐☐☐	べっ と 別途	명 별도		1404 ☐☐☐	の 載せる	동 (글 등을) 싣다, 게재하다
1384 ☐☐☐	あ 有り	명 있음		1405 ☐☐☐	か だ 貸し出す	동 대출하다
1385 ☐☐☐	な 無し	명 없음		1406 ☐☐☐	ほんらい 本来	명 본래
1386 ☐☐☐	ふ か 不可	명 불가, 불가능		1407 ☐☐☐	げんそく 原則	명 원칙
1387 ☐☐☐	かい ひ 会費	명 회비		1408 ☐☐☐	つうじょう 通常	명 통상, 보통
1388 ☐☐☐	ぜんぴん 全品	명 전 품목, 모든 상품		1409 ☐☐☐	ゆうたい 優待	명 우대
1389 ☐☐☐	しょうにんずう 少人数	명 소인원, 적은 인원		1410 ☐☐☐	じゅん 順	명 순, 순서
1390 ☐☐☐	たいはん 大半	명 태반, 대부분		1411 ☐☐☐	じゅんじょ 順序	명 순서

1412 ☐☐☐

気配 ★ **けはい** 〔명〕 기척, 기색

部屋の中で何かの気配を感じて周りを見回した。
방 안에서 무언가의 기척을 느껴서 주변을 둘러보았다.

1413 ☐☐☐

かすかだ ★ - 〔な형〕 희미하다, 어렴풋하다

3月の暖かい空気からかすかな春の香りがする。
3월의 따뜻한 공기에서 희미한 봄 향기가 난다.

1414 ☐☐☐

かさかさ ★ - 〔부〕 바삭바삭, 까칠까칠

落ち葉を踏むたびにかさかさと鳴る音を楽しんだ。
낙엽을 밟을 때마다 바삭바삭하고 울리는 소리를 즐겼다.

1415 ☐☐☐

妙だ ★ **みょうだ** 〔な형〕 묘하다, 이상하다

久しぶりに会ったからか故郷の友達に妙な違和感を
感じた。 오랜만에 만나서인지 고향 친구에게서 묘한 위화감을 느꼈다.

1416 ☐☐☐

奇妙だ ★ **きみょうだ** 〔な형〕 기묘하다

これは黒猫が登場する奇妙な雰囲気の小説だ。
이것은 검은 고양이가 등장하는 기묘한 분위기의 소설이다.

1417 ☐☐☐

満ちる ★ みちる 　　　　　 동 가득 차다, 충족되다

妹は月末のテストで必ず満点をとってみせると意欲に
満ちている。
여동생은 월말 테스트에서 반드시 만점을 받아 보이겠다고 의욕에 가득 차 있다.

1418 ☐☐☐

充満 ★ じゅうまん 　　　　　 명 충만

競技が始まる前からスタジアムは熱気で充満していた。
경기가 시작되기 전부터 스타디움은 열기로 충만해 있었다.

1419 ☐☐☐

心強い ★ こころづよい 　　　　 い형 든든하다, 믿음직스럽다

私を信じてくれる家族や友人がいるだけで心強いと感じる。
나를 믿어 주는 가족과 친구가 있는 것만으로 든든하다고 느낀다.

1420 ☐☐☐

詰まる ★ つまる 　　　　　　 동 막히다

答えがたい面接官の質問に息が詰まるような感じがした。
대답하기 어려운 면접관의 질문에 숨이 막히는 것 같은 느낌이 들었다.

[문형] 동사 ます형 + がたい ~(하)기 어렵다

1421 ☐☐☐

しつこい ★ - 　　　　　　　 い형 끈질기다, 집요하다

あの先生は私がしつこく質問しても親切に答えてくれる。
저 선생님은 내가 끈질기게 질문해도 친절하게 대답해 준다.

1422 ☐☐☐

見苦しい ★ みぐるしい 　　　　 い형 꼴사납다, 보기 흉하다

同僚にこんな見苦しい姿を見せるなんて、恥ずかしくてしょ
うがない。 동료에게 이런 꼴사나운 모습을 보이다니, 창피해서 어쩔 수가 없다.

[문형] い형용사 て형 + しょうがない ~(해)서 어쩔 수가 없다

1423 ☐☐☐

| 下品だ ★ | げひんだ | な형 품위 없다, 천하다 |

子どもの前でそんな下品な言葉遣いはやめてください。
아이 앞에서 그런 품위 없는 말투는 그만둬 주세요.

1424 ☐☐☐

| 改めて ★ | あらためて | 부 새삼스럽게, 다시 |

人との関係を良好に継続することは難しいと改めて感じた。
사람과의 관계를 양호하게 계속하는 것은 어렵다고 새삼스럽게 느꼈다.

1425 ☐☐☐

| 感情 ★ | かんじょう | 명 감정 |

感情とはあいまいで、明確に言葉に表せない時がある。
감정이란 애매해서, 명확하게 말로 표현할 수 없는 때가 있다.

1426 ☐☐☐

| 機嫌 ★ | きげん | 명 기분, 마음 |

弟は教育実習で良い評価を得たらしく、やけに機嫌がよさそうだ。
남동생은 교육 실습에서 좋은 평가를 얻은 것 같아, 매우 기분이 좋은 것 같다.

1427 ☐☐☐

| 懐かしい ★ | なつかしい | い형 그립다 |

卒業アルバムを見るたびに学生時代が懐かしくてならない。
졸업 앨범을 볼 때마다 학생 시절이 너무 그립다.

[문형] い형용사 て형 + ならない 너무 ~(하)다

1428 ☐☐☐

| 喜ぶ ★ | よろこぶ | 동 기뻐하다 |

娘の喜ぶ顔が見たくて帰り道にぬいぐるみを買った。
딸의 기뻐하는 얼굴을 보고 싶어서 돌아가는 길에 인형을 샀다.

1429 ☐☐☐

| 穏やかだ | ★ | おだやかだ | な형 평온하다, 온화하다 |

赤ちゃんがベビーベッドで穏やかに眠っていた。
아기가 아기 침대에 **평온하게** 잠들어 있었다.

1430 ☐☐☐

| いらいら | ★ | - | 부 초조한, 안달복달 |

いくら試験範囲の内容を暗記してもすぐに忘れてしまうから
いらいらする。 아무리 시험 범위 내용을 암기해도 금방 까먹어 버리니까 **초조**하다.

[문형] 동사 て형 + しまう ~(해) 버리다

1431 ☐☐☐

| 怒る | ★ | おこる | 동 화내다, 화나다 |

詳しい事情を知ろうともせずにむやみに怒るのは良くない。
자세한 사정을 알려고도 하지 않고 무턱대고 화내는 것은 좋지 않다.

[문형] 동사 ない형 + ずに ~(하)지 않고 ★ 예외 する→せずに

1432 ☐☐☐

| 憎い | ★ | にくい | い형 밉다 |

いつも大事なところでミスをしてしまう自分自身が憎い。
언제나 중요한 곳에서 실수를 해 버리는 나 자신이 **밉다**.

1433 ☐☐☐

| 憎む | ★ | にくむ | 동 미워하다 |

私のかわいい愛犬だから服を破ったからといって憎めない。
나의 귀여운 애견이라서 옷을 찢었다고 해서 **미워**할 수 없다.

[문형] 동사 보통형 + からといって ~(라)고 해서

1434 ☐☐☐

| むかつく | ★ | - | 동 화가 치밀다, 울컥하다 |

友達の何でも分かっているような振る舞いにむかついた。
친구의 무엇이든 알고 있다는 듯한 행동에 **화가 치밀**었다.

1435 ☐☐☐

腹立つ ★	はらだつ	통 화가 나다

一日に何回も送られるしつこい迷惑メールに腹立つ。
하루에 몇 번이나 보내져 오는 끈질긴 스팸 메일에 화가 난다.

> 관련어 腹を立てる はらをたてる 화를 내다

1436 ☐☐☐

かわいそうだ★	-	な형 불쌍하다

一生懸命に訓練したのにランクインできないとは、
かわいそうに。 열심히 훈련했는데 순위권에 들지 못하다니, 불쌍하게도.

1437 ☐☐☐

哀れだ ★	あわれだ	な형 가엾다, 불쌍하다

「人魚姫」は哀れで切ない恋を描いた作品である。
'인어 공주'는 가엾고 애달픈 사랑을 그린 작품이다.

1438 ☐☐☐

辛い ★	つらい	い형 괴롭다

受験生活中には辛い思い出のみならず楽しい思い出も
あった。 수험 생활 중에는 괴로운 추억뿐만 아니라 즐거운 추억도 있었다.

[문형] 명사 + のみならず ~뿐만 아니라

1439 ☐☐☐

空しい ★	むなしい	い형 허무하다, 공허하다

今日の試合は空しい結果に終わったが、次は必ず勝って
見せる。 오늘 시합은 허무한 결과로 끝났지만, 다음엔 꼭 이겨 보이겠다.

1440 ☐☐☐

惨めだ	みじめだ	な형 비참하다, 참혹하다

惨めな気持ちになる日は誰にだってあるものだ。
비참한 기분이 되는 날은 누구에게나 있는 법이다.

[문형] 동사 보통형 + ものだ ~(인) 법이다

1441 ☐☐☐

| がっかり | ★ | - | 부 실망 |

今度こそ合格だと思っていたのにまた不合格でがっかり
した。 이번에야말로 합격이라고 생각하고 있었는데 또 불합격이라 실망했다.

1442 ☐☐☐

| 恥 | ★ | はじ | 명 부끄러움, 수치 |

失敗をしない人はいないからそこまで恥を感じなくてもいい。
실패를 하지 않는 사람은 없으니까 그렇게까지 부끄러움을 느끼지 않아도 된다.

1443 ☐☐☐

| 幼稚だ | ★ | ようちだ | な형 유치하다 |

彼は普段の行動を見ると幼稚すぎる。
그는 평소 행동을 보면 너무 유치하다.

1444 ☐☐☐

| 怖い | ★ | こわい | い형 무섭다 |

子供向けのホラー映画など怖いわけがないと思ったのに。
어린이용 호러 영화 따위 무서울 리가 없다고 생각했는데.

[문형] い형용사 보통형 + わけがない ~(할) 리가 없다

1445 ☐☐☐

| 怖がる | ★ | こわがる | 동 무서워하다 |

山本先生は厳しい性格のため、多くの生徒に怖がられて
いる。 야마모토 선생님은 엄한 성격 때문에, 많은 학생들이 무서워하고 있다.

1446 ☐☐☐

| 恐怖 | ★ | きょうふ | 명 공포 |

人間は未知のものから恐怖を感じると言われている。
인간은 미지의 것으로부터 공포를 느낀다고 말해지고 있다.

1447 ☐☐☐

| 緊張 | ★ | きんちょう | 명 긴장 |

初めての就職面接なら誰だって緊張するだろう。
첫 취직 면접이라면 누구라도 긴장할 것이다.

[문형] 명사 + だって ~라도

1448 ☐☐☐

| 驚かす | ★ | おどろかす | 동 놀라게 하다, 놀래다 |

一般常識とは全く違った講演内容に聴衆は驚かされた。
일반 상식과는 전혀 다른 강연 내용에 청중은 놀랐다.

1449 ☐☐☐

| 恐れる | | おそれる | 동 두려워하다 |

誰でも過ちを犯すものだから失敗を恐れることはない。
누구든지 잘못을 저지르니까 실패를 두려워할 필요는 없다.

[문형] 동사 사전형 + ことはない ~(할) 필요는 없다

1450 ☐☐☐

| 動揺 | ★ | どうよう | 명 동요, 흔들림 |

試合の後半で急に点数の差を縮められて動揺した。
시합 후반에 갑자기 점수 차를 좁혀 와서 동요했다.

1451 ☐☐☐

| ためらう | ★ | - | 동 주저하다, 망설이다 |

達成したい目標があればためらわずに前へ進むべきだ。
달성하고 싶은 목표가 있다면 주저하지 말고 앞으로 나아가야 한다.

[문형] 동사 사전형 + べきだ ~(해)야 한다

1452 ☐☐☐

| 気軽だ | ★ | きがるだ | な형 부담 없다, 소탈하다 |

気になることがあれば気軽に問い合わせてください。
신경 쓰이는 것이 있다면 부담 없이 문의해 주세요.

*<Day별 단어 퀴즈 PDF>를 활용하여 꼭 복습하세요.

완성 단어

1453	あやふやだ	な형 애매모호하다, 불확실하다	1474	はらはら	부 아슬아슬, 조마조마
1454	ほかほか	부 따끈따끈	1475	狡賢い	い형 약삭빠르다, 교활하다
1455	すがすがしい	い형 개운하다, 상쾌하다	1476	悲しむ	동 슬퍼하다
1456	軽快だ	な형 경쾌하다	1477	切ない	い형 애달프다, 안타깝다
1457	爽快だ	な형 상쾌하다	1478	泣き出す	동 울기 시작하다
1458	強烈だ	な형 강렬하다	1479	残念ながら	유감스럽게도
1459	衝撃	명 충격	1480	嘆く	동 한탄하다
1460	惹く	동 (마음을) 끌다	1481	不安	명 불안
1461	力強い	い형 마음이 든든하다, 힘차다	1482	心配	명 걱정
1462	息苦しい	い형 숨 막히다, 답답하다	1483	困惑	명 곤혹, 당황
1463	重苦しい	い형 답답하다	1484	気の毒	명 가엾음, 딱함
1464	心細い	い형 불안하다, 허전하다	1485	うらやむ	동 부러워하다
1465	心情	명 심정	1486	欲求	명 욕구
1466	共感	명 공감, 동감	1487	呆れる	동 놀라다, 기막히다
1467	平気だ	な형 아무렇지도 않다, 태연하다	1488	ばからしい	い형 어처구니 없다, 어리석다
1468	親切だ	な형 친절하다	1489	煩わしい	い형 성가시다, 귀찮다
1469	好く	동 좋아하다, 호감 가다	1490	うっとうしい	い형 울적하다, 귀찮다
1470	慕う	동 그리워하다	1491	絶望	명 절망
1471	肯定	명 긍정	1492	強いて	부 억지로
1472	愉悦	명 (진심으로) 기쁨	1493	堪える	동 참다, 견디다
1473	いら立つ	동 초조하다, 애타다	1494	中途半端だ	な형 어중간하다

해커스 JLPT 기출 단어장 N2

MP3 바로 듣기

1495 □□□

| おしゃべり | ★ | - | 몡 수다, 잡담 |

ご近所さんとのおしゃべりが楽しくて時間が経つのも忘れて
いた。 이웃과의 수다가 즐거워서 시간이 가는 것도 잊고 있었다.

1496 □□□

| 雑談 | ★ | ざつだん | 몡 잡담 |

雑談はさておき、本論に戻らせていただきます。
잡담은 제쳐두고, 본론으로 돌아가겠습니다.

[문형] 명사 + はさておき ~은 제쳐두고

1497 □□□

| 説得 | ★ | せっとく | 몡 설득 |

社長はもはや取引先の提案に説得されたようだ。
사장은 벌써 거래처의 제안에 설득된 것 같다.

1498 □□□

| 引用 | ★ | いんよう | 몡 인용 |

論文に資料を引用する時は出典を明確に記そう。
논문에 자료를 인용할 때는 출처를 명확히 적자.

1499 □□□

| 言い訳 | ★ | いいわけ | 몡 변명 |

適当な言い訳で済むと思ったら大間違いだ。
적당한 변명으로 끝날 거라고 생각했다면 큰 착각이다.

1500 ☐☐☐

口実　　こうじつ　　명 핑계, 구실, 변명

色々口実をつけて課題の締め切り日を延期してもらった。

여러 가지 핑계를 대고 과제 마감일을 연기했다.

1501 ☐☐☐

返信　　へんしん　　명 답장, 회신

恐れ入りますが、至急ご返信いただけると助かります。

송구스럽지만, 시급히 답장해 주시면 도움이 되겠습니다.

1502 ☐☐☐

回答　　かいとう　　명 답변, 회답

面接では質問の意図をよく考えてから回答しなければ
ならない。　면접에서는 질문의 의도를 잘 생각하고 나서 답변해야 한다.

[문형] 동사 て형 + から ~(하)고 나서 / 동사 ない형 + なければならない ~(해)야 한다

1503 ☐☐☐

一言　　ひとこと　　명 한마디

父の心強い一言が不安な気持ちを少し和らげてくれた。

아버지의 든든한 한마디가 불안한 마음을 조금 풀리게 해주었다.

1504 ☐☐☐

言動　　げんどう　　명 언동

人の機嫌を損なうような言動には気を付けるべきだ。

남의 기분을 상하게 하는 것과 같은 언동에는 주의해야 한다.

[문형] 동사 사전형 + べきだ ~(해)야 한다

1505 ☐☐☐

述べる　★　のべる　　동 말하다, 진술하다, 서술하다

筆者は文章を通して自分の心情を述べている。

필자는 글을 통해 자신의 심정을 말하고 있다.

[문형] 명사 + を通して ~을 통해

1506 ☐☐☐

交わす	かわす	통 주고받다, 교차하다

ライバルの村田選手とは冗談を交わすほど仲がいい。
라이벌인 무라타 선수와는 농담을 주고받을 정도로 사이가 좋다.

1507 ☐☐☐

もてなす	-	통 대접하다, 환대하다

パーティーの主催者が招待客を丁重にもてなした。
파티의 주최자가 초대손님을 정중히 대접했다.

1508 ☐☐☐

質問し合う	しつもんしあう	통 상호 질문하다

海外の人とお互いの言語について質問し合えるサイトがある。
해외의 사람과 서로의 언어에 대해 상호 질문할 수 있는 사이트가 있다.

1509 ☐☐☐

相互 ★	そうご	명 상호

相互に敬意を持っているからこそ心地よく話せる。
상호 경의를 갖고 있기에 기분 좋게 이야기할 수 있다.

[문형] 동사 보통형 + からこそ ~(이)기에

1510 ☐☐☐

不十分だ	ふじゅうぶんだ	な형 불충분하다

案内状の情報が不十分だったようで、詳細を補足した。
안내장의 정보가 불충분했던 것 같아서, 상세 내용을 보충했다.

1511 ☐☐☐

ばらばらだ	-	な형 제각각이다

全員意見がばらばらで、一つにまとめるのは難しそうだ。
전원 의견이 제각각이라, 하나로 정리하는 것은 어려울 것 같다.

1512 ☐☐☐

生き生き ★ **いきいき** 🔵부 생생한, 활기찬

昔の話をしている祖母は表情が生き生きしている。
옛날이야기를 하고 있는 할머니는 표정이 생생하다.

1513 ☐☐☐

ひそひそ ★ **-** 🔵부 소곤소곤

子供達が机の下に隠れてひそひそと内緒話をしている
ようだ。 아이들은 책상 밑에 숨어서 소곤소곤 비밀 이야기를 하는 것 같다.

1514 ☐☐☐

ささやく **-** 🔵동 속삭이다, 소곤거리다

友達は秘密を守ってほしいと小声でささやいた。
친구는 비밀을 지키기 바란다고 작은 목소리로 속삭였다.

1515 ☐☐☐

簡潔だ ★ **かんけつだ** 🔵な형 간결하다

見出しは一目で内容が分かるように簡潔に書くべきだ。
표제는 한눈에 내용을 알 수 있도록 간결하게 써야 한다.

1516 ☐☐☐

簡略だ ★ **かんりゃくだ** 🔵な형 간략하다

オーナーは店の改装を決めた理由を簡略に述べた。
오너는 가게 리모델링을 결정한 이유를 간략하게 말했다.

1517 ☐☐☐

くどい ★ **-** 🔵い형 장황하다, 끈질기다

話し方がくどいと何が言いたいのかわかりにくくなる。
말하는 방식이 장황하면 무엇을 말하고 싶은 건지 알기 어려워진다.

DAY 19

해커스 JLPT 기출 단어장 N2

1518 ☐☐☐

誇張　　　こちょう　　　명 과장, 사실보다 부풀림

ほうこく　　　とき　　こ ちょう　　　じ じつ　　　い
報告をする時は誇張せずに事実だけを言いなさい。
보고를 할 때는 과장하지 말고 사실만을 말하세요.

[문형] 동사 ない형 + ずに ~(하)지 말고 ★ 예외 する → せずに

1519 ☐☐☐

拒絶　　　きょぜつ　　　명 거절

ほ けんかんゆう　　　　　まえきょぜつ　　　　　　さい ど れんらく　　き
保険勧誘はこの前拒絶したはずなのに再度連絡が来た。
보험 권유는 요전에 거절했을 것인데 재차 연락이 왔다.

[문형] 동사 보통형 + はずだ ~(일) 것이다

1520 ☐☐☐

抗議　　　こうぎ　　　명 항의

てつがく か　　　はい し けってい　　たい　　　がくせい　　　　　こう ぎ　　　つづ
哲学科の廃止決定に対する学生たちの抗議が続いている。
철학과 폐지 결정에 대한 학생들의 항의가 계속되고 있다.

[문형] 명사 + に対する ~에 대한

1521 ☐☐☐

責める　　　★　　せめる　　　동 나무라다, 비난하다

あい て　　かんじょうてき　　せ　　　　　れいせい　　かんが　　　はな　　　ほう
相手を感情的に責めるより冷静に考えて話した方がいい
だろう。　상대를 감정적으로 나무라기보다 냉정히 생각하고 말하는 편이 좋을 것이다.

1522 ☐☐☐

叫ぶ　　　さけぶ　　　동 외치다

ともだち　こえ　とど　　　　　　　　　おお　　こえ　な まえ　さけ
友達に声が届かなかったようで大きな声で名前を叫んだ。
친구에게 목소리가 닿지 않았던 것 같아서 큰 목소리로 이름을 외쳤다.

1523 ☐☐☐

言い張る　　　いいはる　　　동 우기다

じ ぶん　ただ　　　　い　は　　　　　まちが　　　　　　まちが
自分が正しいと言い張っても間違ったのは間違ったのだ。
자신이 옳다고 우겨도 틀린 건 틀린 거다.

1524 ☐☐☐

悪口　★　わるくち　　图 험담, 욕

わるくち　　い　　　　　　　　にんげんかんけい　ししょう　で
悪口ばかり言っていると人間関係に支障が出るかもしれ
ない。 험담만 하고 있으면 인간관계에 지장이 생길지도 모른다.

1525 ☐☐☐

嘘　★　うそ　　图 거짓

ひと　みと　　　　　　　　　　　　うそ　い
いくら人に認められたいとはいえ、嘘は言いたくない。
아무리 남에게 인정받고 싶다고는 해도, 거짓은 말하고 싶지 않다.

[문형] 동사 보통형 + とはいえ ~(라)고는 해도

1526 ☐☐☐

いい加減だ　★　いいかげんだ　　な형 소홀하다, 무책임하다, 어지간하다

おとうと　　かげん　へんじ　はは　おこ　　　え
弟のいい加減な返事に母は怒らざるを得なかった。
남동생의 소홀한 대답에 어머니는 화나지 않을 수 없었다.

[문형] 동사 ない형 + ざるを得ない ~(하)지 않을 수 없다

관련어 いい加減 いいかげん 图 꽤, 상당히

1527 ☐☐☐

伝わり方　つたわりかた　　图 전달되는 방식

ひょうげん　すこ　か　　　　　　　つた　　かた　おお　か
表現を少し変えるだけで、伝わり方は大きく変わる。
표현을 조금 바꾸는 것만으로, 전달되는 방식은 크게 바뀐다.

1528 ☐☐☐

音節　おんせつ　　图 음절

はいく　　きせつ　あらわ　ことば　ふく　　　おんせつ　し
俳句とは季節を表す言葉を含んだ17音節の詩である。
하이쿠란 계절을 나타내는 말을 포함한 17음절의 시이다.

1529 ☐☐☐

示す　★　しめす　　图 보이다, 가리키다

かれ　ひょうじょう　たいど　み　　かのじょ　かんしん　しめ
彼の表情や態度から見て彼女へ関心を示しているのは
まちが
間違いないだろう。
그의 표정이나 태도로 보아 그녀에게 관심을 보이고 있는 것은 틀림없을 것이다.

1530 ☐☐☐

| 副詞 | ふくし | 명 부사 |

ふく し ぶん ない よう ゆた き のう も
副詞は文の内容を豊かにする機能を持つ。
부사는 문장의 내용을 풍부하게 하는 기능을 가진다.

1531 ☐☐☐

| 省く ★ | はぶく | 동 생략하다, 덜다 |

げん そく かん し りょう くわ か せつめい
原則に関しては資料に詳しく書いてありますので説明を
はぶ
省きます。
원칙에 관해서는 자료에 자세하게 쓰여 있으므로 설명을 생략하겠습니다.

[문형] 명사 + に関して ~에 관해서

1532 ☐☐☐

| あいにく ★ - | | 부 공교롭게도 |

あめ ふ がいとうえんぜつ ちゅう し
あいにく雨が降って、街頭演説は中止となった。
공교롭게도 비가 와서, 가두연설은 중지되었다.

1533 ☐☐☐

| めったに ★ - | | 좀처럼, 거의 |

いもうと うち き じ ぶん い けん い
妹は内気でめったに自分の意見を言わない。
여동생은 내성적이어서 좀처럼 자신의 의견을 말하지 않는다.

1534 ☐☐☐

| じかに ★ - | | 부 직접(적으로), 바로 |

ゆうめいさっ か はなし き おお ひと あつ
有名作家の話がじかに聞けるだけに多くの人が集まった。
유명 작가의 이야기를 직접 들을 수 있는 만큼 많은 사람이 모였다.

[문형] 동사 보통형 + だけに ~(한) 만큼

1535 ☐☐☐

| かえって - | | 부 오히려, 도리어 |

きんちょう い きんちょう
緊張しなくてもいいと言われるとかえって緊張してしまう。
긴장하지 않아도 된다고 들으면 오히려 긴장해 버린다.

[문형] 동사 て형 + しまう ~(해) 버리다

*<Day별 단어 퀴즈 PDF>를 활용하여 꼭 복습하세요.

완성 단어

1536 ☐☐☐	ひと ごと 独り言	명 혼잣말
1537 ☐☐☐	もんどう 問答	명 문답
1538 ☐☐☐	こくはく 告白	명 고백
1539 ☐☐☐	ちゅうこく 忠告	명 충고
1540 ☐☐☐	つうほう 通報	명 통보
1541 ☐☐☐	しゃざい 謝罪	명 사죄
1542 ☐☐☐	あ 明かす	동 밝히다, 털어 놓다, 밤새우다
1543 ☐☐☐	めい 命じる	동 명령하다
1544 ☐☐☐	き かえ 聞き返す	동 되묻다, 다시 듣다
1545 ☐☐☐	く ど 口説く	동 설득하다, 호소하다
1546 ☐☐☐	こ 請う	동 청하다
1547 ☐☐☐	からかう	동 조롱하다, 놀리다
1548 ☐☐☐	もめる	동 옥신각신하다, 분쟁하다
1549 ☐☐☐	そこで	접 그래서
1550 ☐☐☐	あえて	부 감히, 굳이, 억지로
1551 ☐☐☐	い 言わば	부 말하자면, 이를테면
1552 ☐☐☐	いわゆる	소위, 이른바
1553 ☐☐☐	よう 要するに	부 요컨대
1554 ☐☐☐	おも ぞんぶん 思う存分	부 마음껏, 실컷
1555 ☐☐☐	いずれにしても	어찌 되었든 간에
1556 ☐☐☐	りょうかい 了解	명 양해, 승낙, 이해
1557 ☐☐☐	よ 寄せる	동 (편지를) 보내다, 다가오다
1558 ☐☐☐	さえぎ 遮る	동 차단하다, 방해하다
1559 ☐☐☐	おうせつ 応接	명 응접
1560 ☐☐☐	けい い 敬意	명 경의
1561 ☐☐☐	ぞん 存じる	동 알다 (겸양어)
1562 ☐☐☐	たよ 便り	명 소식, 편지
1563 ☐☐☐	あて な 宛名	명 수신인명, 주소 성명
1564 ☐☐☐	おんちゅう 御中	명 귀중, 수신 단체 뒤에 붙이는 말
1565 ☐☐☐	ずらっと	부 줄줄이, 죽
1566 ☐☐☐	すらすら	부 술술, 척척
1567 ☐☐☐	ひっしゃ 筆者	명 필자
1568 ☐☐☐	つじつま	명 이치, 조리
1569 ☐☐☐	ようてん 要点	명 요점
1570 ☐☐☐	ことば 言葉づかい	명 말씨, 말투
1571 ☐☐☐	く ちょう 口調	명 어조, 말투
1572 ☐☐☐	ひび かた 響き方	명 울리는 방식
1573 ☐☐☐	き ごう 記号	명 기호
1574 ☐☐☐	ぶんしょう か 文章化	명 문장화
1575 ☐☐☐	じゅつ ご 述語	명 술어
1576 ☐☐☐	ぶんみゃく 文脈	명 문맥
1577 ☐☐☐	ほんろん 本論	명 본론

해커스 JLPT 기출 단어장 N2

1578 ☐☐☐

考え事	かんがえごと	명 이런저런 생각, 걱정거리

考え事をしていたらすっかり日が暮れていた。
이런저런 생각을 하고 있었더니 완전히 해가 저물어 있었다.

1579 ☐☐☐

考え方 ★	かんがえかた	명 사고방식

考え方次第で人生は楽しいものにも辛いものにもなる。
사고방식에 따라 인생은 즐거운 것도 괴로운 것도 된다.

[문형] 명사 + 次第で ~에 따라

1580 ☐☐☐

推測	すいそく	명 추측

歯の状態からしてこのシカは約3歳だと推測される。
이빨의 상태로 보아 이 사슴은 약 3살이라고 추측된다.

[문형] 명사 + からして ~로 보아

1581 ☐☐☐

鋭い ★	するどい	い형 예리하다, 날카롭다

予想できなかった鋭い質問に言葉が詰まった。
예상 못 했던 예리한 질문에 말이 막혔다.

1582 ☐☐☐

尊い	とうとい	い형 귀중하다, 소중하다

この世界にある全ての命はとても尊いものだ。
이 세계에 있는 모든 생명은 매우 귀중한 법이다.

[문형] い형용사 사전형 + ものだ ~(인) 법이다

1583 □□□

馬鹿馬鹿しい | **ばかばかしい** | い형 어처구니없다, 어리석다

彼のふざけた言い訳に怒るのも馬鹿馬鹿しくなった。
그의 시시콜콜한 변명에 화내는 것도 어처구니없어졌다.

1584 □□□

変だ ★ | **へんだ** | な형 이상하다

吉田さんの意見は変に思われがちだが、僕はいい発想だと思う。
요시다 씨의 의견은 이상하게 생각되기 일쑤이지만, 나는 좋은 발상이라고 생각한다.

[문형] 동사 ます형 + がちだ ~(하)기 일쑤이다

1585 □□□

微妙だ | **びみょうだ** | な형 미묘하다

穏やかな雰囲気で好きなカフェだが、コーヒーの味は微妙だ。 온화한 분위기라 좋아하는 카페지만, 커피의 맛은 미묘하다.

1586 □□□

細やかだ | **ささやかだ** | な형 사소하다, 조촐하다

どんな細やかな意見でもいいので、お話しください。
어떤 사소한 의견이라도 좋으므로, 이야기해 주세요.

1587 □□□

荷 ★ | **に** | 명 짐, 부담

仕事の悩みを上司に相談したら、肩の荷が軽くなった。
일의 고민을 상사에게 상담했더니, 어깨의 짐이 가벼워졌다.

1588 □□□

奇しくも | **くしくも** | 부 신기하게도, 기이하게도

彼女に告白しようとしたら、奇しくも彼女の方から告白してくれた。 그녀에게 고백하려고 했는데, 신기하게도 그녀 쪽에서 고백해 주었다.

1589 □□□

安易だ ★ あんいだ
な형 안이하다, 손쉽다

かわいそうだからといって野良猫を安易に拾ってはいけ
ない。 불쌍하다고 해서 길고양이를 안이하게 주워서는 안 된다.

[문형] な형용사 어간 だ + からといって ~(라)고 해서

1590 □□□

強み ★ つよみ
명 강점

誰にでも親切にできるのが私の一番の強みだと思う。
누구에게나 친절하게 대할 수 있는 것이 나의 제일인 강점이라고 생각한다.

1591 □□□

勘違い ★ かんちがい
명 착각

小さい頃、コーラと勘違いして醤油を飲んだことがある。
어릴 적, 콜라로 착각해서 간장을 마신 적이 있다.

[문형] 동사 た형 + ことがある ~(한) 적이 있다

1592 □□□

所以 ★ ゆえん
명 이유, 까닭

その優しい言葉づかいこそ兄が多くの人に好かれる所以だ。
그 상냥한 말투야말로 형이 많은 사람에게 사랑받는 이유이다.

1593 □□□

側面 そくめん
명 측면

問題を解決するためには多様な側面から考えるべきだ。
문제를 해결하기 위해서는 다양한 측면에서 생각해야 한다.

[문형] 동사 사전형 + べきだ ~(해)야 한다

1594 □□□

通じる ★ つうじる
동 통하다

母と思いが通じたのか、食べたかった料理が夕食に出て
きた。 어머니와 마음이 통한 건지, 먹고 싶었던 요리가 저녁 식사로 나왔다.

1595 ☐☐☐

思いつく ★ おもいつく 〔동〕(생각이) 떠오르다

いい案が出るまで思いつくままにアイディアを書き出して
みましょう。 좋은 안이 나올 때까지 떠오르는 대로 아이디어를 뽑아 적어 봅시다.

[문형] 동사 사전형 + ままに ~(하)는 대로

1596 ☐☐☐

打ち明ける ★ うちあける 〔동〕털어놓다

友達に打ち明けられた秘密がかなり衝撃的で頭から離れ
ない。 친구가 털어놓은 비밀이 꽤 충격적이라 머리에서 떨어지지 않는다.

1597 ☐☐☐

付け加える つけくわえる 〔동〕덧붙이다, 보충하다

説得力を上げようと専門家の言葉を引用し付け加えた。
설득력을 높이려고 전문가의 말을 인용해 덧붙였다.

1598 ☐☐☐

賛否 ★ さんぴ 〔명〕찬반, 찬부

賛否が分かれることなく全員賛成で案が可決された。
찬반이 나뉘지 않고 전원 찬성으로 안이 가결되었다.

[문형] 동사 사전형 + ことなく ~(하)지 않고

1599 ☐☐☐

うなずく ★ - 〔동〕고개를 끄덕이다, 수긍하다

多くの生徒が生徒会長の主張に同意してうなずいた。
많은 학생이 학생회장의 주장에 동의하여 고개를 끄덕였다.

1600 ☐☐☐

妥当だ ★ だとうだ 〔な형〕타당하다

人気商品の追加入荷は妥当な選択だったにちがいない。
인기 상품의 추가 입하는 타당한 선택이었음에 틀림없다.

[문형] 동사 보통형 + にちがいない ~(임)에 틀림없다

1601 ☐☐☐

適切だ ★ てきせつだ

な형 적절하다

台風に備えて窓ガラスにテープをはったのは適切な判断
だった。 태풍에 대비하여 창문 유리에 테이프를 붙인 것은 적절한 판단이었다.

[문형] 명사 + に備えて ~에 대비하여

1602 ☐☐☐

不平 ★ ふへい

명 불평

姉はいつも自分ばかり叱られることに不平を言った。
언니는 항상 자기만 꾸중 듣는 것에 불평을 말했다.

1603 ☐☐☐

拒否 ★ きょひ

명 거부

上司から海外支社に転勤しないかと言われたが、拒否
するか迷っている。
상사로부터 해외 지사에 전근하지 않겠냐고 들었지만, 거부할지 망설이고 있다.

1604 ☐☐☐

否定 ひてい

명 부정

人がそれぞれ持っている個性を否定してはいけない。
사람이 저마다 가지고 있는 개성을 부정해서는 안 된다.

1605 ☐☐☐

打ち消す ★ うちけす

동 없애다, 부정하다

未来への心配を打ち消し、明るく考えられるようになりたい。
미래에의 걱정을 없애고, 밝게 생각할 수 있게 되고 싶다.

1606 ☐☐☐

取り払う ★ とりはらう

동 없애다, 제거하다

相手に対する誤解を取り払うには話し合うことが大事だ。
상대에 대한 오해를 없애기 위해서는 대화하는 것이 중요하다.

1607 ☐☐☐

| 討論 | ★ | とうろん | 명 토론 |

ペットの売買を禁止するべきかに関して討論が行われた。
반려동물의 매매를 금지해야 하는가에 관해서 토론이 행해졌다.

[문형] 명사 + に関して ~에 관해서

1608 ☐☐☐

| 批評 | ★ | ひひょう | 명 비평 |

ブログに話題の小説を批評するコラムを書いている。
블로그에 화제인 소설을 비평하는 칼럼을 쓰고 있다.

1609 ☐☐☐

| 指摘 | ★ | してき | 명 지적, 꼭 집어서 가리킴 |

私の主張に対する先輩の指摘に反論の余地がなかった。
내 주장에 대한 선배의 지적에 반론의 여지가 없었다.

[문형] 명사 + に対する ~에 대한

1610 ☐☐☐

| 愚痴 | ★ | ぐち | 명 푸념 |

愚痴を言ったところで問題が解決することはない。
푸념을 말해 봤자 문제가 해결되는 일은 없다.

[문형] 동사 た형 + ところで ~(해) 봤자

1611 ☐☐☐

| 示唆 | | しさ | 명 시사, 암시 |

詩人自身が感じた絶望が詩を通して示唆されている。
시인 자신이 느낀 절망이 시를 통해 시사되어 있다.

[문형] 명사 + を通して ~를 통해

1612 ☐☐☐

| 対照 | | たいしょう | 명 대조 |

この二つの詩を対照しながら分析してみましょう。
이 두 가지 시를 대조하면서 분석해 봅시다.

1613 ☐☐☐

ほめ言葉	ほめことば	圕 칭찬, 찬사

ほめ言葉といっても伝わり方で皮肉と思われたりもする。

칭찬이라고 해도 전달되는 방식으로 비아냥거림이라 생각되기도 한다.

[문형] 명사 + といっても ~(라)고 해도

1614 ☐☐☐

まとめる ★	-	圄 정리하다

報告書を書く前に、テーマに関するアイデアをまとめた。

보고서를 쓰기 전에, 주제에 관한 아이디어를 정리했다.

1615 ☐☐☐

きっぱり ★	-	圂 딱 잘라, 단호히, 확실히

思い切って出した意見をきっぱり否定されてがっかりした。

마음먹고 낸 의견을 딱 잘라 부정당해서 실망했다.

1616 ☐☐☐

とりあえず ★	-	圂 우선, 일단

花見といえばとりあえず桜だと思う人が多いだろう。

꽃구경이라고 하면 우선 벚꽃이라고 생각하는 사람이 많을 것이다.

[문형] 명사 + といえば ~(라)고 하면

1617 ☐☐☐

せめて ★	-	圂 적어도, 하다못해

喜ばなくていいからせめて嫌がられないプレゼントを用意したい。 기뻐하지 않아도 되니까 적어도 싫어하지 않을 선물을 준비하고 싶다.

1618 ☐☐☐

万一 ★	まんいち	圂 만약, 만일

万一、意見が食い違ったとしても話し合えばいい。

만약, 의견이 어긋났다고 해도 의논하면 된다.

[문형] 동사 보통형 + としても ~(라)고 해도

*<Day별 단어 퀴즈 PDF>를 활용하여 꼭 복습하세요.

완성 단어

1619 ☐☐☐	ほんね 本音	명 본심	1640 ☐☐☐	かるがる 軽々	부 가뿐히, 간단히
1620 ☐☐☐	しこう 思考	명 사고, 생각	1641 ☐☐☐	こうへい 公平だ	な형 공평하다
1621 ☐☐☐	こころあ 心当たり	명 짐작 가는 곳, 짚이는 데	1642 ☐☐☐	みっともない	い형 보기 싫다, 꼴불견이다
1622 ☐☐☐	みかた 見方	명 견해, 생각	1643 ☐☐☐	くしん 苦心	명 고심
1623 ☐☐☐	あまえ 当たり前	명 당연함	1644 ☐☐☐	せんめい 鮮明だ	な형 선명하다
1624 ☐☐☐	かくしん 確信	명 확신	1645 ☐☐☐	たんてき 端的だ	な형 단적이다
1625 ☐☐☐	ちのう 知能	명 지능	1646 ☐☐☐	かっきてき 画期的だ	な형 획기적이다
1626 ☐☐☐	せいしん 精神	명 정신	1647 ☐☐☐	くちが 食い違い	명 어긋남, 엇갈림, 충돌
1627 ☐☐☐	すいり 推理	명 추리	1648 ☐☐☐	ものごと 物事	명 사물, 매사, 세상사
1628 ☐☐☐	おも 思える	동 생각되다	1649 ☐☐☐	すじ 筋	명 힘줄, 줄거리
1629 ☐☐☐	う 浮かぶ	동 뜨다, 떠오르다	1650 ☐☐☐	せんにゅうかん 先入観	명 선입견
1630 ☐☐☐	さっ 察する	동 헤아리다, 짐작하다	1651 ☐☐☐	どうき 動機	명 동기, 계기
1631 ☐☐☐	くじける	동 꺾이다, 약해지다	1652 ☐☐☐	なお	접 또한, 더구나
1632 ☐☐☐	かんがこ 考え込む	동 깊이 생각하다	1653 ☐☐☐	まさに	부 바로, 당연히
1633 ☐☐☐	かたむ 傾ける	동 기울이다, 집중하다	1654 ☐☐☐	たとえ	부 설령
1634 ☐☐☐	てあ 照らし合わせる	동 대조하다	1655 ☐☐☐	とにかく	부 아무튼, 어쨌든
1635 ☐☐☐	ひたすら	부 한결같이, 오직	1656 ☐☐☐	ともかく	부 어쨌든
1636 ☐☐☐	ふんべつ 分別	명 분별, 구별하여 판단함	1657 ☐☐☐	いまさら 今更	부 이제 와서, 새삼
1637 ☐☐☐	けつだん 決断	명 결단	1658 ☐☐☐	じゃっかん 若干	명 약간, 얼마간
1638 ☐☐☐	だんてい 断定	명 단정, 딱 잘라 판단함	1659 ☐☐☐	なん 何らか	부 무언가, 어느 정도
1639 ☐☐☐	ゆうせん 優先	명 우선	1660 ☐☐☐	は 果たして	부 과연, 역시

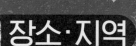

1661 ☐☐☐

区域 ★ **くいき** 명 구역

この区域は関係者以外立入禁止になっております。
이 구역은 관계자 이외 출입 금지로 되어 있습니다.

1662 ☐☐☐

区分 **くぶん** 명 구분

この書店内の各空間は本のジャンルによって区分されている。
이 서점 내의 각 공간은 책의 장르에 의해 구분돼 있다.

[문형] 명사 + によって ~에 의해

1663 ☐☐☐

区画 **くかく** 명 구획

日本の領土は47の行政区画に区分されています。
일본의 영토는 47개의 행정 구획으로 구분되어 있습니다.

1664 ☐☐☐

施設 ★ **しせつ** 명 시설

政府は児童福祉施設の数を増やすことにした。
정부는 아동 복지 시설의 수를 늘리기로 했다.

[문형] 동사 사전형 + ことにする ~(하)기로 하다

1665 ☐☐☐

跡地 ★ **あとち** 명 철거 부지

A市は、工場の跡地をどう再利用するか方法を模索している。
A시는, 공장 철거 부지를 어떻게 재이용할지 방법을 모색하고 있다.

1666 ☐☐☐

式場　　　しきじょう　　　명 식장

友達の結婚式に参加するため式場に向かった。
친구의 결혼식에 참석하기 위해 식장으로 향했다.

1667 ☐☐☐

銭湯　　　せんとう　　　명 (대중) 목욕탕

家に浴槽があるので銭湯に行くことはめったにない。
집에 욕조가 있어서 목욕탕에 가는 일은 좀처럼 없다.

1668 ☐☐☐

隣　★　　となり　　　명 옆, 이웃

隣の部屋は誰も住んでいないはずなのに物音がする時
がある。 옆방은 아무도 살고 있지 않을 것인데 소리가 나는 때가 있다.

[문형] 동사 보통형 + はず (분명) ~(할) 것

1669 ☐☐☐

周囲　★　　しゅうい　　　명 주위

公園の中だけでなくその周囲にも花を植えようと思う。
공원 안뿐 아니라 그 주위에도 꽃을 심으려고 한다.

[문형] 명사 + だけでなく ~뿐 아니라

1670 ☐☐☐

市内　　　しない　　　명 시내

このカフェはとても人気で、市内に何軒も店舗がある。
이 카페는 매우 인기라서, 시내에 몇 채나 점포가 있다.

1671 ☐☐☐

町中　　　まちなか　　　명 거리, 시가지, 시내

休日にもかかわらず町中には人があまりいなかった。
휴일임에도 불구하고 거리에는 사람이 그다지 없었다.

[문형] 명사 + にもかかわらず ~에도 불구하고

1672 ☐☐☐

| 人込み | ひとごみ | 閔 북적이는 곳, 북적임 |

うるさいところが苦手で、人込みもあまり好きではない。
시끄러운 곳이 질색이라, 북적이는 곳도 별로 좋아하지 않는다.

1673 ☐☐☐

| 住居 ★ | じゅうきょ | 閔 주거 |

国内に住む外国人の住居地を把握する調査が行われている。
국내에 사는 외국인의 주거지를 파악하는 조사가 시행되고 있다.

1674 ☐☐☐

| 貸家 | かしや | 閔 셋집 |

今は貸家暮らしだとしてもいつかは自分の家を買ってみせる。
지금은 셋집 생활이라고 해도 언젠가는 내 집을 사보이겠어.

[문형] 명사 だ + としても ~이라고 해도

1675 ☐☐☐

| 貸間 | かしま | 閔 셋방 |

学校に1時間以内で行ける貸間を探しています。
학교에 1시간 이내로 갈 수 있는 셋방을 찾고 있습니다.

1676 ☐☐☐

| 現場 | げんば | 閔 현장 |

映像を学ぶ学生たちが映画の撮影現場を見学した。
영상을 배우는 학생들이 영화 촬영 현장을 견학했다.

1677 ☐☐☐

| 勤務地 | きんむち | 閔 근무지 |

変更になった勤務地が家から近くてかえって良かったです。
변경된 근무지가 집에서 가까워서 오히려 다행이었습니다.

1678 ☐☐☐

| 原発 | | げんぱつ | | 圏 원자력 발전소 |

げんぱつ じ こ おそ　　　　　はんたい　　ひと
原発は事故の恐れがあるからと反対する人もいる。
원자력 발전소는 사고의 우려가 있다고 반대하는 사람도 있다.

[문형] 명사 の + 恐れがある ~의 우려가 있다

1679 ☐☐☐

| 拡張 | ★ | かくちょう | | 圏 확장 |

らいきゃくすう　　　　みせ せま　　　　　かくちょうこう じ
来客数のわりに店が狭いので拡張工事をすることにした。
오시는 손님 수에 비해 가게가 좁아서 확장 공사를 하기로 했다.

[문형] 명사 の + わりに ~에 비해

1680 ☐☐☐

| 壁 | ★ | かべ | | 圏 벽 |

となり へ や　　ひとたち　　ざつだん　　　き
このアパートは隣の部屋の人達の雑談まで聞こえるほど
かべ うす
壁が薄い。 이 아파트는 옆방 사람들의 잡담까지 들릴 정도로 벽이 얇다.

1681 ☐☐☐

| 訪問 | ★ | ほうもん | | 圏 방문 |

き　　　　　　　へんしん　　　　　　らいしゅうおん し　いえ　ほうもん
来てもいいと返信をもらって来週恩師の家を訪問する
つもりだ。 와도 괜찮다고 답장을 받아서 다음 주 은사의 집을 방문할 계획이다.

1682 ☐☐☐

| 面する | ★ | めんする | | 圐 향하다, 면하다 |

みなみ　めん　　まど　　　　　へ や　ひ あ
南に面する窓がある部屋は日当たりがいいです。
남쪽으로 향하는 창이 있는 방은 볕이 잘 듭니다.

1683 ☐☐☐

| 備える | ★ | そなえる | | 圐 갖추다, 비치하다, 대비하다 |

えい が かん　　　　　　ご らくし せつ　そな
このショッピングモールは映画館などの娯楽施設も備えて
います。 이 쇼핑몰은 영화관 등의 오락시설도 갖추고 있습니다.

1684 ☐☐☐

| 捜す | ★ | さがす | 图 (보이지 않게 된 것을) 찾다 |

部屋にあるはずのアパートの鍵が見つからなくて捜している。 방에 있어야 할 아파트 열쇠가 보이지 않아서 찾고 있다.

1685 ☐☐☐

| 浅い | ★ | あさい | い형 얕다, 정도가 덜하다 |

ここのプールは浅くて小さい子供でも入って遊べます。
이곳의 수영장은 얕아서 작은 아이라도 들어가서 놀 수 있습니다.

1686 ☐☐☐

| 険しい | ★ | けわしい | い형 험하다 |

こんなに険しい山は二度と登りたくない。
이렇게 험한 산은 두 번 다시 오르고 싶지 않다.

1687 ☐☐☐

| とっくに | ★ | - | 훨씬 전에, 이미 |

高橋さんならとっくに待ち合わせの場所に来ていますよ。
다카하시 씨라면 훨씬 전에 만나기로 한 장소에 와 있어요.

1688 ☐☐☐

| 要所 | ★ | ようしょ | 图 요충지, 요소 |

シンガポールは海上交通の要所として知られている。
싱가포르는 해상 교통의 요충지로서 알려져 있다.

[문형] 명사 + として ~로서

1689 ☐☐☐

| 最大 | | さいだい | 图 최대 |

日本最大の広さを誇る国立公園は北海道にあるそうだ。
일본 최대의 넓이를 자랑하는 국립 공원은 홋카이도에 있다고 한다.

1690 ☐☐☐

広大だ	こうだいだ	な형 광대하다

こんなに<ruby>広大<rt>こうだい</rt></ruby>な<ruby>自然<rt>しぜん</rt></ruby>を<ruby>直<rt>じか</rt></ruby>に<ruby>見<rt>み</rt></ruby>るのは<ruby>初<rt>はじ</rt></ruby>めてで<ruby>感動<rt>かんどう</rt></ruby>しました。
이렇게 광대한 자연을 직접 보는 것은 처음이라 감동했습니다.

1691 ☐☐☐

隔てる ★	へだてる	동 사이에 두다

<ruby>中国<rt>ちゅうごく</rt></ruby>とネパールはエベレスト<ruby>山脈<rt>さんみゃく</rt></ruby>を<ruby>隔<rt>へだ</rt></ruby>てている。
중국과 네팔은 에베레스트 산맥을 사이에 두고 있다.

1692 ☐☐☐

情景 ★	じょうけい	명 정경, 마음이 끌리는 경치

あまりにも<ruby>美<rt>うつく</rt></ruby>しい<ruby>情景<rt>じょうけい</rt></ruby>で<ruby>写真<rt>しゃしん</rt></ruby>を<ruby>撮<rt>と</rt></ruby>らずにはいられなかった。
너무나도 아름다운 정경이어서 사진을 찍지 않을 수 없었다.

[문형] 동사 ない형 + ずにはいられない ~(하)지 않을 수 없다

1693 ☐☐☐

坂道	さかみち	명 언덕길

<ruby>結構急<rt>けっこうきゅう</rt></ruby>な<ruby>坂道<rt>さかみち</rt></ruby>なのに<ruby>彼<rt>かれ</rt></ruby>は<ruby>軽々<rt>かるがる</rt></ruby>と<ruby>登<rt>のぼ</rt></ruby>っていった。
꽤 가파른 언덕길인데 그는 가볍게 올라갔다.

1694 ☐☐☐

芝生	しばふ	명 잔디(밭)

<ruby>立入禁止<rt>たちいりきんし</rt></ruby>の<ruby>芝生<rt>しばふ</rt></ruby>に<ruby>入<rt>はい</rt></ruby>ろうとする<ruby>子供<rt>こども</rt></ruby>を<ruby>老人<rt>ろうじん</rt></ruby>が<ruby>止<rt>と</rt></ruby>めました。
출입 금지인 잔디밭에 들어가려고 하는 아이를 노인이 말렸습니다.

[문형] 동사 의지형 + とする ~(하)려고 하다

1695 ☐☐☐

火山	かざん	명 화산

この<ruby>県<rt>けん</rt></ruby>は<ruby>活動中<rt>かつどうちゅう</rt></ruby>の<ruby>火山<rt>かざん</rt></ruby>があるので<ruby>災害<rt>さいがい</rt></ruby>の<ruby>恐<rt>おそ</rt></ruby>れがある。
이 현은 활동 중인 화산이 있어서 재해의 우려가 있다.

1696 ☐☐☐

| 沿岸 | えんがん | 명 연안 |

えんがん ち いき   じ ち たい   たいふう   そな   たいさく   かんが
沿岸地域の自治体は台風に備えて対策を考えている。
연안 지역의 지자체는 태풍에 대비하여 대책을 생각하고 있다.

[문형] 명사 + に備えて ~에 대비하여

1697 ☐☐☐

| 境 | さかい | 명 경계, 지역이 구분되는 한계 |

かわ さかい   にしがわ   となり くに   はし わた   こっきょう   こ
この川を境に西側が隣の国で、橋を渡れば国境が越えられ
ます。
이 강을 경계로 서쪽이 옆 나라이고, 다리를 건너면 국경을 넘을 수 있습니다.

1698 ☐☐☐

| 地元 ★ | じもと | 명 그 고장, 연고지, 고향 |

し   としけいかく   じ もと ひと   さんぴ わ
市の都市計画に地元の人たちの賛否が分かれた。
시의 도시계획에 그 고장 사람들의 찬반이 갈라졌다.

1699 ☐☐☐

| 故郷 ★ | こきょう | 명 고향 |

ひさ   こ きょう もど   ともだち
久しぶりに故郷に戻って、友達とたくさんおしゃべりした。
오랜만에 고향에 돌아가서, 친구와 잔뜩 수다를 떨었다.

1700 ☐☐☐

| 大陸 | たいりく | 명 대륙 |

おな たいりく   くに   ぶん か
同じ大陸にある国であっても文化はばらばらである。
같은 대륙에 있는 나라라고 해도 문화는 제각각이다.

[문형] 명사 + であっても ~라고 해도

1701 ☐☐☐

| 日本列島 | にほんれっとう | 명 일본 열도 |

にほんれっとう   よっ   おお   しま   しゅうへん ち い   しまじま こうせい
日本列島は四つの大きな島とその周辺の小さな島々で構成
されている。 일본 열도는 네 개의 큰 섬과 그 주변의 작은 섬들로 구성되어 있다.

*<Day별 단어 퀴즈 PDF>를 활용하여 꼭 복습하세요.

완성 단어

1702 □□□	ふるさと	명 고향
1703 □□□	まち な 街並み	명 거리, 집·가게가 즐비한 곳
1704 □□□	げん ち 現地	명 현지
1705 □□□	はか 墓	명 무덤
1706 □□□	あた 辺り	명 주변
1707 □□□	ふ きん 付近	명 부근, 근처
1708 □□□	ち てん 地点	명 지점, 일정한 장소
1709 □□□	きょうかい 境界	명 경계
1710 □□□	こっきょう 国境	명 국경
1711 □□□	かき ね 垣根	명 울타리
1712 □□□	じ たく 自宅	명 자택
1713 □□□	にゅうきょ 入居	명 입주
1714 □□□	こ や 小屋	명 오두막
1715 □□□	いっ こ だ 一戸建て	명 단독 주택
1716 □□□	がいかん 外観	명 외관
1717 □□□	かんない 館内	명 관내
1718 □□□	こうそう 高層	명 고층
1719 □□□	しんちく 新築	명 신축
1720 □□□	しき ち 敷地	명 (건축) 부지, 터
1721 □□□	き ち 基地	명 기지
1722 □□□	めい ろ 迷路	명 미로

1723 □□□	い ざか や 居酒屋	명 선술집
1724 □□□	ところどころ	명 군데군데, 여기저기
1725 □□□	きし 岸	명 물가, 벼랑
1726 □□□	かわぎし 川岸	명 냇가, 강가, 강기슭
1727 □□□	へい や 平野	명 평야, 들
1728 □□□	こう ち 耕地	명 경작지, 농경지
1729 □□□	はま べ 浜辺	명 바닷가, 해변
1730 □□□	おき 沖	명 물가에서 먼 바다 혹은 호수
1731 □□□	かいよう 海洋	명 해양
1732 □□□	ほくべい 北米	명 북미
1733 □□□	なんべい 南米	명 남미
1734 □□□	れっとう 列島	명 열도
1735 □□□	りく ち 陸地	명 육지
1736 □□□	おんたい 温帯	명 온대, 따뜻한 지역
1737 □□□	かんたい 寒帯	명 한대, 추운 지역
1738 □□□	けいしゃ 傾斜	명 경사, 기울
1739 □□□	ほっきょく 北極	명 북극
1740 □□□	なんきょく 南極	명 남극
1741 □□□	せつりつ 設立	명 설립, 설치
1742 □□□	とどまる	동 머물다
1743 □□□	した み 下見	명 사전 답사, 예비 조사

1744 ☐☐☐

| 役目 | ★ | やくめ | 圏 임무, 역할 |

かくしゃいん　じぶん　やくめ　は　　はたら　　げんば
各社員が自分の**役目**を果たすことで働きやすい現場になる。
각 사원이 자신의 **임무**를 다함으로써 일하기 좋은 현장이 된다.

> 관련어 **役目を果たす** やくめをはたす 임무를 다하다

1745 ☐☐☐

| 務める | ★ | つとめる | 图 (역할을) 맡다 |

た　なか　　　かいしゃ　じんじ たんとう　つと
田中さんは会社で人事担当を**務めて**います。
다나카 씨는 회사에서 인사 담당을 맡고 있습니다.

1746 ☐☐☐

| 責任 | ★ | せきにん | 圏 책임 |

あた　　　し ごと　せきにん　も　　　　　　　のぞ
与えられた仕事は**責任**を持ってこなすことが望ましい。
주어진 일은 **책임**을 가지고 해내는 것이 바람직하다.

> 관련어 **無責任** むせきにん 圏 무책임

1747 ☐☐☐

| 組織 | ★ | そしき | 圏 조직 |

わ　しゃ　　えいぎょうほん ぶ　　　　　　いつ　　そ しき　く ぶん
我が社は営業本部をはじめ五つの**組織**で区分されている。
우리 회사는 영업 본부를 비롯하여 다섯 개의 **조직**으로 구분되어 있다.

[문형] 명사 + をはじめ ~를 비롯하여

1748 ☐☐☐

| 人事 | | じんじ | 圏 인사, 인재를 관리하는 일 |

ねんまつ　　じんじ い どう　　　　　　　わたし　き かく ぶ　　はい ち
年末の**人事**異動によって、私は企画部に配置された。
연말 **인사**이동에 의해, 나는 기획부에 배치되었다.

[문형] 명사 + によって ~에 의해

1749 ☐☐☐

| 警備 | ★ | けいび | 명 경비 |

かいしゃ　ほ あん　きょう か　　　　　けい び　　かた　　　え
会社の保安を強化するため警備を固めざるを得ない。
회사의 보안을 강화하기 위해 경비를 튼튼히 하지 않을 수 없다.

[문형] 동사 ない형 + ざるを得ない ~(하)지 않을 수 없다

1750 ☐☐☐

| 労働 | | ろうどう | 명 노동 |

いちにち　ろうどう じ かん　げんそく　じ かん　さだ
一日の労働時間は原則8時間と定められています。
하루 노동 시간은 원칙 8시간으로 정해져 있습니다.

1751 ☐☐☐

| 見習う | | みならう | 동 본받다 |

はやし　　しごと　たい　　しせい　こころがま　み なら
林さんの仕事に対する姿勢や心構えを見習いたい。
하야시 씨의 일에 대한 자세나 마음가짐을 본받고 싶다.

1752 ☐☐☐

| 研修 | | けんしゅう | 명 연수 |

ほんねん　しんにゅうしゃいん　けんしゅう　ふつ か　　　　　　おこな
本年の新入社員の研修は二日にわたって行われます。
올해 신입 사원의 연수는 이틀에 걸쳐 진행됩니다.

[문형] 명사 + にわたって ~에 걸쳐

1753 ☐☐☐

| 取引先 | | とりひきさき | 명 거래처 |

とりひきさき　　かい ぎ　　わ しゃ　ていあん　　　　　　ことわ
取引先との会議で我が社の提案はきっぱり断られた。
거래처와의 회의에서 우리 회사의 제안은 단호히 거절당했다.

1754 ☐☐☐

| 企画 | ★ | きかく | 명 기획 |

おも　　　　　　　　　　　　もと　き かく　しゅうせい
ふと思いついたアイデアを基に企画を修正した。
문득 떠오른 아이디어를 기반으로 기획을 수정했다.

관련어 企画書 きかくしょ 명 기획서

1755 ☐☐☐

見当　★　けんとう　　　圏 짐작, 예상

あの商品が売れない原因は大体見当がついている。
저 상품이 팔리지 않는 원인은 대충 짐작이 간다.

1756 ☐☐☐

損害　★　そんがい　　　圏 손해

今回の事故で会社は莫大な損害を受けるだろうと推測
される。　이번 사고로 회사는 막대한 손해를 받을 것이라고 추측된다.

1757 ☐☐☐

削除　★　さくじょ　　　圏 삭제

１年前のメールはとっくに削除されていて今更確認でき
ません。　1년 전의 이메일은 이미 삭제되어 있어서 이제 와서 확인할 수 없습니다.

1758 ☐☐☐

配置　★　はいち　　　圏 배치

私を除いて同期全員が営業部に配置された。
나를 제외하고 동기 전원이 영업부에 배치되었다.

[문형] 명사 + を除いて ~를 제외하고

1759 ☐☐☐

転勤　★　てんきん　　　圏 전근

来月、隣の国にある支社へ転勤することになった。
다음 달에, 이웃 나라에 있는 지사로 전근하게 되었다.

1760 ☐☐☐

議論　★　ぎろん　　　圏 의논, 논의

三日も議論した末に新サービスの方向性が決まった。
삼 일이나 의논한 끝에 새 서비스의 방향성이 정해졌다.

[문형] 동사 た형 + 末に ~(한) 끝에

1761 ☐☐☐

完了 ★ かんりょう 명 완료

資料の整理が完了してからでないと次の業務に進めない。
자료 정리가 완료되지 않으면 다음 업무를 진행할 수 없다.

[문형] 동사 て형 + からでないと ~(하)지 않으면

1762 ☐☐☐

果たす ★ はたす 동 완수하다, 다하다

公共施設の管理の仕事でリーダーの役割を果たした。
공공시설 관리 업무에서 리더의 역할을 완수했다.

1763 ☐☐☐

取り掛かる とりかかる 동 착수하다

次のプロジェクトに取り掛かる前に数日休みを取りたい。
다음 프로젝트에 착수하기 전에 며칠 휴가를 받고 싶다.

1764 ☐☐☐

目を通す めをとおす 훑어보다

上司は私が作成した書類に目を通して意見を言ってくれた。
상사는 내가 작성한 서류를 훑어보고서 의견을 말해 주었다.

1765 ☐☐☐

交代 ★ こうたい 명 교대

あと10分経つと夜勤の人と交代します。
앞으로 10분 지나면 야간 근무자와 교대합니다.

1766 ☐☐☐

残業 ★ ざんぎょう 명 잔업, 야근

残りの業務量を考えると残業するしかあるまい。
남은 업무량을 생각하면 잔업하는 수밖에 없다.

[문형] 동사 사전형 + しかあるまい ~(하)는 수밖에 없다

1767 ☐☐☐

| 命令 | ★ | めいれい | 명 명령 |

会社の命令に従って他の部署へ異動することになった。
회사의 명령에 따라 다른 부서로 이동하게 되었다.

[문형] 동사 사전형 + ことになる ~(하)게 되다

1768 ☐☐☐

| 指図 | ★ | さしず | 명 지시 |

先方の要求を聞いてから、交渉するよう上司から指図を
受けた。 상대편의 요구를 듣고 나서, 교섭하도록 상사로부터 지시를 받았다.

[문형] 동사 て형 + から ~(하)고 나서

1769 ☐☐☐

| 合同 | ★ | ごうどう | 명 합동 |

今月末からA社と合同で新製品を作ることになった。
이번 달 말부터 A사와 합동으로 신제품을 만들게 되었다.

1770 ☐☐☐

| 応対 | ★ | おうたい | 명 응대 |

客に不平を言われても焦らず笑顔で応対できるようにな
りたい。
고객에게 불평을 들어도 초조해하지 않고 웃는 얼굴로 응대할 수 있게 되고 싶다.

[문형] 동사 ない형 + ず ~(하)지 않고

1771 ☐☐☐

| 接待 | | せったい | 명 접대 |

取引先を接待するのが上手だと上司からほめ言葉を
もらった。 거래처를 접대하는 것이 능숙하다고 상사로부터 칭찬을 받았다.

1772 ☐☐☐

| 発信元 | ★ | はっしんもと | 명 발신원, 발신처 |

会社のメールアドレスに発信元が分からないメールが
届いていた。 회사 이메일 주소로 발신원을 알 수 없는 이메일이 도착해 있었다.

1773 ☐☐☐

| 打ち合わせる | うちあわせる | 동 협의하다, 상의하다 |

こうほう かん じぜん う あ とお すす
広報に関しては事前に打ち合わせた通りに進めます。
홍보에 관해서는 사전에 협의한 대로 진행하겠습니다.

[문형] 명사 + に関して ~에 관해서 / 동사 た형 + ~通りに ~(한) 대로

1774 ☐☐☐

| 済ます ★ | すます | 동 끝내다, 마치다 |

ちゅうしょく ほうこくしょ さくせい す
昼食はこの報告書の作成を済ましてからにします。
점심 식사는 이 보고서 작성을 끝내고 나서 하겠습니다.

[문형] 동사 て형 + からにする ~(하)고 나서 하다

1775 ☐☐☐

| 提示 | ていじ | 명 제시 |

はんばいすう へ じょうきょう かいぜん ほうほう
販売数が減っている状況を改善するための方法を
ていじ
提示した。 판매수가 감소하고 있는 상황을 개선하기 위한 방법을 제시했다.

1776 ☐☐☐

| 承知 ★ | しょうち | 명 이해, 승낙 |

しょうち うえ きかく すす
リスクを承知の上で、この企画を進めてみることにした。
위험을 이해한 뒤에, 이 기획을 진행해 보기로 했다.

[문형] 명사 の + 上で ~(한) 뒤에 / 동사 사전형 + ことにする ~(하)기로 하다

1777 ☐☐☐

| 即座 ★ | そくざ | 명 그 자리, 즉석 |

だいひょう かいしゃ ほうしん かん じゅうよう じこう そくざ けってい
代表は会社の方針に関する重要な事項を即座に決定した。
대표는 회사의 방침에 관한 중요한 사항을 그 자리에서 결정했다.

[문형] 명사 + に関する ~에 관한

1778 ☐☐☐

| 精算 ★ | せいさん | 명 정산 |

まいつき にち しょくいん きゅうよ せいさん めいさいしょ つく
毎月23日に職員たちの給与を精算し明細書を作ります。
매월 23일에 직원들의 급여를 정산하여 명세서를 만듭니다.

1779 ☐☐☐

削減　　　さくげん　　　명 삭감, 절감

しきんちょうたつ　きび　　　　　　　　せいさくひ　　　さくげん
資金調達が厳しいからせめて制作費だけでも削減しよう
おも
と思う。　자금 조달이 힘드니까 하다못해 제작비만이라도 삭감하려고 생각한다.

1780 ☐☐☐

腕前　　　うでまえ　　　명 솜씨, 기량

かれ　えいぎょう　うでまえ　すば　　　　しゅうい　　　ひょうばん
彼は営業の腕前が素晴らしいし、周囲からの評判もいい。
그는 영업 솜씨가 훌륭하고, 주위로부터 평판도 좋다.

1781 ☐☐☐

能率　　　のうりつ　　　명 능률

しごと　のうりつ　あ　　　　　ものごと　ゆうせんじゅんい　　　　ほう
仕事の能率を上げるには物事に優先順位をつけた方が
いい。　일의 능률을 높이기 위해서는 매사에 우선순위를 매기는 편이 좋다.

> 관련어 能率的だ のうりつてきだ [な형] 능률적이다

1782 ☐☐☐

差し支える　★　さしつかえる　　　동 지장이 있다

つぎ　しごと　さ　つか　　　　じぜんちょうさ　せいかく
次の仕事に差し支えるので事前調査は正確にするべきだ。
다음 일에 지장이 있기 때문에 사전 조사는 정확히 해야 한다.

1783 ☐☐☐

支障　　★　ししょう　　　명 지장

せいさく　じかん　　　　　　　はつばい　にってい　ししょう
サンプルの制作に時間がかかり、発売の日程に支障が
しょう
生じた。　샘플 제작에 시간이 걸려서, 발매 일정에 지장이 생겼다.

1784 ☐☐☐

不都合　　★　ふつごう　　　명 불편함, 곤란함, 난처함

まんいちせいひん　　　りよう　ふ　つごう　　　　　　きがる　　　れんらく
万一製品の利用に不都合があればお気軽にご連絡くだ
さい。　만일 제품 이용에 불편함이 있다면 편하게 연락해 주세요.

---

*<Day별 단어 퀴즈 PDF>를 활용하여 꼭 복습하세요.

완성 단어

1785	しゃない 社内	명 사내	1806	こころ 試みる	동 시도해 보다, 시험해 보다
1786	ぶしょ 部署	명 부서	1807	みあ 見合わせる	동 보류하다, 대조하다
1787	かいしゃがえ 会社帰り	명 퇴근길	1808	きょうどう 共同	명 공동
1788	じかんない 時間内	명 시간 내	1809	けいやく 契約	명 계약
1789	じかんかんり 時間管理	명 시간 관리	1810	しょうだん 商談	명 상담, 상업상의 대화
1790	きゅうよう 急用	명 급한 일, 급한 용무	1811	ていけい 提携	명 제휴
1791	ちょうせい 調整	명 조정	1812	うけたまわ 承る	동 삼가 듣다, 삼가 받다 (겸양어)
1792	こうむ 公務	명 공무	1813	めいぼ 名簿	명 명부, 명단
1793	ざつむ 雑務	명 잡무	1814	か 欠ける	동 부족하다
1794	しさつ 視察	명 시찰	1815	みお 見落とす	동 간과하다, 못 보고 넘어가다
1795	がいぶかつどう 外部活動	명 외부 활동	1816	さんざんだ	な형 결과나 상태가 매우 나쁘다
1796	ざいたく 在宅	명 재택, 집에 있음	1817	そん 損する	동 손해 보다
1797	かろう 過労	명 과로	1818	なんこう 難航	명 난항
1798	てじゅん 手順	명 순서	1819	はいじょ 排除	명 배제
1799	げんしゅ 厳守	명 엄수	1820	ようりょう 要領	명 요령
1800	ひととお 一通り	명 대강, 얼추	1821	め お目にかける	보여드리다 (겸양어)
1801	いってい 一定	명 일정	1822	すいしんりょく 推進力	명 추진력
1802	てきぱき	부 능숙하게, 척척	1823	せいか 成果	명 성과
1803	かくだんに 格段に	현격히	1824	じっせき 実績	명 실적
1804	はかどる	동 일이 순조롭게 진척되다	1825	ほうしゅう 報酬	명 보수, 대가
1805	はか 図る	동 도모하다, 꾀하다	1826	しょうさん 賞賛	명 칭찬, 상찬

1827 ☐☐☐

就活	しゅうかつ	명 구직 활동

<ruby>今<rt>いま</rt></ruby>の<ruby>会社<rt>かいしゃ</rt></ruby>を<ruby>退職<rt>たいしょく</rt></ruby>してから<ruby>地元<rt>じもと</rt></ruby>に<ruby>戻<rt>もど</rt></ruby>って<ruby>就活<rt>しゅうかつ</rt></ruby>しようと<ruby>思<rt>おも</rt></ruby>う。
지금의 회사를 퇴직하고 나서 고향에 돌아가 구직 활동하려고 생각한다.

[문형] 동사 て형 + から ~(하)고 나서

1828 ☐☐☐

就業	しゅうぎょう	명 취업

<ruby>就業<rt>しゅうぎょう</rt></ruby>を<ruby>希望<rt>きぼう</rt></ruby>する<ruby>高校生<rt>こうこうせい</rt></ruby>を<ruby>対象<rt>たいしょう</rt></ruby>にセミナーが<ruby>開<rt>ひら</rt></ruby>かれた。
취업을 희망하는 고등학생을 대상으로 세미나가 열렸다.

1829 ☐☐☐

就任	しゅうにん	명 취임

<ruby>彼女<rt>かのじょ</rt></ruby>は<ruby>今回<rt>こんかい</rt></ruby>、<ruby>店長<rt>てんちょう</rt></ruby>に<ruby>就任<rt>しゅうにん</rt></ruby>することになった。
그녀는 이번에, 점장으로 취임하게 되었다.

[문형] 동사 사전형 + ことになる ~(하)게 되다

1830 ☐☐☐

就く	つく	동 종사하다, 취임하다

<ruby>自分<rt>じぶん</rt></ruby>の<ruby>特技<rt>とくぎ</rt></ruby>が<ruby>生<rt>い</rt></ruby>かせる<ruby>職務<rt>しょくむ</rt></ruby>に<ruby>就<rt>つ</rt></ruby>きたいと<ruby>思<rt>おも</rt></ruby>います。
자신의 특기를 살릴 수 있는 직무에 종사하고 싶다고 생각합니다.

1831 ☐☐☐

求人	★ きゅうじん	명 구인

パートを10<ruby>人<rt>にん</rt></ruby><ruby>募集<rt>ぼしゅう</rt></ruby>するという<ruby>求人広告<rt>きゅうじんこうこく</rt></ruby>を<ruby>見<rt>み</rt></ruby>た。
파트타이머를 10명 모집한다는 구인 광고를 봤다.

1832 ☐☐☐

| 勧誘 | ★ | かんゆう | 명 권유 |

知人に、うちのカフェで働かないかと勧誘され即座に受け
入れた。 지인에게, 우리 카페에서 일하지 않겠냐고 권유받아 그 자리에서 받아들였다.

1833 ☐☐☐

| 相応しい | ★ | ふさわしい | い형 어울리다 |

面接を受けるにあたり、相応しい服装から準備しようと思う。
면접을 봄에 앞서, 어울리는 복장부터 준비하려고 생각한다.

[문형] 동사 사전형 + にあたり ~(함)에 앞서

1834 ☐☐☐

| 雇う | ★ | やとう | 동 고용하다 |

代表は彼を企業内の弁護士として雇うことにした。
대표는 그를 기업 내 변호사로서 고용하기로 했다.

[문형] 명사 + として ~로서 / 동사 사전형 + ことにする ~(하)기로 하다

1835 ☐☐☐

| 求める | | もとめる | 동 구하다, 요구하다, 구입하다 |

我が社ではIT業界のトレンドに詳しい人を求めています。
우리 회사에서는 IT업계 트렌드에 정통한 사람을 구하고 있습니다.

1836 ☐☐☐

| 任せる | ★ | まかせる | 동 맡기다 |

A社は公式SNSアカウントの運営が任せられる人を探し
ている。 A사는 공식 SNS 계정 운영을 맡길 수 있는 사람을 찾고 있다.

1837 ☐☐☐

| 採用 | | さいよう | 명 채용 |

我が社は今年、新入社員を20名以上採用するそうだ。
우리 회사는 올해, 신입 사원을 20명 이상 채용한다고 한다.

1838 ☐☐☐

| 働き手 | ★ | はたらきて | 명 일손, 일꾼 |

このおもちゃ屋は大きいわりに働き手が少ないです。
이 장난감 가게는 큰 것에 비해 일손이 적습니다.

[문형] い형용사 보통형 + わりに ~에 비해

1839 ☐☐☐

| 補助 | | ほじょ | 명 보조 |

農業技術の普及を支援する会社で事務補助の仕事をしている。 농업 기술의 보급을 지원하는 회사에서 사무 보조 일을 하고 있다.

1840 ☐☐☐

| 日中 | ★ | にっちゅう | 명 낮, 주간 |

市内で平日の日中にできるバイトはありませんか。
시내에서 평일 낮에 할 수 있는 아르바이트는 없습니까?

1841 ☐☐☐

| 長期 | | ちょうき | 명 장기, 긴 기간 |

明日から、就職して初めての長期出張に行きます。
내일부터, 취직하고 첫 장기 출장을 갑니다.

1842 ☐☐☐

| 給与 | | きゅうよ | 명 급여 |

この会社の営業職の給与は他の企業よりも高いらしい。
이 회사의 영업직의 급여는 다른 기업보다도 높다고 한다.

1843 ☐☐☐

| 即日払い | | そくじつばらい | 명 (보수를) 당일 지급 |

急遽お金が必要になって即日払いの仕事に応募した。
갑작스레 돈이 필요하게 되어서 보수를 당일 지급하는 일에 응모했다.

해커스 JLPT 기출 단어장 N2

1844 ☐☐☐

| およそ ★ | - | 🟦 약, 대략 |

こ とし しゅうしょくはくらんかい にん きゅうしょくしゃ おとず
今年の就職博覧会はおよそ2000人の求職者が訪れた
そうだ。 올해 취직 박람회는 약 2000명의 구직자가 방문했다고 한다.

1845 ☐☐☐

| 再三 ★ | さいさん | 🟩 두세 번, 재삼, 여러 번 |

せんぱい さいさんちゅうこく う
先輩から再三忠告を受けたにもかかわらずまたミスをした。
선배로부터 두세 번 충고를 받았음에도 불구하고 또 실수를 했다.

[문형] 동사 보통형 + にもかかわらず ~에도 불구하고

1846 ☐☐☐

| 着々 ★ | ちゃくちゃく | 🟦 착착, 척척 |

かのじょ ごうどうめんせつかい さん か ちゃくちゃく じゅん び
彼女は合同面接会に参加するため着々と準備している。
그녀는 합동 면접회에 참가하기 위해 착착 준비하고 있다.

1847 ☐☐☐

| 当分 ★ | とうぶん | 🟩 당분간 |

たいしょく とうぶんやす しごと さが おも
退職したばかりなので当分休んでから仕事を探そうと思い
ます。 퇴직한 지 얼마 되지 않았기 때문에 당분간 쉬고 나서 일을 찾아보려고 합니다.

1848 ☐☐☐

| 積む ★ | つむ | 🟩 (물건, 경험을) 쌓다 |

つ かんたん てんしょく
キャリアを積んできたおかげで、簡単に転職できた。
경력을 쌓아 온 덕분에, 간단하게 이직할 수 있었다.

[문형] 동사 た형 + おかげで ~덕분에

1849 ☐☐☐

| 作成 ★ | さくせい | 🟩 작성 |

さくせい ほうこくしょ けつろん だ とう してき
作成した報告書の結論が妥当ではないと指摘された。
작성한 보고서의 결론이 타당하지 않다고 지적받았다.

1850 ☐☐☐

| 書き直す | かきなおす | 동 고쳐 쓰다, 다시 쓰다 |

<ruby>作成<rt>さくせい</rt></ruby>した<ruby>履歴書<rt>りれきしょ</rt></ruby>に<ruby>誤字<rt>ごじ</rt></ruby>があって<ruby>書き直<rt>かきなお</rt></ruby>した。
작성한 이력서에 오자가 있어 고쳐 썼다.

1851 ☐☐☐

| 改める | ★ | あらためる | 동 고치다 |

<ruby>履歴書<rt>りれきしょ</rt></ruby>の<ruby>志望動機<rt>しぼうどうき</rt></ruby>の<ruby>内容<rt>ないよう</rt></ruby>を<ruby>改<rt>あらた</rt></ruby>める<ruby>必要<rt>ひつよう</rt></ruby>があると<ruby>思<rt>おも</rt></ruby>う。
이력서의 지망 동기 내용을 고칠 필요가 있다고 생각한다.

1852 ☐☐☐

| 価値観 | かちかん | 명 가치관 |

<ruby>就活<rt>しゅうかつ</rt></ruby>の<ruby>前<rt>まえ</rt></ruby>に<ruby>仕事<rt>しごと</rt></ruby>に<ruby>対<rt>たい</rt></ruby>する<ruby>価値観<rt>かちかん</rt></ruby>をはっきりさせるべきだ。
구직 활동 전에 일에 대한 가치관을 확실히 해야 한다.

[문형] 명사 + に対する ~에 대한 / 동사 사전형 + べきだ ~(해)야 한다

1853 ☐☐☐

| 方針 | ★ | ほうしん | 명 방침 |

<ruby>本社<rt>ほんしゃ</rt></ruby>の<ruby>採用方針<rt>さいようほうしん</rt></ruby>はホームページにてご<ruby>確認<rt>かくにん</rt></ruby>ください。
본사의 채용 방침은 홈페이지에서 확인해 주세요.

1854 ☐☐☐

| 差別 | さべつ | 명 차별 |

<ruby>人材採用<rt>じんざいさいよう</rt></ruby>において<ruby>差別<rt>さべつ</rt></ruby>はあってはならない。
인재 채용에 있어서 차별은 있어서는 안 된다.

[문형] 명사 + において ~에 있어서

1855 ☐☐☐

| 失敗 | ★ | しっぱい | 명 실패 |

<ruby>面接<rt>めんせつ</rt></ruby>で<ruby>一回失敗<rt>いっかいしっぱい</rt></ruby>したからといってそんなにへこまなくてもいい。 면접에서 한 번 실패했다고 해서 그렇게 기죽지 않아도 된다.

[문형] 동사 보통형 + からといって ~(라)고 해서

1856 ☐☐☐

焦る ★ あせる

동 조급하게 굴다, 초조해하다

しゅうしょく みち けわ あせ まえむ いど い
就職への道のりが険しくても焦らず前向きに挑んで行こう。

취직으로의 길이 험난하더라도 조급하게 굴지 말고 긍정적으로 도전해 가자.

[문형] 동사 ない형 + ず ~(하)지 말고

1857 ☐☐☐

落ち込む ★ おちこむ

동 침울해지다, 의기소침하다, 떨어지다

かれ めんせつ お おこ つぎ めんせつ じゅんび
彼は面接に落ちたが、落ち込むことなく次の面接を準備
している。 그는 면접에 떨어졌지만, 침울해지지 않고 다음 면접을 준비하고 있다.

[문형] 동사 사전형 + ことなく ~(하)지 않고

1858 ☐☐☐

悩む ★ なやむ

동 고민하다, 괴로워하다

しごとないよう きんむち とお なや
仕事内容はいいが勤務地が遠くてエントリーするか悩んで
いる。 업무 내용은 좋지만, 근무지가 멀어서 지원할지 고민하고 있다.

1859 ☐☐☐

増大 ぞうだい

명 증대

じぎょう かくだい はいたついん じゅよう ぞうだい
デリバリー事業の拡大により配達員の需要が増大している。

배달 사업의 확대에 의해 배달원의 수요가 증대되고 있다.

[문형] 명사 + により ~에 의해

1860 ☐☐☐

支持 ★ しじ

명 지지

わ しゃ しんそつしゃ もっと しじ きぎょう えら
我が社は新卒者から最も支持される企業に選ばれた。

우리 회사는 신규 졸업자로부터 가장 지지받는 기업으로 뽑혔다.

1861 ☐☐☐

辞退 ★ じたい

명 사퇴

かんが ないてい じたい
よく考えたあげく、内定を辞退することにしました。

잘 생각한 끝에, 내부적으로 채용 결정된 것을 사퇴하기로 했습니다.

[문형] 동사 た형 + あげく ~(한) 끝에

1862 ☐☐☐

転職	てんしょく	閔 이직

きん む ち じ たく ちか かいしゃ てんしょく
勤務地が自宅から近い会社に転職するつもりだ。
근무지가 자택에서 가까운 회사에 이직할 계획이다.

1863 ☐☐☐

属する ★	ぞくする	閔 속하다

あね きょねん ゆうめい き ぎょう ぞく けんきゅうじょ はたら
姉は去年まで有名な企業に属する研究所で働いていた。
언니는 작년까지 유명한 기업에 속한 연구소에서 일하고 있었다.

1864 ☐☐☐

当社	とうしゃ	閔 당사, 우리 회사

とうしゃ けいえいほうしん かん きょういく おこな
これから当社の経営方針に関する教育を行います。
이제부터 당사의 경영 방침에 관한 교육을 시행하겠습니다.

[문형] 명사 + に関する ~에 관한

1865 ☐☐☐

職場	しょくば	閔 직장

いま す かし や とお まちなか しょく ば
今住んでいる貸家からそう遠くない町中に職場がある。
지금 살고 있는 셋집에서 그렇게 멀지 않은 시가지에 직장이 있다.

1866 ☐☐☐

企業	きぎょう	閔 기업

にゅうしゃ き ぎょう ごうどうせつめいかい さん か き い
入社したい企業が合同説明会に参加すると聞いて行っ
てみた。 입사하고 싶은 기업이 합동 설명회에 참가한다고 들어서 가 보았다.

1867 ☐☐☐

名刺	めいし	閔 명함

だいいち し ぼう き ぎょう せつめいかい たんとうしゃ かた めい し
第一志望の企業の説明会で担当者の方から名刺をいた
だいた。 제1 지망 기업의 설명회에서 담당자분으로부터 명함을 받았다.

*<Day별 단어 퀴즈 PDF>를 활용하여 꼭 복습하세요.

완성 단어

1868 ☐☐☐	ぎょうかい 業界	명 업계
1869 ☐☐☐	うんえい 運営	명 운영
1870 ☐☐☐	ほんしゃ 本社	명 본사
1871 ☐☐☐	き しゃ 貴社	명 귀사, 상대의 회사
1872 ☐☐☐	しょうしゃ 商社	명 상사, 무역 상사
1873 ☐☐☐	こ よう 雇用	명 고용
1874 ☐☐☐	おうそうだん 応相談	명 상담 가능, 상담에 응함
1875 ☐☐☐	おく こ 送り込む	동 보내다, 파견하다
1876 ☐☐☐	お 押さえる	동 파악하다, 꾹 누르다
1877 ☐☐☐	もう 申す	동 말씀드리다 (겸양어)
1878 ☐☐☐	はいけん 拝見	명 봄(겸양어)
1879 ☐☐☐	ちょうだい 頂戴	명 받음(겸양어)
1880 ☐☐☐	こころざ 志す	동 뜻을 세우다, 지향하다
1881 ☐☐☐	げっきゅう 月給	명 월급
1882 ☐☐☐	じ かんこうたいせい 時間交代制	명 시간 교대제
1883 ☐☐☐	じ かん こ ていせい 時間固定制	명 시간 고정제
1884 ☐☐☐	この 好ましい	い형 마음에 들다, 바람직하다
1885 ☐☐☐	きょ か 許可	명 허가
1886 ☐☐☐	ゆう き 勇気	명 용기
1887 ☐☐☐	じょうねつ 情熱	명 정열
1888 ☐☐☐	とく ぎ 特技	명 특기

1889 ☐☐☐	ゆうのう 有能だ	な형 유능하다
1890 ☐☐☐	かんじん 肝心だ	な형 가장 중요하다
1891 ☐☐☐	よ かん 予感	명 예감
1892 ☐☐☐	じっかん 実感	명 실감
1893 ☐☐☐	こころがま 心構え	명 마음의 준비, 각오, 마음가짐
1894 ☐☐☐	と まど 戸惑う	동 당황하다, 망설이다
1895 ☐☐☐	しん さ 審査	명 심사
1896 ☐☐☐	たい き 待機	명 대기
1897 ☐☐☐	お 負う	동 짊어지다, 떠맡다, 힘입다
1898 ☐☐☐	てきおう 適応	명 적응
1899 ☐☐☐	どうりょう 同僚	명 동료
1900 ☐☐☐	たいぐう 待遇	명 대우, 처우
1901 ☐☐☐	ほ りゅう 保留	명 보류
1902 ☐☐☐	じったい 実態	명 실태
1903 ☐☐☐	しみじみ	부 절실히, 진실로, 곰곰이
1904 ☐☐☐	そわそわ	부 안절부절
1905 ☐☐☐	どうしても	부 아무리 해도, 꼭
1906 ☐☐☐	さいわ 幸い	명 행복 부 다행히
1907 ☐☐☐	こんなん 困難だ	な형 곤란하다
1908 ☐☐☐	ちゅう と 中途	명 중도
1909 ☐☐☐	まして	부 하물며, 더구나

MP3 바로 듣기

1910 ☐☐☐

身分 | **みぶん** | 명 신분

き しゃかいけん　かいじょう　はい　まえ　み ぶん　かくにん　おこな
記者会見の会場に入る前に**身分**の確認が行われた。
기자 회견 회장에 들어가기 전에 신분 확인이 진행되었다.

> 관련어 **身分証** みぶんしょう 명 신분증

1911 ☐☐☐

身元 | **みもと** | 명 신원

じゅけん じ　がくせいしょう　み もと　わ　　　　じ さん
受験時は学生証など**身元**が分かるものをご持参ください。
수험 시에는 학생증 등 신원을 알 수 있는 것을 지참해 주세요.

1912 ☐☐☐

地位 | **ちい** | 명 지위

ぶ ちょう　　　ち い　あ　　　　せきにん　おも
部長という**地位**に上がってから責任が重くなった。
부장이라는 지위에 오르고 나서 책임이 무거워졌다.

[문형] 동사 て형 + から ~(하)고 나서

1913 ☐☐☐

目上 ★ | **めうえ** | 명 (나이, 지위가) 위

め うえ　ひと　　　けいご　つか
目上の人には敬語を使わなければならない。
윗사람에게는 경어를 써야 한다.

[문형] 동사 ない형 + なければならない ~(해)야 한다

1914 ☐☐☐

老人 ★ | **ろうじん** | 명 노인

しゅう　いっかい　ろうじん　　　　　ほう し かつどう
週に一回は**老人**ホームで奉仕活動をしています。
주에 한 번은 노인 요양원에서 봉사 활동을 하고 있습니다.

1915 ☐☐☐

| 中高年 | ちゅうこうねん | 명 중년과 노년 |

この歴史(れきし)ドラマは中高年(ちゅうこうねん)の間(あいだ)で人気(にんき)だそうです。
이 역사 드라마는 중년과 노년 사이에서 인기라고 합니다.

1916 ☐☐☐

| 年配の人 | ねんぱいのひと | 나이 많은 사람, 나이 든 사람 |

同(おな)い年(どし)くらいかと思(おも)ったら、私(わたし)より年配(ねんぱい)の人(ひと)だった。
같은 나이 정도인가 했더니, 나보다 나이 많은 사람이었다.

1917 ☐☐☐

| 人手 | ひとで | 명 일손 |

警備業界(けいびぎょうかい)が人手不足(ひとでぶそく)とは言(い)うものの解決法(かいけつほう)がないわけではない。 경비 업계가 일손 부족이라고는 하지만 해결법이 없는 것은 아니다.

[문형] 명사 + とは言うものの ~라고는 하지만
/ い형용사 보통형 + わけではない ~은 아니다

1918 ☐☐☐

| 社会人 | しゃかいじん | 명 사회인 |

社会人(しゃかいじん)として与(あた)えられた役割(やくわり)や責任(せきにん)を果(は)たすべきだ。
사회인으로서 주어진 역할과 책임을 완수해야 한다.

[문형] 명사 + として ~로서 / 동사 사전형 + べきだ ~(해)야 한다

1919 ☐☐☐

| 社会性 | しゃかいせい | 명 사회성 |

社会性(しゃかいせい)を身(み)につけるため、様々(さまざま)な人(ひと)に出会(であ)うようにしている。 사회성을 몸에 익히기 위해, 다양한 사람을 만나도록 하고 있다.

[문형] 동사 사전형 + ようにする ~(하)도록 하다

1920 ☐☐☐

| 職員 ★ | しょくいん | 명 직원 |

今回(こんかい)は求人(きゅうじん)サイトを通(とお)して職員(しょくいん)を募集(ぼしゅう)することにした。
이번에는 구인 사이트를 통해서 직원을 모집하기로 했다.

[문형] 명사 + を通して ~를 통해 / 동사 사전형 + ことにする ~(하)기로 하다

1921 ☐☐☐

社員　　しゃいん　　명 사원

えいぎょう か うでまえ すぐ しゃいんたち あつ
営業１課は腕前が優れた社員達が集まっています。
영업 1과는 기량이 뛰어난 **사원**들이 모여 있습니다.

1922 ☐☐☐

上司　　じょうし　　명 상사

じょうし さしず したが ほうこくしょ ないよう いちぶ さくじょ
上司の指図に従って報告書の内容の一部を削除した。
상사의 지시에 따라 보고서 내용의 일부를 삭제했다.

1923 ☐☐☐

部下　　ぶか　　명 부하

ぶか きかく ぜったい せいこう かくご き
部下はこの企画を絶対に成功させると覚悟を決めた
そうだ。 부하는 이 기획을 절대로 성공시키겠다고 각오를 다졌다고 한다.

1924 ☐☐☐

代表　　だいひょう　　명 대표

かれ にほんだいひょう えら しゅしょう にな
彼は日本代表に選ばれ、さらには主将を担うことになった。
그는 일본 **대표**로 뽑히고, 게다가 주장을 맡게 되었다.

[문형] 동사 사전형 + ことになる ~(하)게 되다

1925 ☐☐☐

役人　　やくにん　　명 공무원

やくにん ひとびと く じょう おうたい し ごと
その役人は人々の苦情に応対する仕事をしている。
그 공무원은 사람들의 클레임에 응대하는 일을 하고 있다.

1926 ☐☐☐

経理　　けいり　　명 경리

たかはし わ しゃ けいり つと ことし ねんめ
高橋さんが我が社の経理を務めて今年で５年目になる。
다카하시 씨가 우리 회사의 **경리**를 맡은 지 올해로 5년째가 된다.

1927 □□□

大家	おおや	명 집주인

大家さんに来月から家賃を上げると言われた。
집주인으로부터 다음 달부터 집세를 올린다고 들었다.

1928 □□□

顧客	こきゃく	명 고객

顧客のニーズにお応えできるよう努力しております。
고객의 요구에 부응할 수 있도록 노력하고 있습니다.

1929 □□□

俳優	はいゆう	명 배우

最近人気のあの俳優は今回の映画で主演を任せられた。
최근 인기인 그 배우는 이번 영화에서 주연을 맡았다.

1930 □□□

監督	かんとく	명 감독(님)

監督の言ったとおりに撮影のスケジュールを調整しました。
감독님이 말한 대로 촬영 스케줄을 조정했습니다.

[문형] 동사 た형 + とおりに ~(한) 대로

1931 □□□

牧師	ぼくし	명 목사

牧師は他人を愛することについて説教を始めた。
목사는 타인을 사랑하는 것에 대해서 설교를 시작했다.

1932 □□□

講師	★ こうし	명 강사

この塾の数学講師は教えるのがうまいそうだ。
이 학원의 수학 강사는 가르치는 것을 잘한다고 한다.

1933 ☐☐☐

弟子	でし	명 제자

<ruby>経験<rt>けいけん</rt></ruby>と<ruby>知識<rt>ちしき</rt></ruby>を<ruby>積<rt>つ</rt></ruby>んで<ruby>社会<rt>しゃかい</rt></ruby>に<ruby>出<rt>で</rt></ruby>る<ruby>弟子達<rt>でしたち</rt></ruby>に<ruby>応援<rt>おうえん</rt></ruby>の<ruby>言葉<rt>ことば</rt></ruby>を<ruby>送<rt>おく</rt></ruby>りたい。 경험과 지식을 쌓아 사회로 나가는 제자들에게 응원의 말을 보내고 싶다.

1934 ☐☐☐

修士	しゅうし	명 석사

<ruby>森<rt>もり</rt></ruby>さんは<ruby>先週<rt>せんしゅう</rt></ruby>から<ruby>修士論文<rt>しゅうしろんぶん</rt></ruby>の<ruby>作成<rt>さくせい</rt></ruby>に<ruby>取<rt>と</rt></ruby>り<ruby>掛<rt>か</rt></ruby>かったそうだ。
모리 씨는 지난주부터 석사 논문 작성에 착수했다고 한다.

1935 ☐☐☐

素人	しろうと	명 초보자, 풋내기

<ruby>私<rt>わたし</rt></ruby>はピアノを<ruby>始<rt>はじ</rt></ruby>めて<ruby>間<rt>ま</rt></ruby>もない<ruby>素人<rt>しろうと</rt></ruby>なのでミスしがちです。
저는 피아노를 시작한 지 얼마 안 된 초보자라서 실수하기 일쑤입니다.

[문형] 동사 ます형 + がちだ ~(하)기 일쑤이다

1936 ☐☐☐

助手	じょしゅ	명 조수

かばんを<ruby>作<rt>つく</rt></ruby>る<ruby>職人<rt>しょくにん</rt></ruby>の<ruby>助手<rt>じょしゅ</rt></ruby>として<ruby>働<rt>はたら</rt></ruby>いてもう５<ruby>年<rt>ねん</rt></ruby>も<ruby>経<rt>た</rt></ruby>った。
가방을 만드는 장인의 조수로서 일한 지 벌써 5년이나 지났다.

1937 ☐☐☐

職人 ★	しょくにん	명 장인, 기술자

あの<ruby>時計職人<rt>とけいしょくにん</rt></ruby>は<ruby>腕<rt>うで</rt></ruby>がいいから、<ruby>誰<rt>だれ</rt></ruby>もが<ruby>彼<rt>かれ</rt></ruby>の<ruby>時計<rt>とけい</rt></ruby>を<ruby>欲<rt>ほ</rt></ruby>しがっている。 저 시계 장인은 솜씨가 좋으니까, 누구나 그의 시계를 갖고 싶어 한다.

1938 ☐☐☐

候補 ★	こうほ	명 후보

<ruby>今年<rt>ことし</rt></ruby>の<ruby>学生会長<rt>がくせいかいちょう</rt></ruby>の<ruby>候補<rt>こうほ</rt></ruby>は<ruby>全部<rt>ぜんぶ</rt></ruby>で５<ruby>人<rt>にん</rt></ruby>だ。
올해의 학생회장 후보는 전부 해서 5명이다.

1939 ☐☐☐

委員　　　　いいん　　　　명 위원

クラスで評判が良い彼はクラス委員に選ばれた。
학급에서 평판이 좋은 그는 학급 위원으로 뽑혔다.

관련어 **委員会** いいんかい 명 위원회

1940 ☐☐☐

検事　　　　けんじ　　　　명 검사

検事は公判の準備のために事件の資料に目を通した。
검사는 공판 준비를 위해 사건 자료를 훑어보았다.

1941 ☐☐☐

大臣　　　　だいじん　　　　명 장관, 대신

あの大臣は国会で国家保安に関して議論すると言った。
그 장관은 국회에서 국가 보안에 관하여 논의할 것이라고 말했다.

[문형] 명사 + に関して ~에 관하여

1942 ☐☐☐

外相　　　　がいしょう　　　　명 외무 장관

７か国の外相が参加する会議がドイツで行われる。
7개국의 외무 장관이 참가하는 회의가 독일에서 진행된다.

1943 ☐☐☐

首脳　　　　しゅのう　　　　명 정상, 수뇌

今日は各国の首脳が集まる日であるだけに警備が厳重だ。
오늘은 각국의 정상이 모이는 날인 만큼 경비가 엄중하다.

[문형] 명사 である + だけに ~인 만큼

1944 ☐☐☐

引退　　★　　いんたい　　　　명 은퇴

あの有名なサッカー選手の突然の引退に驚いた人も多
いだろう。 그 유명한 축구 선수의 갑작스러운 은퇴에 놀란 사람도 많을 것이다.

1945 ☐☐☐

| 出世 | ★ | しゅっせ | 명 출세 |

鈴木さんの意志や努力からして彼は出世するに違いない。
스즈키 씨의 의지나 노력으로 보아 그는 출세할 것임에 틀림없다.

[문형] 명사 + からして ~으로 보아 / 동사 보통형 + に違いない ~(임)에 틀림없다

1946 ☐☐☐

| 偉い | ★ | えらい | い형 대단하다, 훌륭하다 |

その会議では会社の偉い人たちが集まって経営方針を
話し合った。
그 회의에서는 회사의 대단한 사람들이 모여서 경영 방침을 이야기했다.

1947 ☐☐☐

| 貢献 | | こうけん | 명 공헌 |

あのラグビー選手は人材育成にも貢献してきた。
저 럭비 선수는 인재 육성에도 공헌해 왔다.

1948 ☐☐☐

| 即位 | | そくい | 명 즉위 |

エリザベス2世は、1952年に即位したイギリスの女王で
ある。 엘리자베스 2세는, 1952년에 즉위한 영국의 여왕이다.

1949 ☐☐☐

| 所属 | | しょぞく | 명 소속 |

兄は自分が卒業した大学に教授として所属している。
형은 자신이 졸업한 대학에 교수로서 소속되어 있다.

1950 ☐☐☐

| 目指す | ★ | めざす | 동 목표로 하다 |

先生になることを目指して勉強を頑張っています。
선생님이 되는 것을 목표로 하여 공부를 힘내고 있습니다.

*<Day별 단어 퀴즈 PDF>를 활용하여 꼭 복습하세요.

완성 단어

1951 ☐☐☐	じこ 自己	명 자기		1972 ☐☐☐	じょれつ 序列	명 서열, 순서
1952 ☐☐☐	よめ 嫁	명 며느리, 신부		1973 ☐☐☐	ひんぷ 貧富	명 빈부
1953 ☐☐☐	ぶいん 部員	명 부원, 멤버		1974 ☐☐☐	せいしき 正式だ	な형 정식이다
1954 ☐☐☐	てんしゅ 店主	명 점주, 가게 주인		1975 ☐☐☐	おうじょ 王女	명 왕녀, 공주
1955 ☐☐☐	ぎし 技師	명 기사, 엔지니어		1976 ☐☐☐	こくおう 国王	명 국왕
1956 ☐☐☐	しゃしょう 車掌	명 차장, 승무원		1977 ☐☐☐	しちょう 市長	명 시장, 시의 책임자
1957 ☐☐☐	わこうど 若人	명 젊은이, 청년		1978 ☐☐☐	ちじ 知事	명 자치단체장, 지사
1958 ☐☐☐	がくしゃ 学者	명 학자		1979 ☐☐☐	ぎいん 議員	명 의원
1959 ☐☐☐	きょういん 教員	명 교원, 교사		1980 ☐☐☐	ちょうかん 長官	명 장관
1960 ☐☐☐	きょうじゅ 教授	명 교수		1981 ☐☐☐	りょうじ 領事	명 영사관
1961 ☐☐☐	はかせ 博士	명 박사		1982 ☐☐☐	かくりょう 閣僚	명 각료
1962 ☐☐☐	くろうと 玄人	명 전문가, 숙련자		1983 ☐☐☐	そうりだいじん 総理大臣	명 총리대신
1963 ☐☐☐	やくしゃ 役者	명 배우, 연기인		1984 ☐☐☐	だいとうりょう 大統領	명 대통령
1964 ☐☐☐	しんじん 新人	명 신인		1985 ☐☐☐	はんじ 判事	명 판사
1965 ☐☐☐	しんそつ 新卒	명 신규 졸업자		1986 ☐☐☐	けいさつ 警察	명 경찰
1966 ☐☐☐	しょうしん 昇進	명 승진		1987 ☐☐☐	へいたい 兵隊	명 군대
1967 ☐☐☐	じゅうやく 重役	명 중역, (회사의) 임원		1988 ☐☐☐	たずさ 携わる	동 (어떤 일에) 관여하다, 종사하다
1968 ☐☐☐	とりしまりやく 取締役	명 이사, 중역		1989 ☐☐☐	たさ 立ち去る	동 떠나다, 물러가다
1969 ☐☐☐	りじかい 理事会	명 이사회		1990 ☐☐☐	てんしょく 天職	명 천직
1970 ☐☐☐	せんぽう 先方	명 상대방, 상대편, 앞쪽		1991 ☐☐☐	たいしょく 退職	명 퇴직
1971 ☐☐☐	かたが 肩書き	명 직함, 지위, 신분		1992 ☐☐☐	さすが	부 과연, 역시

1993 ☐☐☐

| 日当たり ★ | ひあたり | 명 양지, 볕이 듦 |

クラスの美化委員が植木鉢を日当たりのいい場所に運んだ。
학급의 미화 위원이 화분을 양지바른 장소로 옮겼다.

1994 ☐☐☐

| 暮れ | くれ | 명 저묾, 해 질 녘 |

冬になって、日中も寒くなり日の暮れが早まった。
겨울이 되어, 낮도 추워지고 해가 저무는 것이 빨라졌다.

1995 ☐☐☐

| 夜明け | よあけ | 명 새벽 |

夜明けから空が灰色の雲に覆われているから雨が降るかも。
새벽부터 하늘이 회색 구름으로 덮여 있으니까 비가 올지도 몰라.

[문형] 동사 보통형 + かも(しれない) ~(할)지도 모른다

1996 ☐☐☐

| 湖 ★ | みずうみ | 명 호수 |

ヨーロッパ諸国の有名な 湖 を見に行きたいです。
유럽 여러 나라의 유명한 호수를 보러 가고 싶습니다.

1997 ☐☐☐

| 頂上 ★ | ちょうじょう | 명 정상 |

焦らずにのんびり山を登ったら、いつの間にか頂上に行き
着いていた。
조급하게 굴지 않고 천천히 산을 올랐더니, 어느새인가 정상에 다다라 있었다.

[문형] 동사 ない형 + ずに ~(하)지 않고

1998 ☐☐☐

ふもと ★ -

명 산기슭

山はふもとまで紅葉に染まっていてとてもきれいでした。
산은 산기슭까지 단풍으로 물들어 있어 매우 아름다웠습니다.

1999 ☐☐☐

砂漠 さばく

명 사막

砂漠では激しい砂嵐が吹くこともあるらしい。
사막에서는 격한 모래바람이 부는 경우도 있는 것 같다.

2000 ☐☐☐

緑陰 りょくいん

명 녹음, 나무 그늘

夏になるにつれ緑陰もさらに深まった。
여름이 됨에 따라 녹음도 더욱 깊어졌다.

[문형] 동사 사전형 + につれ ~(함)에 따라

2001 ☐☐☐

谷 たに

명 계곡, 골짜기

知人に誘われ近くの谷にキャンプに行くことになった。
지인에게 권유받아 근처 계곡에 캠핑하러 가게 되었다.

[문형] 동사 사전형 + ことになる ~(하)게 되다

2002 ☐☐☐

水滴 すいてき

명 물방울

霧が深い朝、葉っぱの先に水滴がついていた。
안개가 짙은 아침, 나뭇잎 끝에 물방울이 맺혀 있었다.

2003 ☐☐☐

根元 ねもと

명 뿌리

木の根元にきのこが生えているのを見たことがあるだろう。
나무뿌리에 버섯이 자라 있는 것을 본 적이 있을 것이다.

[문형] 동사 た형 + ことがある ~(한) 적이 있다

2004 ☐☐☐

蓮	はす	명 연꽃

ひさびさ ちょう き きゅう か　い　　くに　　　　　　　　はす　　　　いけ み
久々の長期休暇に行った国できれいな蓮がある池を見た。
오랜만의 장기 휴가에 간 나라에서 아름다운 **연꽃**이 있는 연못을 봤다.

2005 ☐☐☐

実	み	명 열매

じ かん　た　　　　　　あか　　　　　　　　 み　 み　 き せつ へん か
時間が経つにつれ、赤くなっていく実を見て季節の変化を
じっかん
実感した。 시간이 지남에 따라, 붉어지는 **열매**를 보고 계절의 변화를 실감했다.

2006 ☐☐☐

蝶	ちょう	명 나비

いろ　　　　　　 はな　さ　　　　　　　　の はら　うえ ちょう　と　まわ
色とりどりの花が咲いている野原の上を蝶が飛び回っている。
색색의 꽃이 피어 있는 들판 위를 **나비**가 날아다니고 있다.

2007 ☐☐☐

羽	はね	명 날개

ちょうるい　ぞく　　　　　　　　　　　 はね　　　 とり
鳥類に属しているが、羽がない鳥もいる。
조류에 속해있지만, **날개**가 없는 새도 있다.

2008 ☐☐☐

群れ ★	むれ	명 무리, 떼

どうぶつ　なか　　　　　 む　い どう　　どうぶつ
動物の中には群れで移動する動物もいる。
동물 중에는 **무리**로 이동하는 동물도 있다.

2009 ☐☐☐

命	いのち	명 생명, 목숨

いのち　　　　　 すべ　　 そんざい　だい じ　　　　　　　　　 おも
命のある全ての存在を大事にするべきだと思う。
생명이 있는 모든 존재를 소중히 해야 한다고 생각한다.

[문형] 동사 사전형 + べきだ ~(해)야 한다

2010 ☐☐☐

| 寿命 | じゅみょう | 명 수명 |

かめ じゅみょう なが ねん い じょう い しゅ
亀の寿命は長く、150年以上生きる種もあるそうだ。
거북이의 수명은 길어, 150년 이상 사는 종도 있다고 한다.

2011 ☐☐☐

| 流す ★ | ながす | 동 떠내려 보내다, 흘리다, 씻어내다 |

つよ かぜ かわ お はな なが
強い風で川に落ちた花びらが流されていった。
강한 바람에 강에 떨어진 꽃잎이 떠내려갔다.

2012 ☐☐☐

| 見上げる | みあげる | 동 우러러보다, 올려다보다 |

ゆうがた しょくば で みあ そら くもひと す
夕方、職場から出て見上げた空は雲一つなく澄んでいた。
저녁 무렵, 직장에서 나와 우러러본 하늘은 구름 한 점 없이 맑았다.

2013 ☐☐☐

| 見下ろす | みおろす | 동 굽어보다, 내려다보다 |

やま ちょうじょう み お まち ちい み
山の頂上から見下ろすと、町がとても小さく見えた。
산 정상에서 굽어보니, 마을이 매우 작게 보였다.

2014 ☐☐☐

| 耕す | たがやす | 동 (밭을) 갈다 |

いま はたけ たがや お やす
今ちょうど畑を耕し終えて休んでいたところだ。
지금 막 밭을 다 갈고 쉬던 참이다.

[문형] 동사 て형 いた + ところだ ~(한) 참이다

2015 ☐☐☐

| 栽培 ★ | さいばい | 명 재배 |

え ひめけん き おん さいばい てき
愛媛県の気温はみかんを栽培するのに適している。
에히메 현의 기온은 귤을 재배하기에 알맞다.

2016 ☐☐☐

収穫　　しゅうかく　　명 수확

収穫の季節である秋に相応しく、木にりんごがたくさん
実っている。　수확의 계절인 가을에 어울리게, 나무에 사과가 많이 열려 있다.

2017 ☐☐☐

植木　　うえき　　명 정원수, 화분에 심은 나무

消防官を引退してから父は庭の植木を自分で手入れし
始めた。　소방관을 은퇴하고 나서 아버지는 정원의 정원수를 직접 가꾸기 시작했다.

[문형] 동사 て형 + から　~(하)고 나서

2018 ☐☐☐

田畑　　たはた　　명 논밭, 전답

田畑を耕すために働き手をもっと雇うことにした。
논밭을 경작하기 위해 일손을 더 고용하기로 했다.

[문형] 동사 사전형 + ことにする　~(하)기로 하다

2019 ☐☐☐

農家　　のうか　　명 농가

今年は雨があまり降らなかったため農家への被害が大き
かった。　올해는 비가 그다지 내리지 않았기 때문에 농가의 피해가 컸다.

2020 ☐☐☐

散る　★　ちる　　동 (꽃이) 지다, 흩어지다

満開だった花はもうすっかり散ってしまった。
만개했던 꽃은 이제 완전히 져 버렸다.

[문형] 동사 て형 + しまう　~(해) 버리다

2021 ☐☐☐

飛び散る　★　とびちる　　동 튀다, (사방에) 흩날리다

滝から飛び散る水滴に服が濡れないように、遠くから滝を
見た。　폭포에서 튀는 물방울에 옷이 젖지 않도록, 멀리서 폭포를 봤다.

[문형] 동사 ない형 + ないように　~(하)지 않도록

2022 ☐☐☐

飛び交う ★ とびかう
동 어지럽게 날아다니다

地方に転勤して初めて渡り鳥が飛び交う風景を見ました。
ち ほう てんきん はじ わた ど り と か ふうけい み

지방으로 전근하고 처음으로 철새가 어지럽게 날아다니는 풍경을 봤습니다.

2023 ☐☐☐

飛び上がる とびあがる
동 날아오르다

人が近づいたせいか、すずめたちがいっせいに飛び上がった。
ひと ちか と あ

사람이 다가간 탓인지, 참새들이 일제히 날아올랐다.

[문형] 동사 보통형 + せいか ~탓인지

2024 ☐☐☐

飛び立つ とびたつ
동 날아오르다, 날아가다

てんとう虫は飛び立つ時、一番高い枝先まで登る習性が
むし と た とき いちばんたか えださき のぼ しゅうせい
あるそうだ。

무당벌레는 날아오를 때, 가장 높은 가지 끝까지 올라가는 습성이 있다고 한다.

2025 ☐☐☐

吠える ★ ほえる
동 (개, 맹수 등이) 짖다, 으르렁거리다

犬は何かを求めるかのように吠え続けていた。
いぬ なに もと ほ つづ

개는 무언가를 바란다는 듯이 계속 짖고 있었다.

[문형] 동사 사전형 + かのように ~(인) 듯이

2026 ☐☐☐

なだらかだ ★ -
な형 완만하다

あの山はなだらかなことだし頂上まで登れそうだ。
やま ちょうじょう のぼ

저 산은 완만하니까 정상까지 오를 수 있을 것 같다.

[문형] な형용사 어간 な + ことだし ~니까

2027 ☐☐☐

緩やかだ ★ ゆるやかだ
な형 완만하다, 느슨하다

緩やかな丘に沿って歩いたら青い草原が見えた。
ゆる おか そ ある あお そうげん み

완만한 언덕을 따라 걸어갔더니 푸른 초원이 보였다.

[문형] 명사 + に沿って ~을 따라

2028 ☐☐☐

| しげる | - | 동 우거지다, 무성하다 |

庭の草がしげて、まるでジャングルのようだ。
にわ くさ
정원의 풀이 우거져, 마치 정글 같다.

2029 ☐☐☐

| 昇る | ★ のぼる | 동 (해·달이) 뜨다, 오르다 |

交代勤務が終わる頃には、もう日が昇っていた。
こうたいきんむ お ころ ひ のぼ
교대 근무가 끝날 즈음에는, 이미 해가 떠 있었다.

2030 ☐☐☐

| 沈む | ★ しずむ | 동 저물다, 가라앉다 |

沈んでいく太陽が美しくてずっと眺めていた。
しず たいよう うつく なが
저물어 가는 태양이 아름다워서 계속 바라보고 있었다.

2031 ☐☐☐

| 湿る | ★ しめる | 동 눅눅해지다 |

今朝降った雨で地面が湿っている。
けさ ふ あめ じめん しめ
오늘 아침 내린 비로 지면이 눅눅해져 있다.

2032 ☐☐☐

| 漂う | ただよう | 동 감돌다, 떠돌다 |

花畑に咲いたバラの香りが辺りに漂っています。
はなばたけ さ かお あた ただよ
꽃밭에 핀 장미의 향기가 주변을 감돌고 있습니다.

2033 ☐☐☐

| 均衡 | ★ きんこう | 명 균형 |

自然と人間の生活が均衡になってはじめて共存できる
しぜん にんげん せいかつ きんこう きょうそん
のである。
자연과 인간의 생활이 균형을 이루고 나서야 비로소 공존할 수 있는 것이다.

[문형] 동사 て형 + はじめて ~(하)고 나서야 비로소

*<Day별 단어 퀴즈 PDF>를 활용하여 꼭 복습하세요.

완성 단어

2034	こうけい 光景	명 광경	2055	いね 稲	명 벼
2035	はな 華やかだ	な형 화려하다, 호화롭다	2056	こうさく 耕作	명 경작
2036	ほしぞら 星空	명 별하늘	2057	みの 実る	동 열매 맺다, 성과를 거두다
2037	まんげつ 満月	명 보름달	2058	と い 取り入れる	동 거둬들이다, 도입하다
2038	み か づき 三日月	명 초승달	2059	か 刈る	동 베다
2039	にじ 虹	명 무지개	2060	ようぶん 養分	명 양분
2040	しずく 滴	명 물방울	2061	た う 田植え	명 모내기
2041	くらやみ 暗闇	명 어둠, 눈에 띄지 않는 곳	2062	か じつ 果実	명 과실, 열매
2042	ひ かげ 日陰	명 그늘, 응달, 음지	2063	たいぼく 大木	명 거목, 큰 나무
2043	とうげ 峠	명 고개, 고비	2064	め 芽	명 싹, 움
2044	たき 滝	명 폭포	2065	しぼむ	동 시들다, 오므라지다
2045	う 浮く	동 뜨다, 들뜨다	2066	せいぶつ 生物	명 생물
2046	ようもう 羊毛	명 양모, 양털	2067	か 蚊	명 모기
2047	わた 綿	명 솜, 목화	2068	ぞう 象	명 코끼리
2048	から 殻	명 껍질, 허물, 외피	2069	とら 虎	명 호랑이
2049	すみ 炭	명 숯	2070	しか 鹿	명 사슴
2050	ほのお 炎	명 불꽃, 불길	2071	しっ ぽ 尻尾	명 꼬리
2051	ようがん 溶岩	명 용암	2072	と さ 飛び下がる	동 날아 내려오다
2052	ふん か 噴火	명 분화	2073	か 嗅ぐ	동 (냄새를) 맡다
2053	た 田んぼ	명 논	2074	か 狩る	동 사냥하다
2054	なえ 苗	명 모종, 묘목	2075	ふくじゅう 服従	명 복종

DAY 26 환경

MP3 바로 듣기

2076 ☐☐☐

保存 ★ ほぞん 명 보존

ぜつめつ き き しょくぶつ たね ほぞん
絶滅の危機にある植物の種を保存していくべきだ。
멸종 위기에 있는 식물의 씨앗을 보존해 가야 한다.

[문형] 동사 사전형 + べきだ ~(해)야 한다

2077 ☐☐☐

保護 ほご 명 보호

し ぜん ほ ご め ざ ちょうきてき ど りょく か
自然の保護を目指すうえで、長期的な努力が欠かせない。
자연 보호를 목표로 하는 데 있어서, 장기적인 노력을 빠뜨릴 수 없다.

[문형] 동사 사전형 + うえで ~(하)는 데 있어서

2078 ☐☐☐

救う ★ すくう 동 구하다

ち きゅう かんきょうもんだい すく く ふう ひつよう
地球を環境問題から救うための工夫が必要だ。
지구를 환경 문제로부터 구하기 위한 고안이 필요하다.

2079 ☐☐☐

戻す ★ もどす 동 되돌리다

お せん りょく ち し と く けんぜん じょうたい もど
汚染された緑地は市の取り組みにより健全な状態に戻され
つつある。　오염된 녹지는 시의 대처에 의해 건전한 상태로 되돌려지고 있다.

[문형] 명사 + により ~에 의해 / 동사 ます형 + つつある ~(하)고 있다

2080 ☐☐☐

温暖だ ★ おんだんだ な형 온난하다

おんしつこう か ふ ち きゅう おんだん
温室効果ガスが増えると地球が温暖になるという。
온실가스가 증가하면 지구가 온난해진다고 한다.

2081 ☐☐☐

保つ ★ たもつ 图 유지하다

自然を美しく保つためにはどうすればいいのか。
자연을 아름답게 유지하기 위해서는 어떻게 하면 되는가?

2082 ☐☐☐

手間 ★ てま 图 수고

手間はかかるが環境のために分別収集するようにする。
수고는 들지만 환경을 위해 분리수거하도록 한다.

[문형] 동사 사전형 + ようにする ~(하)도록 하다

2083 ☐☐☐

次第に ★ しだいに 图 서서히, 차츰

大臣によると、A地域の水質汚染の問題は次第に改善されているそうだ。
대신에 의하면, A 지역의 수질 오염 문제는 서서히 개선되고 있다고 한다.

[문형] 명사 + によると ~에 의하면

2084 ☐☐☐

拾う ★ ひろう 图 줍다

役人は町のごみを拾うボランティアの募集公告を作った。
공무원은 거리의 쓰레기를 줍는 자원봉사자의 모집 공고를 만들었다.

2085 ☐☐☐

避ける ★ さける 图 피하다, 꺼리다

動植物の絶滅を避けるため、できることを考えてみよう。
동식물의 멸종을 피하기 위해, 할 수 있는 것을 생각해 보자.

2086 ☐☐☐

対策 ★ たいさく 图 대책

今回の首脳会議では大気汚染の対策を話し合ったそうだ。
이번 정상 회의에서는 대기 오염의 대책을 의논했다고 한다.

2087 ☐☐☐

| 活発だ ★ | かっぱつだ | な형 활발하다 |

野生動物を保護するために活発な活動を展開しよう。
야생 동물을 보호하기 위해 **활발한** 활동을 전개하자.

2088 ☐☐☐

| 一層 ★ | いっそう | 부 한층, 더욱 |

B市はごみの不法投棄の取り締まりを一層強化するという。
B시는 쓰레기 불법 투기의 단속을 **한층** 강화한다고 한다.

2089 ☐☐☐

| やむを得ない★ | やむをえない | 어쩔 수 없다, 부득이하다 |

やむを得ないと公害の問題を放っておくわけにはいかない。
어쩔 수 없다고 공해 문제를 내버려 둘 수는 없다.

[문형] 동사 사전형 + わけにはいかない ~(할) 수는 없다

2090 ☐☐☐

| たぶん ★ | - | 부 아마도 |

生物の絶滅の理由にはたぶん気候変動もあるだろう。
생물 멸종의 이유에는 **아마** 기후 변동도 있을 것이다.

2091 ☐☐☐

| 異常 ★ | いじょう | 명 이상, 보통과 다름 |

異常気象によって生態系にも影響が出るようになった。
이상 기후에 의해 생태계에도 영향이 나타나게 되었다.

[문형] 명사 + によって ~에 의해

2092 ☐☐☐

| 現象 ★ | げんしょう | 명 현상 |

テレビで環境省の大臣候補が温暖化現象について話して
いた。 텔레비전에서 환경성 대신 후보가 온난화 **현상**에 대해 이야기하고 있었다.

2093 ☐☐☐

| 悪循環 | ★ | あくじゅんかん | 명 악순환 |

地球温暖化の悪循環で気候はさらに悪くなる一方だ。
지구 온난화의 악순환으로 기후는 더욱 나빠지기만 한다.

[문형] 동사 사전형 + 一方だ ~(하)기만 하다

2094 ☐☐☐

| 絶える | ★ | たえる | 동 끊이다, 끊기다 |

生物と自然は絶えることなく共存しなければならない。
생물과 자연은 끊이지 않고 공존해야 한다.

[문형] 동사 사전형 + ことなく ~(하)지 않고 / 동사 ない형 + なければならない ~(해)야 한다

2095 ☐☐☐

| 警告 | ★ | けいこく | 명 경고 |

科学者は気温がますます温暖になる恐れがあると警告
した。 과학자는 기온이 점점 온난해질 우려가 있다고 경고했다.

[문형] 동사 사전형 + 恐れがある ~(할) 우려가 있다

2096 ☐☐☐

| 状況 | ★ | じょうきょう | 명 상황 |

環境団体の職員が河川の汚染による被害状況を確認した。
환경 단체의 직원이 하천 오염에 따른 피해 상황을 확인했다.

[문형] 명사 + による ~에 따른

2097 ☐☐☐

| 注目 | ★ | ちゅうもく | 명 주목 |

深刻化する砂漠化は国際社会全体が注目している問題
である。 심각화되는 사막화는 국제 사회 전체가 주목하고 있는 문제이다.

2098 ☐☐☐

| 緑地 | | りょくち | 명 녹지 |

都会から少し離れているこの地域に緑地が設けられる
予定だ。 도심에서 조금 떨어져 있는 이 지역에 녹지가 조성될 예정이다.

2099 ☐☐☐

| 森林 | ★ | しんりん | 명 삼림 |

かれ かんきょうだんたい だいひょう つ しんりん ほぜん こうけん
彼は環境団体の代表に就き、森林の保全に貢献しています。
그는 환경 단체의 대표로 취임하여, 삼림 보전에 공헌하고 있습니다.

2100 ☐☐☐

| 野生 | | やせい | 명 야생 |

おお こうそくどうろ や せいどうぶつ ほ ご そうち
多くの高速道路には野生動物を保護するための装置がある。
많은 고속 도로에는 야생 동물을 보호하기 위한 장치가 있다.

2101 ☐☐☐

| 再利用 | | さいりよう | 명 재이용 |

じょうし す ちいき あめ みず さいりよう
上司が住む地域には雨の水を再利用するシステムがあ
るそうだ。 상사가 사는 지역에는 빗물을 재이용하는 시스템이 있다고 한다.

2102 ☐☐☐

| 輪 | ★ | わ | 명 고리, 원형, 바퀴 |

かいよう ふく つく しげん わ じゅんかん
海洋ごみから服を作るなど、資源は輪のように循環する。
해양 쓰레기로부터 옷을 만드는 등, 자원은 고리와 같이 순환한다.

2103 ☐☐☐

| 深刻だ | ★ | しんこくだ | な형 심각하다 |

ど じょうお せん かん けんきゅう お せん しんこく じょうきょう は あく
土壌汚染に関する研究は汚染の深刻な状況を把握する
はじ
ことから始めた。
토양 오염에 관한 연구는 오염의 심각한 상황을 파악하는 것부터 시작했다.

[문형] 명사 + に関する ~에 관한

2104 ☐☐☐

| 生じる | ★ | しょうじる | 동 생기다, 발생하다 |

こう し か せきねんりょう し よう たい き お せん しょう か てい せつめい
講師は化石燃料の使用で大気汚染が生じる過程を説明した。
강사는 화석 연료의 사용으로 대기 오염이 생기는 과정을 설명했다.

2105 ☐☐☐

| 覆う | ★ | おおう | 통 덮다, 가리다 |

<ruby>外壁<rt>がいへき</rt></ruby>を<ruby>覆<rt>おお</rt></ruby>っているツタが<ruby>室内温度<rt>しつないおんど</rt></ruby>を<ruby>下<rt>さ</rt></ruby>げてくれるそうだ。
외벽을 덮고 있는 담쟁이덩굴이 실내 온도를 낮춰 준다고 한다.

2106 ☐☐☐

| 必死 | ★ | ひっし | 명 필사(적임) |

<ruby>環境保護団体<rt>かんきょうほごだんたい</rt></ruby>はごみだらけの<ruby>湖<rt>みずうみ</rt></ruby>を<ruby>必死<rt>ひっし</rt></ruby>の<ruby>努力<rt>どりょく</rt></ruby>で<ruby>元通<rt>もとどお</rt></ruby>りにした。
환경 보호 단체는 쓰레기투성이인 호수를 필사적인 노력으로 원래대로 만들었다.

[문형] 명사 + だらけ ~투성이

2107 ☐☐☐

| ほとんどない | ★ | - | 거의 없다, 드물다 |

<ruby>人<rt>ひと</rt></ruby>がすぐに<ruby>飲<rt>の</rt></ruby>める<ruby>水<rt>みず</rt></ruby>がほとんどない<ruby>国<rt>くに</rt></ruby>もあるらしい。
사람이 바로 마실 수 있는 물이 거의 없는 나라도 있다고 한다.

2108 ☐☐☐

| 稀だ | ★ | まれだ | な형 드물다 |

<ruby>修士課程<rt>しゅうしかてい</rt></ruby>で<ruby>気候変動<rt>きこうへんどう</rt></ruby>によって<ruby>起<rt>お</rt></ruby>こる<ruby>稀<rt>まれ</rt></ruby>な<ruby>現象<rt>げんしょう</rt></ruby>を<ruby>主題<rt>しゅだい</rt></ruby>に<ruby>論文<rt>ろんぶん</rt></ruby>を<ruby>書<rt>か</rt></ruby>いた。
석사 과정에서 기후 변동으로 인해 일어나는 드문 현상을 주제로 논문을 썼다.

2109 ☐☐☐

| 豊富だ | ★ | ほうふだ | な형 풍부하다 |

<ruby>自然<rt>しぜん</rt></ruby>から<ruby>得<rt>え</rt></ruby>られる<ruby>豊富<rt>ほうふ</rt></ruby>な<ruby>資源<rt>しげん</rt></ruby>を<ruby>無駄<rt>むだ</rt></ruby>に<ruby>使<rt>つか</rt></ruby>わないようにしよう。 자연으로부터 얻을 수 있는 풍부한 자원을 헛되이 쓰지 않도록 하자.

[문형] 동사 ない형 + ないように ~(하)지 않도록

2110 ☐☐☐

| 豊かだ | ★ | ゆたかだ | な형 풍부하다, 풍족하다 |

<ruby>木々<rt>きぎ</rt></ruby>がしげる<ruby>森<rt>もり</rt></ruby>など<ruby>豊<rt>ゆた</rt></ruby>かな<ruby>自然<rt>しぜん</rt></ruby>を<ruby>見<rt>み</rt></ruby>ることで<ruby>人<rt>ひと</rt></ruby>はリラックスできる。 나무들이 우거진 숲 등 풍부한 자연을 보는 것으로 사람은 릴랙스할 수 있다.

2111 ☐☐☐

| 囲む | ★ | かこむ | 图 둘러싸다 |

あの俳優は周辺が木で囲まれた田舎の家に住んでいる。
저 배우는 주변이 나무로 둘러싸인 시골집에 살고 있다.

2112 ☐☐☐

| 触れる | ★ | ふれる | 图 접하다, 접촉하다, 닿다 |

疲れが溜まった時は、山や海に行って自然に触れるといい。
피로가 쌓인 때에는, 산이나 바다에 가서 자연에 접하면 좋다.

2113 ☐☐☐

| 存在 | ★ | そんざい | 图 존재 |

自然は人に利用されるために存在するのではない。
자연은 사람에게 이용되기 위해 존재하는 것이 아니다.

2114 ☐☐☐

| 個体 | | こたい | 图 개체 |

記者は全世界の野生動物の個体数が減っていると述べた。
기자는 전 세계의 야생 동물의 개체 수가 줄고 있다고 말했다.

2115 ☐☐☐

| 煙 | | けむり | 图 연기 |

工場の煙突から出る煙が空を覆っている。
공장의 굴뚝에서 나오는 연기가 하늘을 덮고 있다.

2116 ☐☐☐

| 太陽 | | たいよう | 图 태양 |

環境に優しい発電というと太陽の光を利用するものが
代表的だ。
환경친화적인 발전이라고 하면 태양의 빛을 이용하는 것이 대표적이다.

*<Day별 단어 퀴즈 PDF>를 활용하여 꼭 복습하세요.

완성 단어

2117 ☐☐☐	おせん 汚染	명 오염		2138 ☐☐☐	ち へいせん 地平線	명 지평선	
2118 ☐☐☐	そ ち 措置	명 조치		2139 ☐☐☐	とうめい 透明だ	な형 투명하다	
2119 ☐☐☐	てんかん 転換	명 전환		2140 ☐☐☐	にお にお 匂う / 臭う	동 냄새나다, 향기가 나다	
2120 ☐☐☐	いっかん 一環	명 일환		2141 ☐☐☐	てんねん 天然	명 천연	
2121 ☐☐☐	さらに	부 더더욱		2142 ☐☐☐	ほ 掘る	동 파다	
2122 ☐☐☐	た 絶えず	부 끊임없이, 항상		2143 ☐☐☐	き しょう 希少だ	な형 희소하다	
2123 ☐☐☐	ちょくめん 直面	명 직면		2144 ☐☐☐	こうぶつ 鉱物	명 광물	
2124 ☐☐☐	こころ が 心掛ける	동 항상 주의하다, 명심하다		2145 ☐☐☐	せきたん 石炭	명 석탄	
2125 ☐☐☐	おろそ 疎かだ	な형 소홀하다, 등한시하다		2146 ☐☐☐	む げん 無限	명 무한	
2126 ☐☐☐	し まつ 始末	명 (나쁜) 결과, 전말, 처리		2147 ☐☐☐	たんすい 淡水	명 담수, 민물	
2127 ☐☐☐	こうがい 公害	명 공해		2148 ☐☐☐	ち たい 地帯	명 지대	
2128 ☐☐☐	はいしゅつ 排出	명 배출		2149 ☐☐☐	とも 共に	모두, 함께	
2129 ☐☐☐	ほうしゅつ 放出	명 방출, 분출		2150 ☐☐☐	にっこう 日光	명 일광, 햇빛	
2130 ☐☐☐	ふ び 不備	명 미비		2151 ☐☐☐	でんえん 田園	명 전원, 시골, 교외	
2131 ☐☐☐	ねったい 熱帯	명 열대		2152 ☐☐☐	ほ かく 捕獲	명 포획	
2132 ☐☐☐	ぎょぎょう 漁業	명 어업		2153 ☐☐☐	しんにゅう 侵入	명 침입	
2133 ☐☐☐	かいじょう 海上	명 해상		2154 ☐☐☐	おそ 襲う	동 습격하다, 덮치다	
2134 ☐☐☐	かいめん 海面	명 해면		2155 ☐☐☐	せいめい 生命	명 생명	
2135 ☐☐☐	すいめん 水面	명 수면, 물의 표면		2156 ☐☐☐	せいぞん 生存	명 생존	
2136 ☐☐☐	そびえる	동 우뚝 솟다, 치솟다		2157 ☐☐☐	きょうそん きょうぞん 共存 / 共存	명 공존	
2137 ☐☐☐	たい 平らだ	な형 평평하다		2158 ☐☐☐	きょう い 驚異	명 경이	

2159 ☐☐☐

適度だ ★ **てきどだ** 　な형 적당하다

適度な運動をすることで健康を保つことができます。
적당한 운동을 하는 것으로 건강을 유지할 수 있습니다.

2160 ☐☐☐

補う ★ **おぎなう** 　동 보충하다, 보상하다

食べ物だけでは足りない栄養を健康食品で補える。
음식만으로는 부족한 영양을 건강식품으로 보충할 수 있다.

2161 ☐☐☐

吸収 ★ **きゅうしゅう** 　명 흡수

摂取した栄養分は小腸で吸収される。
섭취한 영양분은 소장에서 흡수된다.

2162 ☐☐☐

解消 ★ **かいしょう** 　명 해소

肉体的疲労のみならず、精神的ストレスも適切に解消する
べきだ。 육체적 피로뿐만 아니라, 정신적 스트레스도 적절히 해소해야 한다.

[문형] 명사 + のみならず ~뿐만 아니라 / 동사 사전형 + べきだ ~(해)야 한다

2163 ☐☐☐

禁煙 ★ **きんえん** 　명 금연

禁煙をするにあたってまず医者の相談を受けることにした。
금연을 함에 있어 우선 의사의 상담을 받기로 했다.

[문형] 동사 사전형 + にあたって ~(함)에 있어 / 동사 사전형 +ことにする ~(하)기로 하다

2164 ☐☐☐

| 飲酒 | ★ | いんしゅ | 명 음주 |

健康診断の結果を聞きに行ったら飲酒を控えるように
言われた。 건강 진단 결과를 들으러 갔더니 음주를 삼가라고 들었다.

2165 ☐☐☐

| 気をつける | ★ | きをつける | 조심하다, 정신 차리다 |

季節の変わり目は風邪にかかりやすいので気を付けよう。
환절기는 감기에 걸리기 쉬우니까 조심하자.

2166 ☐☐☐

| 鈍る | ★ | にぶる | 동 둔해지다, 무뎌지다 |

若い頃に比べて、動きや反応が鈍った気がする。
젊었을 적에 비해서, 움직임이나 반응이 둔해진 느낌이 든다.

2167 ☐☐☐

| 荒い | ★ | あらい | い형 거칠다 |

弟が急に高熱を出し呼吸も荒くなったのですぐ病院に
向かった。 남동생이 갑자기 고열이 나고 호흡도 거칠어져서 바로 병원으로 향했다.

2168 ☐☐☐

| 危うい | | あやうい | い형 위태롭다 |

最近の彼は体に良くないことばかりしていて健康が危うい。
최근의 그는 몸에 좋지 않은 것만 하고 있어서 건강이 위태롭다.

2169 ☐☐☐

| 気味 | ★ | きみ | 명 기운, 기분, 경향 |

一昨日から風邪の気味があって薬を飲んだ。
그저께부터 감기 기운이 있어서 약을 먹었다.

2170 ☐☐☐

心身	しんしん	명 심신

しんこきゅう　　　　しんしん　　　　あんてい
深呼吸をすると心身ともに安定するそうだ。
심호흡을 하면 심신 모두 안정된다고 한다.

2171 ☐☐☐

筋肉	きんにく	명 근육

きんにく　からだ　きんこう　たも　　　じゅうよう　やくわり
コアの筋肉は体の均衡を保つのに重要な役割をする。
코어 근육은 몸의 균형을 유지하는 데에 중요한 역할을 한다.

2172 ☐☐☐

ぐったり ★	-	부 녹초가 된, 축 늘어진

つか　た　　　　　　　　　　　うご
疲れが溜まったせいかぐったりして動きたくない。
피로가 쌓인 탓인지 녹초가 되어서 움직이고 싶지 않다.

[문형] 동사 보통형 + せいか ~탓인지

2173 ☐☐☐

くたくただ ★	-	な형 녹초가 되다

たいりょくぶそく　　　　　うえき　ふた　はこ
体力不足だからか植木を二つ運んだだけなのにもう
くたくただ。
체력 부족이라 그런지 나무를 심은 화분을 두 개 옮긴 것뿐인데 벌써 녹초가 되었다.

관련어	くたくた	부 후줄근, 흐물흐물

2174 ☐☐☐

偏る/片寄る ★	かたよる	동 치우치다, (한쪽으로) 기울다

へんしょく　かたよ　　　　えいよう　　　　かいぜん　ひつよう
偏食などで偏りがちな栄養バランスを改善する必要が
ある。 편식 등으로 치우치기 일쑤인 영양 밸런스를 개선할 필요가 있다.

[문형] 동사 ます형 + がちだ ~(하)기 일쑤이다

2175 ☐☐☐

崩す	くずす	동 나빠지다, 무너뜨리다

さいきんしゅうかくじき　　　　はたら　　　　　たいちょう　くず
最近収穫時期なので働きすぎたせいか体調を崩してし
まった。 최근에 수확 시기라서 너무 일한 탓인지 몸 상태가 나빠지고 말았다.

[문형] 동사 て형 + しまう ~(하)고 말다

2176 ☐☐☐

| 不安定だ ★ | ふあんていだ | な형 불안정하다 |

けつあつ すこ ふ あんてい いのち べつじょう
血圧は少し不安定ですが、命に別状はありません。
혈압은 조금 **불안정**하지만, 목숨에 지장은 없습니다.

2177 ☐☐☐

| 刺激 ★ | しげき | 명 자극 |

し げき つよ た もの とうぶん た
刺激の強い食べ物は当分食べないようにしてください。
자극이 강한 음식은 당분간 먹지 않도록 해 주세요.

[문형] 동사 ない형 + ないように ~(하)지 않도록

2178 ☐☐☐

| 治療 ★ | ちりょう | 명 치료 |

はね む はな こ とり ちりょう
羽をけがし群れから離れてしまった小鳥を治療してあげた。
날개를 다쳐서 무리에서 떨어져 버린 작은 새를 **치료**해 주었다.

2179 ☐☐☐

| 手当て ★ | てあて | 명 처치, 치료, 수당, 대비 |

きずぐち みず なが て あ
まず傷口についたほこりを水で流してから手当てをした。
우선 상처에 묻은 먼지를 물로 씻어내고 나서 **처치**를 했다.

[문형] 동사 て형 + から ~(하)고 나서

2180 ☐☐☐

| 初期 ★ | しょき | 명 초기 |

びょう き しょき たいおう じゅうよう
病気は初期に対応することがとても重要である。
병은 **초기**에 대응하는 것이 매우 중요하다.

2181 ☐☐☐

| 衰える ★ | おとろえる | 동 쇠약해지다, 쇠퇴하다 |

ろうか からだぜんたい おとろ のう しんけい い じょう しょう
老化により体全体が衰えて脳の神経にも異常が生じた。
노화에 의해 몸 전체가 **쇠약해져서** 뇌의 신경에도 이상이 발생했다.

[문형] 명사 + により ~에 의해

2182 ☐☐☐

| 症状 | ★ | しょうじょう | 図 증상 |

はだ えんしょう しょうじょう あらわ さわ びょういん い
肌に炎症の症状が表れたら触らずに病院に行きましょう。
피부에 염증 증상이 나타나면 만지지 말고 병원에 갑시다.

[문형] 동사 ない형 + ずに ~(하)지 말고

2183 ☐☐☐

| 悪化 | | あっか | 図 악화 |

はは びょうき あっか ちりょう つづ
母は病気が悪化しないよう、治療を続けている。
어머니는 병이 악화하지 않도록, 치료를 계속하고 있다.

2184 ☐☐☐

| 劇的だ | ★ | げきてきだ | な형 극적이다 |

あに め しゅじゅつ げきてき しりょく かいふく
兄は目の手術をしてから、劇的に視力が回復した。
형은 눈 수술을 하고 나서, 극적으로 시력이 회복되었다.

2185 ☐☐☐

| 医療 | ★ | いりょう | 図 의료 |

いりょうぎじゅつ はってん ひと じゅみょう の みこ
医療技術の発展につれて人の寿命が延びる見込みだ。
의료 기술의 발전에 따라 사람의 수명이 늘어날 전망이다.

[문형] 명사 + につれて ~에 따라

2186 ☐☐☐

| 介護 | ★ | かいご | 図 간호, 개호 |

びょうき みうご ふじゆう そふ じたく かいご
病気で身動きが不自由な祖父を自宅で介護することに
なった。 병으로 몸을 움직이는 것이 불편한 할아버지를 자택에서 간호하게 되었다.

[문형] 동사 사전형 + ことになる ~(하)게 되다

2187 ☐☐☐

| かかりつけ | ★ | - | 図 단골 |

い ちょうし わる いしゃ み
胃の調子が悪くなってかかりつけの医者に診てもらった。
위 상태가 나빠져서 단골 의사에게 진찰받았다.

2188 ☐☐☐

| 患者 | ★ | かんじゃ | 명 환자 |

首の負傷が深刻だった患者は今、空を見上げられるほど回復
した。 목 부상이 심각했던 환자는 지금, 하늘을 올려다볼 수 있을 정도로 회복했다.

2189 ☐☐☐

| 軽傷 | ★ | けいしょう | 명 경상 |

彼は交通事故にあったが、幸い軽傷で済んだらしい。
그는 교통사고를 당했지만, 다행히 경상으로 그쳤다고 한다.

2190 ☐☐☐

| 骨折 | ★ | こっせつ | 명 골절 |

頂上がすぐ目の前だったのに転んで足を骨折した。
정상이 바로 눈앞이었는데 넘어져서 다리가 골절되었다.

2191 ☐☐☐

| 死亡 | ★ | しぼう | 명 사망 |

砂漠マラソンで亡くなった選手たちの死亡原因は脱水
症だった。 사막 마라톤에서 숨진 선수들의 사망 원인은 탈수증이었다.

2192 ☐☐☐

| 効果 | | こうか | 명 효과 |

どんな効果がある薬なのか薬剤師さんに聞いてみた。
어떤 효과가 있는 약인지 약사에게 물어보았다.

2193 ☐☐☐

| 効く | | きく | 통 효과가 있다 |

梅の実を食べると消化不良に効くそうです。
매실 열매를 먹으면 소화불량에 효과가 있다고 합니다.

2194 ☐☐☐

診察	しんさつ	명 진찰

明日の 3 時ごろに診察の予約をしたいのですが…。
내일 3시쯤에 진찰 예약을 하고 싶은데요….

2195 ☐☐☐

手術	★ しゅじゅつ	명 수술

手術は無事に終わったので心配はいりません。
수술은 무사히 끝났기 때문에 걱정은 필요 없습니다.

2196 ☐☐☐

刺す	★ さす	통 쏘다, 찌르다

蚊に刺された所を冷やすことでかゆみが少し治まるそうだ。
모기에 쏘인 곳을 차갑게 하는 것으로 간지러움이 조금 가라앉는다고 한다.

2197 ☐☐☐

服用	★ ふくよう	명 복용

この薬は一日 3 回服用しなければいけない。
이 약은 하루 3회 복용하지 않으면 안 된다.

[문형] 동사 ない형 + なければいけない ~(하)지 않으면 안 된다

2198 ☐☐☐

隔離	★ かくり	명 격리

この病院には伝染病の患者を隔離する病室があります。
이 병원에는 전염병인 환자를 격리하는 병실이 있습니다.

2199 ☐☐☐

消毒	しょうどく	명 소독

病室のシーツは毎日消毒して清潔な状態を保つように
している。 병실의 시트는 매일 소독해서 청결한 상태를 유지하도록 하고 있다.

[문형] 동사 사전형 + ようにする ~(하)도록 하다

*<Day별 단어 퀴즈 PDF>를 활용하여 꼭 복습하세요.

완성 단어

2200	じゅんかん 循環	명 순환		2221	しんけい 神経	명 신경
2201	しょうか 消化	명 소화		2222	はっしょう 発症	명 발병, 발증
2202	すこ 健やかだ	な형 튼튼하다, 건강하다		2223	かんせん 感染	명 감염
2203	なが い 長生き	명 장수		2224	でんせん 伝染	명 전염
2204	ひ ろう 疲労	명 피로		2225	ふ しょう 負傷	명 부상
2205	けつぼう 欠乏	명 결핍		2226	けいげん 軽減	명 경감
2206	よわよわ 弱々しい	い형 허약하다		2227	た 耐える	동 견디다, 참다, 감당하다
2207	お 老いる	동 늙다, 노쇠하다		2228	こら 堪える	동 참다, 견디다
2208	けんしん 検診	명 검진		2229	しびれる	동 저리다
2209	しんだん 診断	명 진단		2230	は け 吐き気	명 메스꺼움, 구역질
2210	ぞう き 臓器	명 장기		2231	ふ きそく 不規則だ	な형 불규칙적 이다
2211	し ぼう 脂肪	명 지방		2232	お かん 悪寒	명 오한
2212	かん ご 看護	명 간호		2233	びょう うつ病	명 우울증, 우울병
2213	くるまい す 車椅子	명 휠체어		2234	おさ 治まる	동 안정되다, (통증이) 가라앉다
2214	びょうとう 病棟	명 병동		2235	かい ゆ 快癒	명 쾌유
2215	えいせい 衛生	명 위생		2236	こうてん 好転	명 호전
2216	かんびょう 看病	명 간병		2237	せっかい 切開	명 절개
2217	ほうたい 包帯	명 붕대		2238	と と 取り留める	동 목숨을 건지다
2218	み ま 見舞い	명 병문안		2239	と もど 取り戻す	동 되찾다, 회복하다
2219	へこむ	동 (움푹) 들어가다		2240	やくひん 薬品	명 약품
2220	びょうてき 病的だ	な형 병적이다		2241	いやす	동 치료하다, 치유하다

해커스 JLPT 기출 단어장 N2

MP3 바로 듣기

2242 ☐☐☐

| 天候 | ★ | てんこう | 명 날씨, 일기 |

<ruby>梅雨<rt>つゆ</rt></ruby>が<ruby>近<rt>ちか</rt></ruby>づくにつれ**天候**が<ruby>一層<rt>いっそう</rt></ruby><ruby>悪化<rt>あっか</rt></ruby>した。
장마가 가까워짐에 따라 날씨는 한층 악화되었다.

[문형] 동사 사전형 + につれ ~(함)에 따라

2243 ☐☐☐

| 気候 | きこう | 명 기후 |

<ruby>地中海沿岸<rt>ちちゅうかいえんがん</rt></ruby>の<ruby>地域<rt>ちいき</rt></ruby>の**気候**は<ruby>年中温暖<rt>ねんじゅうおんだん</rt></ruby>である。
지중해 연안 지역의 기후는 연중 온난하다.

2244 ☐☐☐

| 気象 | きしょう | 명 기상, 대기 중의 물리 현상 |

<ruby>今日<rt>きょう</rt></ruby>の**気象**<ruby>情報<rt>じょうほう</rt></ruby>によると<ruby>昼<rt>ひる</rt></ruby>の<ruby>気温<rt>きおん</rt></ruby>は20℃<ruby>以上<rt>いじょう</rt></ruby>になるそうだ。 오늘의 기상 정보에 의하면 낮의 기온은 20℃ 이상이 된다고 한다.

[문형] 명사 + によると ~에 의하면

2245 ☐☐☐

| 現状 | げんじょう | 명 현재 상태 |

<ruby>国<rt>くに</rt></ruby>の<ruby>気候変動<rt>きこうへんどう</rt></ruby>の**現状**を<ruby>正確<rt>せいかく</rt></ruby>に<ruby>把握<rt>はあく</rt></ruby>し、<ruby>対策<rt>たいさく</rt></ruby>を<ruby>考<rt>かんが</rt></ruby>えるべきだ。 나라의 기후 변동의 현재 상태를 정확히 파악하여, 대책을 생각해야 한다.

[문형] 동사 사전형 + べきだ ~(해)야 한다

2246 ☐☐☐

| 予測 | ★ | よそく | 명 예측 |

<ruby>専門家<rt>せんもんか</rt></ruby>たちが<ruby>台風<rt>たいふう</rt></ruby>がこの<ruby>先<rt>さき</rt></ruby>どう<ruby>動<rt>うご</rt></ruby>くか**予測**している。
전문가들이 태풍이 앞으로 어떻게 움직일지 예측하고 있다.

2247 ☐☐☐

| 観測 | ★ | かんそく | 명 관측 |

気象庁の観測によると雨雲は東に移動したそうだ。
기상청의 관측에 의하면 비구름은 동쪽으로 이동했다고 한다.

2248 ☐☐☐

| 伴う | ★ | ともなう | 동 동반하다 |

今日は雷を伴う雨が降るそうです。
오늘은 벼락를 동반한 비가 내릴 것이라고 합니다.

2249 ☐☐☐

| 快晴 | | かいせい | 명 쾌청 |

今日は雲がほとんどなく快晴です。
오늘은 구름이 거의 없이 쾌청합니다.

2250 ☐☐☐

| 涼しい | ★ | すずしい | い형 선선하다 |

森林公園の木の下で休んでいると涼しくて気持ちがいい。
삼림 공원의 나무 아래에서 쉬고 있으니 선선해서 기분이 좋다.

2251 ☐☐☐

| 湿度 | ★ | しつど | 명 습도 |

沖縄の夏は気温だけでなく湿度も高いです。
오키나와의 여름은 기온뿐 아니라 습도도 높습니다.

[문형] 명사 + だけでなく ~뿐 아니라

2252 ☐☐☐

| じめじめ | ★ | - | 부 축축, 질퍽질퍽 |

梅雨の時期は空気がじめじめしてかびが生えやすい。
장마 시기에는 공기가 축축해서 곰팡이가 피기 쉽다.

DAY
28

해커스 JLPT 기출 단어장 N2

2253 ☐☐☐

積もる ★　つもる　　　　　　동 쌓이다

雪は夕方から次第に降り始め、明日は積もるおそれがあるそうだ。　눈은 저녁부터 차츰 내리기 시작해, 내일은 쌓일 우려가 있다고 한다.

[문형] 동사 사전형 + おそれがある ~(할) 우려가 있다

2254 ☐☐☐

凍る ★　こおる　　　　　　동 (액체가) 얼다, 춥다

昨晩は氷点下だったのでベランダに置いていた水が凍ってしまった。　어젯밤은 영하였기 때문에 베란다에 두었던 물이 얼어 버렸다.

[문형] 동사 て형 + しまう ~(해) 버리다

2255 ☐☐☐

凍える　こごえる　　　　　　동 (신체가) 얼다

外はとんでもない寒さで手足が凍えた。
바깥은 터무니없는 추위라서 손발이 얼었다.

2256 ☐☐☐

びっしょり ★　-　　　　　　부 흠뻑

傘もないのに雨が降ってきてびっしょり濡れてしまった。
우산도 없는데 비가 내려서 흠뻑 젖고 말았다.

2257 ☐☐☐

夕立　ゆうだち　　　　　　명 소나기

急に降ってきた夕立を避けてカフェに入った。
갑자기 내리는 소나기를 피해서 카페에 들어갔다.

2258 ☐☐☐

大雨　おおあめ　　　　　　명 큰비

大気の不安定な様子から見て大雨が降りかねない。
대기의 불안정한 상태로 봐서 큰비가 내릴지도 모른다.

[문형] 명사 + から見て ~로 봐서 / 동사 ます형 + かねない ~(할)지도 모른다

2259 ☐☐☐

照る ★ てる

동 밝게 비치다, (날씨가) 개다

くもがなく、日が照る暑い日が続いている。
구름이 없고, 해가 밝게 비치는 더운 날이 계속되고 있다.

2260 ☐☐☐

極端だ ★ きょくたんだ

な형 극단적이다

この地域は今年、例年より暑さ、寒さが厳しい極端な気象

だった。 이 지역은 올해, 예년보다 더위, 추위가 심한 극단적인 기상이었다.

2261 ☐☐☐

迫る ★ せまる

동 다가오다

雨雲が迫るにつれ湿度も高くなりました。
비구름이 다가옴에 따라 습도도 높아졌습니다.

2262 ☐☐☐

災難 さいなん

명 재난

昨年は自然災害をはじめ災難が多い年だった。
작년은 자연재해를 비롯하여 재난이 많은 해였다.

[문형] 명사 + をはじめ ~를 비롯하여

2263 ☐☐☐

被害 ★ ひがい

명 피해

今回の嵐で海岸地域に被害はあったが幸い死亡者はい
なかった。
이번 폭풍으로 해안 지역에 피해는 있었지만 다행히도 사망자는 없었다.

2264 ☐☐☐

災害 さいがい

명 재해

火山活動が活発な地域では地震などの災害が起こりや
すい。 화산 활동이 활발한 지역에서는 지진 등의 재해가 일어나기 쉽다.

2265 ☐☐☐

| 消防 | しょうぼう | 명 소방 |

しょうぼうかつどう か さいげんば しょうか かさい よぼう
消防活動は、火災現場での消火だけでなく火災の予防も
ふく
含む。 소방 활동은, 화재 현장에서의 소화뿐 아니라 화재 예방도 포함한다.

> 관련어 消防署 しょうぼうしょ 명 소방서

2266 ☐☐☐

| 危険だ | きけんだ | な형 위험하다 |

あめ あと かわ きけん ちか よ
雨の後の川は危険だから近づかないほうが良い。
비 온 후의 강은 위험하니까 접근하지 않는 편이 좋다.

2267 ☐☐☐

| 突然 ★ | とつぜん | 부 돌연, 갑자기 |

とつぜんお ど しゃくず ふ しょうしゃ ぞくしゅつ
突然起きた土砂崩れで負傷者が続出しています。
돌연 일어난 토사 붕괴로 부상자가 속출하고 있습니다.

2268 ☐☐☐

| 傾く ★ | かたむく | 동 기울다 |

じ しん にわ いえ かたむ
地震のせいで庭がめちゃくちゃになったうえに家が傾いた。
지진 때문에 정원이 엉망진창이 된 데다가 집이 기울었다.

[문형] 동사 보통형 + うえに ~(한) 데다가

2269 ☐☐☐

| 荒れる ★ | あれる | 동 거칠어지다 |

ご ぜん うみ あ ふね の あした
午前から海が荒れるというから船に乗るのは明日にしよう。
오전부터 바다가 거칠어진다고 하니까 배를 타는 것은 내일로 하자.

[문형] 동사 보통형 + というから ~(라)고 하니까

2270 ☐☐☐

| 濁る ★ | にごる | 동 탁해지다 |

おおあめ かわ つち ま かわ みず にご
大雨で川に土が混じり川の水が濁っている。
큰비로 강에 흙이 섞여 강물이 탁해져 있다.

2271 ☐☐☐

塞ぐ	★	ふさぐ	통 막다, 메우다

大雪で道が塞がれて今日中に目的地に到着できそうにない。
폭설로 길이 막혀서 오늘 중으로 목적지에 도착할 수 있을 것 같지 않다.

[문형] 동사 ます형 + そうにない ~(할) 것 같지 않다

2272 ☐☐☐

崩れる		くずれる	통 붕괴되다, 무너지다

雨や地震などで山が崩れることを山崩れという。
비나 지진 등으로 산이 붕괴되는 것을 산사태라고 한다.

2273 ☐☐☐

潰れる		つぶれる	통 무너지다, 찌그러지다

消防士は雪崩で潰れた家の中にいた人を救い出した。
소방관은 눈사태로 무너진 집 안에 있던 사람을 구해냈다.

2274 ☐☐☐

崩壊		ほうかい	명 붕괴

専門家からこの建物は崩壊の危険があると警告を受けた。
전문가로부터 이 건물은 붕괴의 위험이 있다고 경고를 받았다.

2275 ☐☐☐

洪水		こうずい	명 홍수

洪水の被害を受けた住宅の床を元に戻すための作業が
行われている。
홍수 피해를 입은 주택의 바닥을 원래대로 되돌리기 위한 작업이 진행되고 있다.

2276 ☐☐☐

次々	★	つぎつぎ	부 잇달아, 계속해서

乾燥した日が続き山火事が次々と起こっている。
건조한 날이 계속되어 산불이 잇달아 일어나고 있다.

DAY
28

해커스 JLPT 기출 단어장 N2

2277 ☐☐☐

| 用心 | ★ | ようじん | 명 조심, 주의 |

さいがい とき き　　　　も　　なにごと　　ようじん
災害の時は気をしっかり持って何事にも用心するしかない。
재해 시에는 정신을 똑바로 차리고 어떤 일에도 조심하는 수밖에 없다.

[문형] 동사 사전형 + しかない ~(하)는 수밖에 없다

2278 ☐☐☐

| 防災 | ★ | ぼうさい | 명 방재 |

ぼうさいくんれん　じっさい さいがい　　　ひ がい　へ　　こう か
防災訓練は実際、災害による被害を減らす効果がある。
방재 훈련은 실제로, 재해에 의한 피해를 줄이는 효과가 있다.

[문형] 명사 + による ~에 의한

2279 ☐☐☐

| 蓄える | ★ | たくわえる | 동 저장하다, 저축하다 |

さいがい じ　そな　　なが　ほ ぞん　　ひ じょうしょく　たくわ
災害時に備えて長く保存できる非常食を蓄えておこう。
재해 시에 대비하여 길게 보존할 수 있는 비상식을 저장해 두자.

[문형] 명사 + に備えて ~에 대비하여

2280 ☐☐☐

| 直ちに | ★ | ただちに | 부 곧장, 즉시 |

か さい　おも　　　くろ けむり み　かれ ただ　げん ば　む
火災と思われる黒い煙を見て彼は直ちに現場に向かった。
화재라고 생각되는 검은 연기를 보고 그는 곧장 현장으로 향했다.

2281 ☐☐☐

| 一応 | ★ | いちおう | 부 일단, 우선 |

さいきん じ しん　おお　　　いちおうぼうさい　　　じゅん び
最近地震が多いので一応防災グッズを準備することにした。
최근 지진이 잦아서 일단 방재 상품을 준비하기로 했다.

[문형] 동사 사전형 +ことにする ~(하)기로 하다

2282 ☐☐☐

| 救援 | | きゅうえん | 명 구원, 구제 |

さいがい　　　　　　　ひと　　　た　　　　　　きゅうえんかつどう
災害ボランティアの人たちは絶えることなく救援活動を
している。 재해 자원봉사자들은 끊임없이 구원 활동을 하고 있다.

[문형] 동사 사전형 + ことなく ~없이
*<Day별 단어 퀴즈 PDF>를 활용하여 꼭 복습하세요.

완성 단어

2283	ひより 日和	명 (~하기에 좋은) 날씨		2304	きあつ 気圧	명 기압
2284	ひざ 日差し	명 햇살		2305	こうすい 降水	명 강수
2285	あおぞら 青空	명 푸른 하늘		2306	あくてんこう 悪天候	명 악천후
2286	せいてん 晴天	명 맑은 하늘		2307	たいおう 対応	명 대응
2287	かいてき 快適だ	な형 쾌적하다		2308	たいしょ 対処	명 대처
2288	くっきり	부 또렷이, 선명하게		2309	ふっきゅう 復旧	명 복구
2289	おんわ 温和だ	な형 온화하다		2310	ほきょう 補強	명 보강
2290	かふん 花粉	명 꽃가루		2311	ひつじゅひん 必需品	명 필수품
2291	かみなり 雷	명 천둥, 벼락		2312	ぶじ 無事だ	な형 무사하다
2292	さらす	동 햇볕에 쬐다, 바래다		2313	ふい 不意に	갑자기, 불시에
2293	きょくちてき 局地的だ	な형 국지적이다		2314	きき 危機	명 위기
2294	にわかだ	な형 갑작스럽다		2315	あらし 嵐	명 폭풍
2295	ひ こ 冷え込む	동 몹시 추워지다, 몸이 차가워지다		2316	ふぶき 吹雪	명 눈보라
2296	みずびた 水浸し	명 침수, 물에 잠김		2317	やまかじ 山火事	명 산불
2297	どしゃぶ 土砂降り	명 억수같이 쏟아지는 비, 장대비		2318	つなみ 津波	명 해일, 쓰나미
2298	はるさき 春先	명 초봄, 이른 봄		2319	くなん 苦難	명 고난
2299	まなつ 真夏	명 한여름		2320	はれつ 破裂	명 파열
2300	まふゆ 真冬	명 한겨울		2321	けいほう 警報	명 경보
2301	ふ 更ける	동 (계절, 밤이) 깊어지다		2322	きんぱく 緊迫	명 긴박
2302	みこ 見込み	명 전망, 예상, 장래성		2323	しばしば	부 자주, 여러 번
2303	たいき 大気	명 대기, 공기		2324	ききん 飢饉	명 기근, (식량이) 모자람

2325 ☐☐☐

| 分析 | ★ | ぶんせき | 명 분석 |

うつ病の症状と治療法について科学的分析を行っている。
우울증의 증상과 치료법에 대해 과학적 분석을 진행하고 있다.

2326 ☐☐☐

| 密接だ | ★ | みっせつだ | な형 밀접하다 |

医学と生物学は密接な関係があるそうだ。
의학과 생물학은 밀접한 관계가 있다고 한다.

2327 ☐☐☐

| 矛盾 | ★ | むじゅん | 명 모순 |

広く受け入れられていた仮説から矛盾が発見された。
널리 받아들여져 있던 가설에서 모순이 발견되었다.

2328 ☐☐☐

| まだ | ★ | - | 부 아직 |

宇宙をはじめ、まだ解明されていないことはたくさんある。
우주를 비롯하여, 아직 해명되지 않은 것은 잔뜩 있다.

[문형] 명사 + をはじめ ~를 비롯하여

2329 ☐☐☐

| 未知 | | みち | 명 미지, 아직 모르는 것 |

ブラックホールという未知の領域を探りたい。
블랙홀이라는 미지의 영역을 탐구하고 싶다.

2330 ☐☐☐

客観的だ きゃっかんてきだ 　な형 객관적이다

きゃっかんてき こんきょ もと かせつ けんしょう
客観的な根拠に基づいて仮説を検証するべきだ。
객관적인 근거에 기반하여 가설을 검증해야 한다.

[문형] 명사 + に基づいて ~에 기반하여 / 동사 사전형 + べきだ ~(해)야 한다

2331 ☐☐☐

証明 しょうめい 　명 증명

じっけん よそく けっか で かてい しょうめい
実験は予測したとおりの結果が出て、仮定は証明された。
실험은 예측했던 대로의 결과가 나왔고, 가정은 증명되었다.

[문형] 동사 た형 + とおり ~(했)던 대로

2332 ☐☐☐

推定 すいてい 　명 추정

ぎん が すうせんおくこ わくせい すいてい
銀河には数千億個の惑星があると推定されている。
은하에는 수천억 개의 행성이 있을 것으로 추정되고 있다.

2333 ☐☐☐

確かだ ★ たしかだ 　な형 확실하다, 분명하다

きんにく ろうか かがくてき たし りゆう
筋肉などが老化することには科学的に確かな理由がある。
근육 등이 노화하는 것에는 과학적으로 확실한 이유가 있다.

2334 ☐☐☐

先端 せんたん 　명 첨단, 선단

せんたん か がく ぎ じゅつ もち び じゅつかん わ だい
先端科学技術を用いたスマート美術館が話題だ。
첨단 과학 기술을 이용한 스마트 미술관이 화제이다.

> 관련어 最先端 さいせんたん 명 최첨단

2335 ☐☐☐

水準 すいじゅん 　명 수준

こく い りょうか がく ぶん や ろんぶん すいじゅん ねんねんこうじょう
A国は医療科学の分野における論文の水準が年々向上
している。 A국은 의료 과학 분야에서의 논문 수준이 해마다 향상하고 있다.

[문형] 명사 + における ~에서의

DAY
29

해커스 JLPT 기출 단어장 N2

2336 ☐☐☐

| 驚く | ★ | おどろく | 동 놀라다 |

かいそうるい おどろ おお りょう たんそ きゅうしゅう
海藻類は驚くほど多い量の炭素を吸収するそうだ。
해조류는 놀랄 정도로 많은 양의 탄소를 흡수한다고 한다.

2337 ☐☐☐

| 映る | ★ | うつる | 동 비치다 |

たいよう い ち じめん うつ かげ なが ちが
太陽の位置によって地面に映る影の長さが違ってくる。
태양의 위치로 인해 지면에 비치는 그림자의 길이가 달라진다.

[문형] 명사 + によって ~로 인해

2338 ☐☐☐

| 混じる | ★ | まじる | 동 섞이다 |

みず しお ま ようえき しお と だ
水に塩が混じっているこの溶液から塩を取り出してみま
しょう。 물에 소금이 섞여 있는 이 용액에서 소금을 빼내어 봅시다.

2339 ☐☐☐

| さびる | ★ | - | 동 녹슬다 |

てつ ところ もとどお はみが こ き
鉄がさびた所を元通りにするのに歯磨き粉が効くらしい。
철이 녹슨 곳을 원래대로 하는 데에 치약이 효과가 있다고 한다.

2340 ☐☐☐

| 逆らう | ★ | さからう | 동 거스르다, 거역하다 |

ち きゅう すべ もの じゅうりょく さか
地球にある全ての物は重力に逆らうことができない。
지구에 있는 모든 것은 중력을 거스를 수 없다.

2341 ☐☐☐

| 逆 | ★ | ぎゃく | 명 반대, 거꾸로 |

こんかい じっけん さいしょ かせつ ぎゃく けっか で
今回の実験は最初の仮説とまったく逆の結果が出た。
이번 실험에서는 처음의 가설과 완전히 반대의 결과가 나왔다.

2342 ☐☐☐

蒸気　★　じょうき　　명 증기

じょうき き かんしゃ　じょうき　どうりょく　うご き かんしゃ
蒸気機関車は蒸気を動力にして動く機関車のことである。
증기 기관차는 증기를 동력으로 해서 움직이는 기관차이다.

> 관련어　水蒸気 すいじょうき 명 수증기

2343 ☐☐☐

分解　　ぶんかい　　명 분해

ゆうがいぶっしつ　ぶんかい　び せいぶつ　かん　けんきゅう　けいかく
有害物質を分解する微生物に関して研究する計画です。
유해 물질을 분해하는 미생물에 관해서 연구할 계획입니다.

[문형] 명사 + に関して ~에 관해서

2344 ☐☐☐

持続　　じぞく　　명 지속

うご　ぶったい　ちから　くわ　かぎ　そく ど　じ ぞく
動いている物体は力を加えない限り、その速度を持続しよう
とする。　움직이고 있는 물체는 힘을 가하지 않는 한, 그 속도를 지속하려고 한다.

[문형] 동사 ない형 + ない限り ~(하)지 않는 한 / 동사 의지형 + とする ~(하)려고 하다

2345 ☐☐☐

震える　　ふるえる　　동 떨리다

けんきゅう つづ　すえ あたら　はっけん　よろこ　ぜんしん　ふる
研究を続けた末に新しい発見ができ、喜びで全身が震えた。
연구를 계속한 끝에 새로운 발견을 할 수 있어서, 기쁨으로 온몸이 떨렸다.

[문형] 동사 た형 + 末に ~(한) 끝에

2346 ☐☐☐

速さ　★　はやさ　　명 속도, 빠르기

ひかり　はや　びょう　ち きゅう　やく　しゅうはん　はや
光の速さは1秒で地球を約7周半するほど速い。
빛의 속도는 1초에 지구를 약 7바퀴 반을 돌 정도로 빠르다.

2347 ☐☐☐

爆発　　ばくはつ　　명 폭발

ばくはつ おそ　きけん じっけん　き つ
爆発の恐れがある危険な実験なので気を付けてください。
폭발의 우려가 있는 위험한 실험이니까 조심해 주세요.

[문형] 명사 の + 恐れがある ~의 우려가 있다

2348 ☐☐☐

摩擦 ★ まさつ 명 마찰

摩擦によって物体の速度が鈍り、止まることを運動摩擦という。

마찰에 의해 물체의 속도가 둔해져, 멈추는 것을 운동 마찰이라고 한다.

2349 ☐☐☐

作用 さよう 명 작용

エタノールには殺菌作用があって消毒剤に使われている。

에탄올에는 살균 작용이 있어 소독제에 사용되고 있다.

관련어	副作用 ふくさよう 명 부작용

2350 ☐☐☐

成分 ★ せいぶん 명 성분

この病気の患者が服用する薬の成分には心身安定の
効果がある。 이 질병의 환자가 복용하는 약의 성분에는 심신 안정의 효과가 있다.

2351 ☐☐☐

金属 きんぞく 명 금속

金属の中でも金や純銀は熱が伝わりやすい。

금속 중에서도 금이나 순은은 열이 전달되기 쉽다.

2352 ☐☐☐

人類 じんるい 명 인류

科学の発展は人類の文明の発展に大きな影響を与えた。

과학의 발전은 인류 문명의 발전에 큰 영향을 주었다.

2353 ☐☐☐

極めて きわめて 부 극히

宇宙にはたくさんの惑星があるが、人が住める所は極めて
少ない。 우주에는 많은 행성이 있지만, 사람이 살 수 있는 곳은 극히 적다.

2354 ☐☐☐

順調だ ★	じゅんちょうだ	な형 순조롭다

じっけん　いま　　　　　　じゅんちょう　　　さいご　　　ようじん
実験は今のところ順調だが、最後まで用心しなければ
ならない。 실험은 지금까지는 순조롭지만, 끝까지 주의해야 한다.

[문형] 동사 ない형 + なければならない ~(해)야 한다

2355 ☐☐☐

好奇心	こうきしん	명 호기심

ち てきこう き しん　のう　 てき ど　　し げき　にん ち しょう　よ ぼう　やく だ
知的好奇心は脳を適度に刺激し、認知症の予防に役立
ちます。 지적 호기심은 뇌를 적당하게 자극해, 치매 예방에 도움이 됩니다.

2356 ☐☐☐

比例 ★	ひれい	명 비례

じゅうりょく　しつりょう　ひ れい　　　　　　　　 わ
重力は質量に比例することが分かっている。
중력은 질량에 비례하는 것을 알고 있다.

2357 ☐☐☐

幅	はば	명 폭, 너비

じっけん　　 はば　　　　　　　　なが　　　　　　　　　　　すい ろ　 ひつよう
この実験には幅20センチ、長さ4メートルの水路が必要
です。 이 실험에는 폭 20cm, 길이 4m의 수로가 필요합니다.

2358 ☐☐☐

努める ★	つとめる	동 힘쓰다, 노력하다

われわれ　い でん　びょうき　よ ぼう　　ぎ じゅつ　かい はつ　つと
我々は遺伝する病気を予防する技術の開発に努めています。
저희는 유전되는 병을 예방하는 기술 개발에 힘쓰고 있습니다.

2359 ☐☐☐

尽くす ★	つくす	동 (힘을) 다하다, 애쓰다

けんきゅう　　　　たいよう　かんそく　ぜんりょく　つ
研究のため、太陽の観測に全力を尽くした。
연구를 위해, 태양의 관측에 전력을 다했다.

2360 ☐☐☐

| 導く | ★ | みちびく | 통 이끌다, 안내하다 |

きょうじゅ わたし せいめい か がく けんきゅう みち みちび
教授は私を生命科学の研究の道に導いてくれた。
교수님은 나를 생명 과학 연구의 길로 이끌어 주었다.

2361 ☐☐☐

| 等しい | ★ | ひとしい | い형 같다, 동일하다 |

に へん なが ひと さんかくけい に とうへんさんかくけい い
二辺の長さが等しい三角形を二等辺三角形と言います。
두 변의 길이가 같은 삼각형을 이등변 삼각형이라고 말합니다.

2362 ☐☐☐

| 奇数 | | きすう | 명 홀수 |

わ き すう きすう い
2で割り切れない1や3などの数を奇数と言う。
2로 나누어떨어지지 않는 1이나 3 등의 수를 홀수라고 말한다.

2363 ☐☐☐

| 偶数 | | ぐうすう | 명 짝수 |

ぐうすう か しぜんすう かなら ぐうすう
偶数を掛けると、どの自然数でも必ず偶数になる。
짝수를 곱하면, 어떤 자연수라도 반드시 짝수가 된다.

2364 ☐☐☐

| 垂直 | ★ | すいちょく | 명 수직 |

すいちょく せん ひ おも かたむ
やっと垂直の線が引けたかと思ったが傾いていた。
겨우 수직선을 그었나 했더니 기울어져 있었다.

2365 ☐☐☐

| 面積 | | めんせき | 명 면적, 넓이 |

えん めんせき もと こうしき まな
円の面積を求める公式を学びました。
원의 면적을 구하는 공식을 배웠습니다.

*<Day별 단어 퀴즈 PDF>를 활용하여 꼭 복습하세요.

완성 단어

2366 ぶつり **物理**	명 물리		2387 せんもんせい **専門性**	명 전문성
2367 でんし **電子**	명 전자		2388 しえん **支援**	명 지원, 원조
2368 でんぱ **電波**	명 전파		2389 くつがえ **覆す**	동 뒤엎다
2369 こうせん **光線**	명 광선		2390 こんごう **混合**	명 혼합
2370 じしゃく **磁石**	명 자석		2391 いでん **遺伝**	명 유전
2371 じゅうりょく **重力**	명 중력		2392 じばん **地盤**	명 지반
2372 あつりょく **圧力**	명 압력		2393 うちゅう **宇宙**	명 우주
2373 いんりょく **引力**	명 인력, 끌어당기는 힘		2394 きどう **軌道**	명 궤도
2374 げんしりょく **原子力**	명 원자력		2395 きほう **気泡**	명 기포
2375 こたい **固体**	명 고체		2396 じょうはつ **蒸発**	명 증발
2376 えきたい **液体**	명 액체		2397 ふしぎ **不思議**	명 불가사의, 이상함
2377 **そのうち**	부 곧, 머지않아		2398 おく **億**	명 억(숫자)
2378 **じきに**	부 곧, 금방		2399 しょうすう **少数**	명 소수, 적은 수
2379 **すなわち**	접 다시 말하면, 즉		2400 けた **桁**	명 자릿수, 자리
2380 じんこうてき **人工的だ**	な형 인공적이다		2401 かくりつ **確率**	명 확률
2381 せいりつ **成立**	명 성립		2402 かくど **角度**	명 각도
2382 げんり **原理**	명 원리		2403 ちょっかく **直角**	명 직각
2383 ごうり **合理**	명 합리		2404 せいほうけい **正方形**	명 정사각형, 정방형
2384 めいしょう **名称**	명 명칭		2405 ちょっけい **直径**	명 직경, 지름
2385 こんきょ **根拠**	명 근거		2406 じょうぎ **定規**	명 자, 기준
2386 じつれい **実例**	명 실례, 실제 예시		2407 ものさ **物差し**	명 기준, 척도

2408 ☐☐☐

| 技術 | ★ | ぎじゅつ | 몡 기술 |

<ruby>企業<rt>き ぎょう</rt></ruby> <ruby>独自<rt>どく じ</rt></ruby> <ruby>技術<rt>ぎ じゅつ</rt></ruby> <ruby>用<rt>もち</rt></ruby> <ruby>新<rt>あたら</rt></ruby> <ruby>開発<rt>かいはつ</rt></ruby>

あの企業は独自の技術を用いて、新しいタイヤを開発した。
저 기업은 독자적인 **기술**을 이용하여, 새로운 타이어를 개발했다.

2409 ☐☐☐

| 機能 | ★ | きのう | 몡 기능 |

<ruby>利用者<rt>りょうしゃ</rt></ruby> <ruby>意見<rt>い けん</rt></ruby> <ruby>反映<rt>はんえい</rt></ruby> <ruby>機能<rt>き のう</rt></ruby> <ruby>改善<rt>かいぜん</rt></ruby>

ゲームの利用者からもらった意見を反映し機能を改善した。
게임 이용자로부터 받은 의견을 반영하여 **기능**을 개선했다.

2410 ☐☐☐

| 分野 | ★ | ぶんや | 몡 분야 |

<ruby>技術<rt>ぎ じゅつ</rt></ruby> <ruby>分野<rt>ぶん や</rt></ruby> <ruby>応用<rt>おうよう</rt></ruby> <ruby>進<rt>すす</rt></ruby>

AI技術はあらゆる分野での応用が進んでいる。
AI 기술은 여러 **분야**에서의 응용이 진행되고 있다.

2411 ☐☐☐

| 装置 | ★ | そうち | 몡 장치 |

<ruby>氷<rt>こおり</rt></ruby> <ruby>作<rt>つく</rt></ruby> <ruby>装置<rt>そう ち</rt></ruby>

このウォーターサーバーには氷を作る装置がある。
이 정수기에는 얼음을 만드는 **장치**가 있다.

2412 ☐☐☐

| 特殊 | ★ | とくしゅ | 몡 특수 |

<ruby>監督<rt>かんとく</rt></ruby> <ruby>映画<rt>えい が</rt></ruby> <ruby>特殊効果<rt>とくしゅこう か</rt></ruby> <ruby>素晴<rt>す ば</rt></ruby>

あの監督の映画はCGによる特殊効果が素晴らしいです。
저 감독의 영화는 CG에 의한 **특수** 효과가 훌륭합니다.

[문형] 명사 + による ~에 의한

2413 ☐☐☐

| 焦点 ★ | しょうてん | 몡 초점 |

きんねん きしょう へんか しょうてん あ けんきゅう
近年の気象の変化に焦点を当てた研究をしている。
근년의 기상 변화에 **초점**을 맞춘 연구를 하고 있다.

2414 ☐☐☐

| 使いこなす | つかいこなす | 통 잘 다루다 |

かれ ながねんのうぎょう たずさ のうぎょう きかい なん つか
彼は長年農業に携わっていて、農業機械なら何でも使い
こなす。 그는 오랫동안 농업에 종사하고 있어, 농기계라면 무엇이든 잘 다룬다.

2415 ☐☐☐

| 用いる | もちいる | 통 이용하다, 쓰다 |

じ どうしゃ はんばい せいぞう ぎじゅつ もち
自動車の販売や製造にもVR技術が用いられているそうだ。
자동차의 판매나 제조에도 VR 기술이 이용되고 있다고 한다.

2416 ☐☐☐

| 的確だ | てきかくだ | な형 정확하다, 적확하다 |

き こうへんどう げんじょう てきかく は あく てきおう ぎ じゅつ
気候変動の現状を的確に把握し、適応するための技術を
かいはつ
開発している。
기후 변동의 현재 상태를 **정확히** 파악하여, 적응하기 위한 기술을 개발하고 있다.

2417 ☐☐☐

| 複雑だ ★ | ふくざつだ | な형 복잡하다 |

わ しゃ ほあん ふくざつ こうか たし
我が社の保安システムは複雑なだけあって効果は確かだ。
우리 회사의 보안 시스템은 복잡한 만큼 효과는 확실하다.

[문형] な형용사 어간 な + だけあって ~(한) 만큼

2418 ☐☐☐

| 外す ★ | はずす | 통 빼다, 떼다, 벗기다 |

かんたん はず かいはつ
さびたネジなどが簡単に外せるドライバーを開発した。
녹슨 나사 등을 간단하게 **뺄** 수 있는 드라이버를 개발했다.

2419 ☐☐☐

拡散　　かくさん　　圏 확산

インターネットの発展により情報の拡散がしやすくなった。
인터넷 발전에 의해 정보의 확산이 쉬워졌다.

[문형] 명사 + により ~에 의해

2420 ☐☐☐

障害　　しょうがい　　圏 장애

大雨によってサーバー障害が発生してしまった。
큰비 때문에 서버 장애가 발생하고 말았다.

[문형] 명사 + によって ~때문에 / 동사 て형 + しまう ~(하)고 말다

2421 ☐☐☐

処理　★　しょり　　圏 처리

このプログラムはビッグデータの処理及び分析が可能です。
이 프로그램은 빅 데이터의 처리 및 분석이 가능합니다.

2422 ☐☐☐

方式　　ほうしき　　圏 방식

デジタル技術を用いた栽培方式を導入する農家が増えた。
디지털 기술을 이용한 재배 방식을 도입하는 농가가 늘었다.

2423 ☐☐☐

点検　★　てんけん　　圏 점검

火災警報器の誤作動が多いと苦情があって直ちに点検を
行った。　화재경보기의 오작동이 많다고 고충이 있어서 즉시 점검을 진행했다.

2424 ☐☐☐

接続　★　せつぞく　　圏 접속

一日中ネットに接続できなくて店の営業に被害が生じた。
하루 종일 인터넷에 접속할 수 없어서 가게 영업에 피해가 발생했다.

2425 □□□

原因 ★ げんいん 圏 원인

システムの不具合を解決するどころか原因すら分からない。
시스템의 오류를 해결하기는커녕 원인조차 모르겠다.

[문형] 동사 사전형 + どころか ~는커녕

2426 □□□

設置 せっち 圏 설치

この美術館には作品を守るために防犯装置が設置されて
います。 이 미술관에는 작품을 보호하기 위해 방범 장치가 설치되어 있습니다.

2427 □□□

補修 ★ ほしゅう 圏 보수, 수리

ガスの爆発事故で壊れた建物の補修作業が順調に進ん
でいる。 가스 폭발 사고로 부서진 건물의 보수 작업이 순조롭게 진행되고 있다.

2428 □□□

整備 せいび 圏 정비

今ではほとんどの学校で情報通信環境が整備されている。
이제는 대부분의 학교에 정보 통신 환경이 정비되어 있다.

2429 □□□

ぎざぎざ ★ - 圓 들쭉날쭉

歯車は、ぎざぎざした部分が噛み合って力を伝える発明品だ。
톱니바퀴는, 들쭉날쭉한 부분이 맞물려 힘을 전달하는 발명품이다.

2430 □□□

やや ★ - 圓 조금 더, 약간

最新の建築技術で建てたビルなので、他のと比べて
やや崩れにくいです。
최신 건축 기술로 세운 빌딩이라서, 다른 것과 비교해 조금 더 무너지기 어렵습니다.

2431 ☐☐☐

| 乏しい | ★ | とぼしい | い형 부족하다, 가난하다 |

ぎじゅつりょく とぼ ぶんや けんきゅう しょこく きょうどう おこな よてい
技術力が乏しい分野の研究を諸国と共同で行う予定だ。
기술력이 부족한 분야의 연구를 여러 나라와 공동으로 진행할 예정이다.

2432 ☐☐☐

| 劣る | ★ | おとる | 동 뒤떨어지다 |

たしゃ おと ぶんや ぎじゅつ はってん ちから つ
他社より劣っている分野の技術を発展させるべく力を尽く
している。
타사보다 뒤떨어지고 있는 분야의 기술을 발전시키기 위해 힘을 다하고 있다.

[문형] 동사 사전형 + べく ~(하)기 위해

2433 ☐☐☐

| 成長 | ★ | せいちょう | 명 성장 |

じんこうえいせい かいはつ せいこう しゃ かがや せいちょう と
人工衛星の開発に成功し、A社は輝かしい成長を遂げた。
인공위성의 개발에 성공해, A사는 눈부신 성장을 이루었다.

2434 ☐☐☐

| 発達 | ★ | はったつ | 명 발달 |

きかい はったつ ひとびと じっせいかつ べんり
機械の発達が人々の実生活を便利にする。
기계의 발달이 사람들의 실생활을 편리하게 한다.

2435 ☐☐☐

| 出願 | ★ | しゅつがん | 명 출원 |

あたら はつめい とっきょ しゅつがん ほう
新しいものを発明したら、特許を出願した方がいい。
새로운 것을 발명했으면, 특허를 출원하는 편이 좋다.

2436 ☐☐☐

| 上昇 | ★ | じょうしょう | 명 상승 |

じむ ぎょうむ ぎじゅつ どうにゅう せいさんせい じょうしょう
事務の業務にAI技術を導入してから生産性が上昇した
そうだ。　사무 업무에 AI 기술을 도입하고 나서 생산성이 상승했다고 한다.

[문형] 동사 て형 + から ~(하)고 나서

2437 ☐☐☐

克服　★　こくふく　　　图 극복

既存技術の限界を克服する方法について議論を尽くした。
기존 기술의 한계를 극복하는 방법에 대해 의논에 애썼다.

2438 ☐☐☐

願望　★　がんぼう　　　图 소원, 원하고 바람

最新のゲーム機が欲しいという願望が叶って嬉しくて
たまらない。 최신 게임기를 가지고 싶다는 소원이 이루어져 너무 기쁘다.

[문형] い형용사 て형 + たまらない 너무 ~(하)다

2439 ☐☐☐

著しい　★　いちじるしい　　　い형 현저하다, 분명하다

日本は防災技術の方面で著しい発展を見せている。
일본은 방재 기술 방면에서 현저한 발전을 보이고 있다.

2440 ☐☐☐

目覚ましい　　めざましい　　　い형 눈부시다, 찬란하다

この国はここ20年で様々な技術が進歩し目覚ましい発展
を遂げた。
이 나라는 최근 20년 사이에 다양한 기술이 발전하여 눈부신 발전을 이룩했다.

2441 ☐☐☐

生かす　　いかす　　　图 활용하다, 살리다

この地域は河川水を生かした水力発電に力を入れている。
이 지역은 하천수를 활용한 수력 발전에 힘을 들이고 있다.

2442 ☐☐☐

増やす　　ふやす　　　图 늘리다

発電量を増やすため、太陽光パネルを適切な角度に調整
した。 발전량을 늘리기 위해, 태양광 패널을 적절한 각도로 조정했다.

2443 ☐☐☐

超える　　こえる　　동 넘다

今までの技術を超える革新的な技術を開発したい。
지금까지의 기술을 넘는 혁신적인 기술을 개발하고 싶다.

2444 ☐☐☐

導入　★　どうにゅう　　명 도입

今回作るゲームにAI技術を導入することになった。
이번에 만드는 게임에 AI 기술을 도입하게 되었다.

[문형] 동사 사전형 + ことになる ~(하)게 되다

2445 ☐☐☐

建設　★　けんせつ　　명 건설

法律に基づいて、防災設備が充実した建物を建設する
べきだ。 법률에 기반하여, 방재 설비가 충실한 건물을 건설해야 한다.

[문형] 명사 + に基づいて ~에 기반하여 / 동사 사전형 + べきだ ~(해)야 한다

2446 ☐☐☐

建築　★　けんちく　　명 건축

３Dプリンターは部品を作るだけでなく建築もできるらしい。
3D 프린터는 부품을 만드는 것뿐 아니라 건축도 가능하다고 한다.

[문형] 동사 보통형 + だけでなく ~뿐 아니라

| 관련어 建築家 けんちくか 명 건축가 |

2447 ☐☐☐

設計　　せっけい　　명 설계

この家は夏でも涼しく過ごせるように設計されている。
이 집은 여름이라도 시원하게 보낼 수 있도록 설계되어 있다.

2448 ☐☐☐

作製　　さくせい　　명 (물품 혹은 도면) 제작

精密機械を作製する工場だけあって部品がずらっと並べ
られている。 정밀 기계를 제작하는 공장인 만큼 부품이 죽 즐비해 있다.

[문형] 명사 + だけあって ~인 만큼

*<Day별 단어 퀴즈 PDF>를 활용하여 꼭 복습하세요.

완성 단어

2449	はんのう 反応	명 반응	2470	じゅうでん 充電	명 충전
2450	にんしき 認識	명 인식	2471	こうひょう 公表	명 공표
2451	もう 設ける	동 마련하다, 설치하다	2472	へんかん 変換	명 변환
2452	せつび 設備	명 설비	2473	せいぎょ 制御	명 제어
2453	し か 仕掛け	명 장치, 조작	2474	あっしゅく 圧縮	명 압축
2454	ひねる	동 돌리다, 비틀다	2475	くだ 砕く	동 부수다, 깨뜨리다
2455	ふ な 不慣れだ	な형 익숙지 않다, 낯설다	2476	ひょうじゅん 標準	명 표준
2456	ろくおん 録音	명 녹음	2477	くる 狂う	동 미치다, 어긋나다
2457	さ どう 作動	명 작동	2478	いど 挑む	동 도전하다, 덤비다
2458	き どう 起動	명 기동, 시동	2479	し がん 志願	명 지원
2459	じつよう 実用	명 실용	2480	ものすごい	い형 굉장하다, 대단하다
2460	あくよう 悪用	명 악용	2481	やがて	부 이윽고, 머지않아
2461	けいたい 携帯	명 휴대, 휴대전화	2482	こう ど 高度	명 고도, 높은 정도
2462	かんでん ち 乾電池	명 건전지	2483	こ 越す	동 넘다
2463	えいせい 衛星	명 위성	2484	ほこ 誇る	동 자랑하다, 뽐내다
2464	けんさく 検索	명 검색	2485	ず ひょう 図表	명 도표
2465	いっ ち 一致	명 일치	2486	せいのう 性能	명 성능
2466	かん し 監視	명 감시	2487	ゆいいつ 唯一	명 유일
2467	あんしょうばんごう 暗証番号	명 비밀번호	2488	せいこう 精巧	명 정교, 세밀
2468	ひとりでに	부 저절로, 자연히	2489	かくしんてき 革新的だ	な형 혁신적이다
2469	か こう 加工	명 가공	2490	けんちょ 顕著だ	な형 현저하다

해커스 JLPT 기출 단어장 N2

DAY 31 역사·전통

MP3 바로 듣기

2491 ☐☐☐

| 歴史 | ★ | れきし | 図 역사 |

歴史上の出来事にはまだ明らかになっていないことも多い。
역사상 일어난 일에는 아직 밝혀지지 않은 것도 많다.

2492 ☐☐☐

| 思想 | | しそう | 図 사상 |

彼の経済思想は当時の社会に大きな影響を与えた。
그의 경제 사상은 당시 사회에 커다란 영향을 주었다.

2493 ☐☐☐

| 意義 | | いぎ | 図 의의 |

歴史を学ぶ意義は過去の失敗を現代に生かすことにあると
思う。 역사를 배우는 의의는 과거의 실패를 현대에 활용하는 것에 있다고 생각한다.

2494 ☐☐☐

| 都 | | みやこ | 図 도읍지, 수도 |

その昔、京都は日本の都であり、政治の中心地だった。
그 옛날, 교토는 일본의 도읍지였고, 정치의 중심지였다.

2495 ☐☐☐

| 以来 | | いらい | 図 이래, 이후 |

欧米文化を取り入れて以来、驚くべき速さで近代化した。
서구의 문화를 받아들인 이래, 놀랄 만한 속도로 근대화되었다.

2496 ☐☐☐

世紀	せいき	명 세기

この墓は 5 世紀ごろ作られたものだと推定されている。
이 무덤은 5세기경 만들어진 것이라고 추정되고 있다.

2497 ☐☐☐

武士	ぶし	명 무사

武士が政治において大きな力を持つ時代があった。
무사가 정치에 있어서 큰 힘을 가진 시대가 있었다.

[문형] 명사 + において ~에 있어서

2498 ☐☐☐

往来	おうらい	명 왕래

昔は国内の往来にも役所が発行した証明書が必要だった。
옛날에는 나라 안에서의 왕래에도 관청이 발행한 증명서가 필요했다.

2499 ☐☐☐

大体 ★	だいたい	부 대략, 대체로, 대강

縄文時代は大体 1 万年もの間続いたきわめて長い時代だ。
조몬 시대는 대략 1만 년 동안 계속된 매우 긴 시대이다.
↳ 일본의 선사시대 중 하나

2500 ☐☐☐

全般	ぜんぱん	명 전반, 전체

この本は人類の進化史全般を分かりやすく解説している。
이 책은 인류 진화사 전반을 알기 쉽게 해설하고 있다.

2501 ☐☐☐

いつも ★	-	부 항상

城の周りは武士や町人でいつもにぎわっていたという。
성의 주변은 무사나 상인들로 항상 붐볐다고 한다.

2502 ☐☐☐

至る ★ いたる 동 다다르다, 도달하다

地球温暖化対策に関して175か国が歴史的合意に至った。
지구 온난화 대책에 관해 175개국이 역사적 합의에 다다랐다.

[문형] 명사 + に関して ~에 관해

2503 ☐☐☐

基づく もとづく 동 근거하다, 기반하다, 기초를 두다

歴史の教科書は最新の研究結果に基づき修正されている。
역사 교과서는 최신 연구 결과에 근거하여 수정되고 있다.

2504 ☐☐☐

繋がる つながる 동 이어지다, 연결되다, 관계가 있다

古代文字が理解できれば新事実の発見に繋がるかもしれない。 고대 문자를 이해할 수 있으면 새로운 사실의 발견으로 이어질지도 모른다.

[문형] 동사 보통형 + かもしれない ~(할)지도 모른다

2505 ☐☐☐

関心を持つ ★ かんしんをもつ 관심을 가지다

歴史ドラマの影響で武士の時代に関心を持つようになった。
역사 드라마의 영향으로 무사 시대에 관심을 가지게 되었다.

2506 ☐☐☐

発掘 はっくつ 명 발굴

城の地下から中世の硬貨が発掘され、話題になった。
성의 지하에서 중세의 동전이 발굴되어, 화제가 되었다.

2507 ☐☐☐

貴重だ ★ きちょうだ な형 귀중하다

A博物館では、国内の貴重な文化財を多く展示している。
A 박물관에서는, 국내의 귀중한 문화재를 많이 전시하고 있다.

2508 ☐☐☐

重要性	じゅうようせい	명 중요성

歴史的な建物の保護の重要性については全員が同意
するだろう。 역사적인 건물 보호의 중요성에 대해서는 전원이 동의할 것이다.

2509 ☐☐☐

建て直す	たてなおす	동 다시 세우다, 재건하다

その神社は火災の被害を受け、10年前に建て直された。
그 신사는 화재 피해를 입어, 10년 전에 다시 세워졌다.

2510 ☐☐☐

復興	ふっこう	명 부흥

日本はいくどの大きな災害から復興を遂げてきた。
일본은 몇 번의 큰 재해에서 부흥을 이뤄왔다.

2511 ☐☐☐

繁栄	はんえい	명 번영

その町は海が近いおかげで、貿易都市として繁栄した。
그 마을은 바다가 가까운 덕분에, 무역 도시로 번영했다.

[문형] い형용사 보통형 + おかげで ~덕분에 / 명사 + として ~로

2512 ☐☐☐

強大だ ★	きょうだいだ	な형 강대하다

昔、モンゴル帝国は世界で一番強大な国だった。
옛날, 몽골 제국은 세계에서 가장 강대한 나라였다.

2513 ☐☐☐

永遠だ ★	えいえんだ	な형 영원하다

その作曲家は世界の音楽史に永遠に残るにちがいない。
그 작곡가는 세계 음악사에 분명 영원히 남을 것이다.

[문형] 동사 보통형 + にちがいない 분명 ~(할) 것이다

2514 ☐☐☐

偉大だ　　いだいだ　　[な형] 위대하다

彼は国を経済大国に導いた偉大な人物にほかならない。
그는 나라를 경제 대국으로 이끈 **위대한** 인물임에 틀림없다.

[문형] 명사 + にほかならない ~임에 틀림없다

2515 ☐☐☐

跡　　あと　　[명] 유적, 자취, 흔적

この文化財は古いお寺の跡から見つかった。
이 문화재는 오래된 절의 유적에서 발견되었다.

2516 ☐☐☐

儀式　　ぎしき　　[명] 의식, 의례

その宮殿は国家的な儀式を行う場所として機能していた。
그 궁전은 국가적인 의식을 행하는 장소로서 기능했었다.

관련어 儀式的だ ぎしきてきだ [な형] 의식적이다

2517 ☐☐☐

文献　　ぶんけん　　[명] 문헌

文献からすると、当時の国民は王に不満があったようだ。
문헌으로 보아, 당시의 국민은 왕에게 불만이 있었던 것 같다.

[문형] 명사 + からすると ~으로 보아

2518 ☐☐☐

伝統　★　でんとう　　[명] 전통

彼は伝統芸能の持続のみならず、発展にも努めている。
그는 전통 예술의 지속뿐만 아니라, 발전에도 힘쓰고 있다.

[문형] 명사 + のみならず ~뿐만 아니라

2519 ☐☐☐

本場　　ほんば　　[명] 본고장

バレエの本場で活動する伝統あるバレエ団の舞台を
見に行った。 발레의 본고장에서 활동하는 전통 있는 발레단의 무대를 보러 갔다.

2520 ☐☐☐

先祖	せんぞ	명 선조

日本や韓国のように**先祖**を祭る文化が世界各国にある。
일본이나 한국과 같이 선조에게 제사를 지내는 문화가 세계 각국에 있다.

2521 ☐☐☐

維持 ★	いじ	명 유지

この市は法に基づいて伝統行事の**維持**に努めている。
이 시는 법에 기반하여 전통 행사의 유지에 힘쓰고 있다.

[문형] 명사 + に基づいて ~에 기반하여

2522 ☐☐☐

継ぐ	つぐ	동 잇다, 계승하다

家業の和菓子屋を**継ぐ**ために必要な専門性を磨きたい。
가업인 일본식 과자집을 잇기 위해 필요한 전문성을 갈고닦고 싶다.

2523 ☐☐☐

受け継ぐ	うけつぐ	동 계승하다, 이어받다

この焼き物は、昔からの伝統的な製造方法が**受け継**がれて
いる。 이 도자기는, 예로부터의 전통적인 제조 방법이 계승되고 있다.

2524 ☐☐☐

受け入れる ★	うけいれる	동 받아들이다

長崎は、貿易を通して欧米の文化を**受け入れ**独自の発展を
遂げた。 나가사키는, 무역을 통해 서구 문화를 받아들여 독자적인 발전을 이뤘다.

[문형] 명사 + を通して ~을 통해

2525 ☐☐☐

独創的だ	どくそうてきだ	な형 독창적이다

最新トレンドを取り入れた**独創的**な伝統工芸品が人気を
得ている。 최신 트렌드를 도입한 독창적인 전통 공예품이 인기를 얻고 있다.

2526 ☐☐☐

| 方言 | ほうげん | 명 방언, 사투리 |

方言はその土地の気候や暮らしと密接に関係する。
방언은 그 지역의 기후나 생활과 밀접하게 관계한다.

2527 ☐☐☐

| 衣服 | いふく | 명 의복 |

日本の伝統的な衣服である着物の形は時代ごとに変化
してきた。 일본의 전통적인 의복인 기모노의 모양은 시대마다 변화해 왔다.

[문형] 명사 + ごとに ~마다

2528 ☐☐☐

| 構造 | こうぞう | 명 구조 |

昔から地震が多い日本の住宅は、地震に強い構造で造られ
ている。 옛날부터 지진이 많은 일본의 주택은, 지진에 강한 구조로 지어져 있다.

2529 ☐☐☐

| 仏像 | ぶつぞう | 명 불상 |

茨城県に、日本で一番大きい120メートルの仏像がある。
이바라키현에, 일본에서 가장 큰 120미터의 불상이 있다.

2530 ☐☐☐

| 遺産 | いさん | 명 유산 |

あの文化遺産は数か月間にわたって補修工事が行われる。
저 문화유산은 수개월간에 걸쳐 보수 공사가 진행된다.

[문형] 명사 + にわたって ~에 걸쳐

2531 ☐☐☐

| 遺物 | いぶつ | 명 유물, 유품 |

遺物を分析することで、当時の人々の生活が推測できる。
유물을 분석하는 것으로, 당시 사람들의 생활이 추측 가능하다.

*<Day별 단어 퀴즈 PDF>를 활용하여 꼭 복습하세요.

완성 단어

2532 ☐☐☐	ぶんめい 文明	명 문명
2533 ☐☐☐	ねんど 年度	명 연도
2534 ☐☐☐	ねんだい 年代	명 연대
2535 ☐☐☐	とうじ 当時	명 당시
2536 ☐☐☐	こだい 古代	명 고대
2537 ☐☐☐	おおむかし 大昔	명 먼 옛날
2538 ☐☐☐	げんし 原始	명 원시
2539 ☐☐☐	せいれき 西暦	명 서기
2540 ☐☐☐	じんぶつ 人物	명 인물
2541 ☐☐☐	じょおう 女王	명 여왕
2542 ☐☐☐	そせん 祖先	명 조상, 선조
2543 ☐☐☐	あとつ 跡継ぎ	명 후계자
2544 ☐☐☐	しゅうふく 修復	명 수복, 복원
2545 ☐☐☐	てんじ 展示	명 전시
2546 ☐☐☐	てんらん 展覧	명 전람
2547 ☐☐☐	なぞ 謎	명 수수께끼
2548 ☐☐☐	つな 繋ぐ	동 연결하다
2549 ☐☐☐	こうちく 構築	명 구축
2550 ☐☐☐	かくめい 革命	명 혁명
2551 ☐☐☐	どくじ 独自だ	な형 독자적이다
2552 ☐☐☐	しんぴ 神秘	명 신비

2553 ☐☐☐	きゅうそく 急速	명 급속
2554 ☐☐☐	すいたい 衰退	명 쇠퇴
2555 ☐☐☐	うえ その上	접 게다가, 더구나
2556 ☐☐☐	しろ 城	명 성, 성곽
2557 ☐☐☐	ものがたり 物語	명 이야기
2558 ☐☐☐	かつじ 活字	명 활자
2559 ☐☐☐	こてん 古典	명 고전
2560 ☐☐☐	でんき 伝記	명 전기, 행적을 적은 기록
2561 ☐☐☐	しきたり	명 관습, 관례
2562 ☐☐☐	まつ 祭る	동 제사 지내다, 섬기다
2563 ☐☐☐	めいしん 迷信	명 미신
2564 ☐☐☐	かおく 家屋	명 가옥
2565 ☐☐☐	こうれい 恒例	명 항례, 보통 있는 일
2566 ☐☐☐	でんじゅ 伝授	명 전수
2567 ☐☐☐	さず 授ける	동 하사하다, 전수하다
2568 ☐☐☐	みんよう 民謡	명 민요
2569 ☐☐☐	たいこ 太鼓	명 북
2570 ☐☐☐	かな 仮名	명 가나, 일본의 문자
2571 ☐☐☐	げた 下駄	명 게다, 일본 나막신
2572 ☐☐☐	わしつ 和室	명 일본식 방, 다다미방
2573 ☐☐☐	わふく 和服	명 일본식 옷

MP3 바로 듣기

2574 ☐☐☐

異文化 ★ いぶんか ❘명❘ 다른 문화, 이문화

げんだいしゃかい　　いぶんか　　りかい　　う　い　　　しせい　たいせつ
現代社会では**異文化**を理解し、受け入れる姿勢が大切だ。
현대 사회에서는 다른 문화를 이해하고, 받아들이는 자세가 중요하다.

2575 ☐☐☐

宗教 しゅうきょう ❘명❘ 종교

まつ　　しゅうきょう　　ぎしき　ゆらい
この祭りは**宗教**の儀式に由来するものだという。
이 축제는 종교 의식에서 유래한 것이라고 한다.

2576 ☐☐☐

結婚 ★ けっこん ❘명❘ 결혼

にほん　　　けっこん か のう　　ねんれい　　　さい　かいてい
日本では、**結婚**可能な年齢が18歳に改定されたそうだ。
일본에서는, 결혼 가능한 연령이 18세로 개정되었다고 한다.

> 관련어 **結婚式** けっこんしき ❘명❘ 결혼식

2577 ☐☐☐

元日 がんじつ ❘명❘ 1월 1일, 설날

ふる　ゆうじん　　　　ねん が じょう　がんじつ　あさ　とど
古い友人からの年賀状が**元日**の朝に届いた。
오랜 친구로부터의 연하장이 1월 1일 아침에 도착했다.

2578 ☐☐☐

祝う ★ いわう ❘동❘ 축하하다

むすめ　はじ　　　　　　　まつ　　　しんせき　まね　　せいだい　いわ
娘の初めてのひな祭りは、親戚を招いて盛大に**祝った**。
딸의 첫 히나마쓰리는, 친척을 초대하여 성대하게 축하했다.
└─> 일본의 여자 아이를 위한 어린이날

2579 ☐☐☐

祈る ★ いのる 图 빌다, 기도하다

正月に神社に行って、家族の健康と幸せを祈った。
정월에 신사에 가서, 가족의 건강과 행복을 빌었다.

2580 ☐☐☐

占う ★ うらなう 图 점치다

今年の運勢を占ってもらったところ、いい出会いがある
と言われた。 올해의 운세를 점쳐 받았더니, 좋은 만남이 있을 것이라고 들었다.

[문형] 동사 た형 + ところ ~(했)더니

2581 ☐☐☐

拝む おがむ 图 기도하다, 경배하다

神様を拝むときは、作法にそって正しく行いましょう。
신에게 기도할 때는, 관례에 따라 올바르게 합시다.

[문형] 명사 + にそって ~에 따라

2582 ☐☐☐

異色だ ★ いしょくだ な형 이색적이다

近年、アニメが原作の異色な歌舞伎作品が注目されて
いる。 근래, 애니메이션이 원작인 **이색적인** 가부키 작품이 주목받고 있다.
　　　　　　　↳ 노래, 춤, 연기가 어우러진
　　　　　　　　일본의 전통 연극

2583 ☐☐☐

世代 ★ せだい 图 세대

世代によって共有する文化や価値観は異なります。
세대에 따라 공유하는 문화나 가치관은 다릅니다.

[문형] 명사 + によって ~에 따라

2584 ☐☐☐

流行 ★ りゅうこう 图 유행

ファッションの流行は20年ほどで巡ると言われている。
패션의 유행은 20년 정도로 순환한다고 말해진다.

2585 ☐☐☐

| 展開 | ★ | てんかい | 명 전개 |

その劇は話の展開が早くてついていけなかった。
그 연극은 이야기의 전개가 빨라서 따라갈 수 없었다.

2586 ☐☐☐

| 放映 | | ほうえい | 명 방영 |

このドラマは20年前に放映されたにもかかわらず、今も
人気だ。 이 드라마는 20년 전에 방영되었음에도 불구하고, 지금도 인기이다.

[문형] 동사 보통형 + にもかかわらず ~에도 불구하고

2587 ☐☐☐

| 出版 | ★ | しゅっぱん | 명 출판 |

この小説は30を超える言語に翻訳され、世界中で出版
された。 이 소설은 30개가 넘는 언어로 번역되어, 전 세계에 출판되었다.

| 관련어 | 出版社 しゅっぱんしゃ 명 출판사 |

2588 ☐☐☐

| 漫画 | | まんが | 명 만화 |

その漫画は特殊な能力を持った女の子が主人公の物語だ。
그 만화는 특수한 능력을 가진 여자아이가 주인공인 이야기이다.

2589 ☐☐☐

| たびたび | ★ | - | 부 자주, 여러 번 |

富士山は昔から絵画や文学作品にたびたび描かれてきた。
후지산은 옛날부터 회화나 문학 작품에 자주 그려져 왔다.

2590 ☐☐☐

| もっと | ★ | - | 부 더욱 |

国際結婚は今後もっと増加するにちがいない。
국제결혼은 앞으로 더욱 증가할 것임에 틀림없다.

[문형] 동사 보통형 + にちがいない ~임에 틀림없다

2591 ☐☐☐

| 大いに | おおいに | 冒 크게, 많이 |

こくみんしょとく じょうしょう しょくぶんか おお へんか
国民所得の上昇にともなって食文化は大いに変化した。
국민 소득의 상승과 함께 식문화는 크게 변화했다.

[문형] 명사 + にともなって ~과 함께

2592 ☐☐☐

| 輝かしい ★ | かがやかしい | い형 훌륭하다, 빛나다 |

ぶんかちょうちょうかん かがや じっせき のこ えいがかんとく しょう
文化庁長官は輝かしい実績を残した映画監督に賞を
おく
贈った。 문화청 장관은 훌륭한 실적을 남긴 영화감독에게 상을 주었다.

2593 ☐☐☐

| 永久 ★ | えいきゅう | 명 영구, 영원 |

はくぶつかん ぶんかざい えいきゅうほぞん どりょく
博物館は文化財の永久保存のために努力している。
박물관은 문화재의 영구 보존을 위해 노력하고 있다.

2594 ☐☐☐

| 叩く | たたく | 동 두드리다, 치다 |

まつ はじ たいこ たた おと き
お祭りが始まってすぐ太鼓を叩く音が聞こえてきた。
축제가 시작되고 곧 북을 두드리는 소리가 들려왔다.

2595 ☐☐☐

| 打ち上げる | うちあげる | 동 쏘아 올리다 |

よぞら う あ はなび
夜空に打ち上げられた花火はとてもきれいだった。
밤하늘에 쏘아 올려진 불꽃은 정말 아름다웠다.

2596 ☐☐☐

| 叶う ★ | かなう | 동 이루어지다 |

ゆうめい がか てんじかい い ゆめ かな
あの有名な画家の展示会に行くという夢がついに叶った。
그 유명한 화가의 전시회에 간다는 꿈이 드디어 이루어졌다.

2597 ☐☐☐

いずれ	-	🔵 언젠가

て さ ぎょう げ た つく ちち ぎ じゅつ う つ
手作業で下駄を作る父の技術をいずれ受け継ぎたい。
수작업으로 일본 나막신을 만드는 아버지의 기술을 **언젠가** 이어받고 싶다.

2598 ☐☐☐

染める	そめる	🟢 염색하다, 물들이다

みせ でんとうてき ほうほう ぬの そ たいけん
この店では伝統的な方法で布を染める体験ができる。
이 가게에서는 전통적인 방법으로 천을 **염색하는** 체험을 할 수 있다.

2599 ☐☐☐

敷く ★	しく	🟢 깔다, 펴다

むかし そ ぼ いえ い たたみ し へ や ね
昔、祖母の家に行くと、畳を敷いた部屋で寝かせられた
ものだ。 옛날에, 할머니 댁에 가면, 다다미를 깐 방에서 자곤 했다.

[문형] 동사 た형 + ものだ ~(하)곤 했다

2600 ☐☐☐

追い出す	おいだす	🟢 내쫓다

せつぶん まめ わる き お だ ふうしゅう
節分とは、豆をまいて悪い気を追い出す風習のことだ。
세쓰분이란, 콩을 뿌려 나쁜 기운을 **내쫓는** 풍습을 말한다.

2601 ☐☐☐

遡る	さかのぼる	🟢 거슬러 올라가다, 소급하다

にほん せいじんしき き げん せいき さかのぼ い
日本の成人式の起源は8世紀ごろに遡ると言われている。
일본의 성인식의 기원은 8세기 경으로 **거슬러 올라간다**고 일컬어지고 있다.

2602 ☐☐☐

功績	こうせき	🔵 공적

が か にほん かい が はってん い だい こうせき のこ
その画家は日本の絵画の発展に偉大な功績を残した。
그 화가는 일본의 회화 발전에 위대한 **공적**을 남겼다.

2603 □□□

| 象徴 | ★ | しょうちょう | 명 상징 |

中国で赤は幸福や富を象徴する色として好まれる。
중국에서 빨강은 행복이나 부를 상징하는 색으로서 선호된다.

[문형] 명사 + として ~으로서

2604 □□□

| 舞台 | ★ | ぶたい | 명 무대 |

こちらの舞台では、撮影および録音が禁止されております。
이쪽의 무대에서는, 촬영 및 녹음이 금지되어 있습니다.

2605 □□□

| 式典 | | しきてん | 명 식, 식전, 행사 |

この市では毎年、世界の平和を祈る式典が開かれている。
이 시에서는 매년, 세계 평화를 기원하는 식이 열리고 있다.

2606 □□□

| 忘年会 | | ぼうねんかい | 명 송년회, 망년회 |

今月行われる忘年会の案内メールを社内に送信しました。
이번 달 진행될 송년회의 안내 이메일을 사내에 송신했습니다.

2607 □□□

| 規模 | ★ | きぼ | 명 규모 |

海外はともかく、国内でここまで規模が大きい展覧会は
珍しい。 해외는 둘째 치고, 국내에서 이렇게까지 규모가 큰 전람회는 드물다.

[문형] 명사 + はともかく ~는 둘째 치고

2608 □□□

| かつて | ★ | - | 부 예전에, 일찍이 |

かつて都だったこの街には世界遺産に登録されている
寺が多い。 예전에 수도였던 이 마을에는 세계 유산으로 등록되어 있는 절이 많다.

2609 ☐☐☐

| 実に | じつに | 🔳 실로, 참으로 |

デビュー作にしては実によく作られた映画だ。
데뷔작치고는 실로 잘 만들어진 영화다.

[문형] 명사 + にしては ~치고는

2610 ☐☐☐

| 印鑑 ★ | いんかん | 🔳 인감, 도장 |

日本社会では契約をする際に印鑑を要する場合が多い。
일본 사회에서는 계약을 할 때 인감을 요하는 상황이 많다.

2611 ☐☐☐

| 旗 | はた | 🔳 깃발 |

白い旗を揚げることが負けを意味する文化圏もある。
흰 깃발을 들어 올리는 것이 패배를 의미하는 문화권도 있다.

2612 ☐☐☐

| 呼称 | こしょう | 🔳 호칭 |

配偶者の呼称に関しては世代間で顕著な違いがある。
배우자의 호칭에 관해서는 세대 간에 현저한 차이가 있다.

[문형] 명사 + に関して ~에 관해서

2613 ☐☐☐

| 文化交流 | ぶんかこうりゅう | 🔳 문화 교류 |

本センター設置の目的は、市民へ文化交流の場を提供
することだ。 본 센터 설치의 목적은, 시민에게 문화 교류의 장을 제공하는 것이다.

2614 ☐☐☐

| 文化遺産 | ぶんかいさん | 🔳 문화유산 |

文化遺産は適切な管理を通して良好な状態に維持する
べきだ。 문화유산은 적절한 관리를 통해 양호한 상태로 유지해야 한다.

[문형] 명사 + を通して ~를 통해 / 동사 사전형 + べきだ ~(해)야 한다

*<Day별 단어 퀴즈 PDF>를 활용하여 꼭 복습하세요.

완성 단어

2615	はかまいり 墓参り	명 성묘
2616	せいぼ お歳暮	명 연말 선물
2617	ねんがじょう 年賀状	명 연하장
2618	そうしき 葬式	명 장례식
2619	おに 鬼	명 도깨비, 귀신
2620	てんごく 天国	명 천국
2621	かみさま 神様	명 신
2622	しんこう 信仰	명 신앙
2623	な 鳴らす	동 (소리를) 울리다
2624	も あ 盛り上げる	동 고조시키다, 북돋우다
2625	そな 供える	동 바치다, 신불에 올리다
2626	てんさく 添削	명 첨삭
2627	とうざい 東西	명 동서, 동쪽과 서쪽
2628	こっか 国家	명 국가
2629	こっき 国旗	명 국기
2630	こくせき 国籍	명 국적
2631	きっちょう 吉兆	명 길조, 좋은 조짐
2632	けんじん 賢人	명 현인, 현자
2633	じゅうらい 従来	명 종래
2634	さか 栄える	동 번영하다, 번성하다
2635	ひっす ひっしゅ 必須 / 必須	명 필수

2636	しんこう 振興	명 진흥
2637	せんれん 洗練	명 세련
2638	とくてい 特定	명 특정
2639	とくゆう 特有	명 특유
2640	と こ 溶け込む	동 융화되다, 용해되다
2641	つ かさ 積み重ね	명 축적, 쌓아 올림
2642	まんせき 満席	명 만석
2643	とくべつせき 特別席	명 특별석
2644	しちょうしゃ 視聴者	명 시청자
2645	いしょくじゅう 衣食住	명 의식주
2646	もくぞう 木造	명 목조
2647	ゆかた 浴衣	명 유카타, 일본 전통 무명 홑옷
2648	さどう 茶道	명 다도
2649	しょもつ 書物	명 서적, 도서
2650	どうわ 童話	명 동화
2651	どうよう 童謡	명 동요
2652	ちょしょ 著書	명 저서
2653	ごらく 娯楽	명 오락
2654	かね 鐘	명 종
2655	かわら 瓦	명 기와
2656	わふう 和風	명 일본풍

MP3 바로 듣기

2657 ☐☐☐

| 芸能 | ★ | げいのう | 명 예술, 예능, 연예 |

ぶんらく 文楽といえば、日本を代表する芸能の一つです。
분라쿠라고 하면, 일본을 대표하는 예술의 하나입니다.

↳ 일본의 전통 인형극

[문형] 명사 + といえば ~라고 하면

> 관련어 芸能人 げいのうじん 명 연예인, 예능인

2658 ☐☐☐

| 女優 | ★ | じょゆう | 명 여배우 |

げいのうじ むしょ にんき じょゆう しょぞく
この芸能事務所には人気の女優がたくさん所属している。
이 연예 사무소에는 인기 여배우가 많이 소속되어 있다.

2659 ☐☐☐

| 撮影 | ★ | さつえい | 명 촬영 |

ゆうえんち れんあい さつえい つか
その遊園地は恋愛ドラマの撮影に使われたことがある。
그 유원지는 연애 드라마의 촬영에 사용된 적이 있다.

[문형] 동사 た형 + ことがある ~(한) 적이 있다

2660 ☐☐☐

| 映像 | | えいぞう | 명 영상 |

きゅうじつ す かしゅ えいぞう み
休日は好きな歌手のコンサート映像を見たりします。
휴일에는 좋아하는 가수의 콘서트 영상을 보거나 합니다.

2661 ☐☐☐

| 台詞 | | せりふ | 명 대사 |

なが せりふ おぼ ふしぎ
あんなに長い台詞をどうやって覚えるのか不思議でたまらない。 저렇게 긴 대사를 어떻게 외우는 것인지 너무 신기하다.

[문형] な형용사 어간 で + たまらない 너무 ~하다

2662 ☐☐☐

演劇　　えんげき　　명 연극

しょうがくせい ころ そ ぼ いっしょ はじ えんげき み い
小学生の頃、祖母と一緒に初めて演劇を見に行った。
초등학생 때, 할머니와 함께 처음으로 연극을 보러 갔다.

2663 ☐☐☐

悲劇　★　ひげき　　명 비극

じっさい で き ごと もと つく ひ げき
これは実際にあった出来事に基づいて作られた悲劇だ。
이것은 실제로 있었던 일에 기반하여 만들어진 비극이다.

[문형] 명사 + に基づいて ~에 기반하여

2664 ☐☐☐

演技　★　えんぎ　　명 연기

かのじょ しんじん み ごと えん ぎ かんきゃく おどろ
彼女は新人ながらも見事な演技で観客を驚かせた。
그녀는 신인이지만 훌륭한 연기로 관객을 놀라게 했다.

[문형] 명사 + ながらも ~이지만

2665 ☐☐☐

主役　　しゅやく　　명 주역, 주연

ぶん か さい ひ ろう げき しゅやく つと
文化祭で披露する劇で主役を務めることになった。
문화제에서 공개할 연극에서 주역을 맡게 되었다.

[문형] 동사 사전형 + ことになる ~(하)게 되다

2666 ☐☐☐

出演　　しゅつえん　　명 출연

かれ ばんぐみ しゅつえん じつ ねん
彼がテレビ番組に出演するのは実に10年ぶりだという。
그가 텔레비전 방송에 출연하는 것은 실로 10년 만이라고 한다.

2667 ☐☐☐

演出　　えんしゅつ　　명 연출

はしもとし し こくないがい えんしゅつ おこな えんしゅつ か
橋本氏は国内外でオペラの演出を行う演出家だ。
하시모토 씨는 국내외에서 오페라 연출을 하는 연출가이다.

2668 ☐☐☐

| 劇場 | げきじょう | 명 극장 |

げきじょう きゃく げんしょう へいかん き
A劇場は、客の減少から閉館を決めたそうだ。
A극장은, 손님의 감소로 폐관을 결정했다고 한다.

2669 ☐☐☐

| 開演 | かいえん | 명 공연 시작, 개연 |

おんがく かいじょう かいえん だいたい じかんまえ とうちゃく
音楽イベントの会場には開演の大体1時間前に到着した。
음악 이벤트 공연장에는 공연 시작 대략 1시간 전에 도착했다.

2670 ☐☐☐

| まるで | - | 부 마치, 꼭 |

さつえいち ある えいが なか
撮影地を歩くと、まるで映画の中にいるかのようだった。
촬영지를 걸으니, 마치 영화 속에 있는 것 같았다.

[문형] 동사 사전형 + かのようだ ~(인) 것 같다

2671 ☐☐☐

| 感激 | かんげき | 명 감격 |

むすこ あこが かしゅ め まえ かんげき ようす
息子は憧れの歌手を目の前にし、感激した様子だ。
아들은 동경하는 가수를 눈앞에 두고, 감격한 모양이다.

2672 ☐☐☐

| 幻想 | げんそう | 명 환상 |

えいが げんさく げんそうてき せかいかん ひょうげん おも
この映画は原作の幻想的な世界観をよく表現していると思う。
이 영화는 원작의 환상적인 세계관을 잘 표현하고 있다고 생각한다.

2673 ☐☐☐

| 空想 | くうそう | 명 공상 |

ほん くうそうじょう い もの しょうねん ゆうじょう えが
この本には空想上の生き物と少年の友情が描かれている。
이 책에는 공상 속 생물과 소년의 우정이 그려져 있다.

2674 ☐☐☐

盛大だ　　せいだいだ　　`な형` 성대하다

文学賞受賞を祝って、盛大なパーティーが開かれた。
문학상 수상을 축하하며, 성대한 파티가 열렸다.

2675 ☐☐☐

蓄積　　ちくせき　　`명` 축적

彼は国内で蓄積した演技経験を生かして、初の海外映画に挑んだ。　그는 국내에서 축적한 연기 경험을 살려서, 첫 해외 영화에 도전했다.

2676 ☐☐☐

完成　★　かんせい　　`명` 완성

あのアニメ映画は8年かけてやっと完成に至ったらしい。
저 애니메이션 영화는 8년 걸려서 드디어 완성에 다다랐다고 한다.

2677 ☐☐☐

仕上げる　★　しあげる　　`동` 완성하다

時間がかかっても自分が納得のいく作品に仕上げたい。
시간이 걸려도 스스로가 납득이 가는 작품으로 완성하고 싶다.

2678 ☐☐☐

傑作　　けっさく　　`명` 걸작

夏目漱石の『こころ』は教科書に載るほどの傑作だ。
나쓰메 소세키의 '마음'은 교과서에 수록될 정도의 걸작이다.

2679 ☐☐☐

原稿　　げんこう　　`명` 원고

作家の森先生は、原稿をいつも締め切りぎりぎりに出す。
작가인 모리 선생님은, 원고를 항상 마감 날에 아슬아슬하게 낸다.

2680 ☐☐☐

執筆　　しっぴつ　　명 집필

最近、彼は武士の時代をテーマにした歴史小説を**執筆**
している。 최근, 그는 무사 시대를 테마로 한 역사 소설을 집필하고 있다.

2681 ☐☐☐

解散　★　かいさん　　명 해산

そのバンドは、10年間活動したすえに今年**解散**した。
그 밴드는, 10년간 활동한 끝에 올해 해산했다.

[문형] 동사 た형 + すえに ~(한) 끝에

2682 ☐☐☐

発想　★　はっそう　　명 발상

彼は独創的な**発想**で、面白い構造の美術館を設計した。
그는 독창적인 발상으로, 재미있는 구조의 미술관을 설계했다.

2683 ☐☐☐

理想　　りそう　　명 이상(적임)

書道を30年続けてきたが、**理想**の作品はまだ書けて
いない。 서예를 30년 계속해 왔지만, 이상적인 작품은 아직 쓰지 못했다.

2684 ☐☐☐

典型的だ　★　てんけいてきだ　　な형 전형적이다

この小説は**典型的**なラブストーリーなので、新鮮さがない。
이 소설은 전형적인 러브스토리라서, 신선함이 없다.

2685 ☐☐☐

拍手　★　はくしゅ　　명 박수

オーケストラのすばらしい演奏に盛大な**拍手**が送られた。
오케스트라의 멋진 연주에 성대한 박수가 보내졌다.

2686 ☐☐☐

描く

えがく / かく

동 그리다

海を描いた彼の貴重な絵画が初めて一般公開された。

바다를 그린 그의 귀중한 회화가 처음으로 일반 공개되었다.

2687 ☐☐☐

淡い

あわい

い형 옅다

その画家は、この作品をはじめ、淡い色使いの作品が多いの

が特徴だ。

그 화가는, 이 작품을 비롯하여, 옅은 색을 사용한 작품이 많은 것이 특징이다.

[문형] 명사 + をはじめ ~을 비롯하여

2688 ☐☐☐

曲線 ★

きょくせん

명 곡선

城跡から発掘された器にはゆるやかな曲線が彫られていた。

성의 유적에서 발굴된 그릇에는 완만한 곡선이 조각되어 있었다.

2689 ☐☐☐

抽象 ★

ちゅうしょう

명 추상

彼女の詩は抽象的で素人の僕にしたら理解が難しい。

그녀의 시는 추상적이라서 초심자인 나의 입장에서 보면 이해하기 어렵다.

[문형] 명사 + にしたら ~의 입장에서 보면

2690 ☐☐☐

見解 ★

けんかい

명 견해

芸術に対する見解は個人的なものにすぎないと思う。

예술에 대한 견해는 개인적인 것에 불과하다고 생각한다.

[문형] 명사 + に対する ~에 대한 / 명사 + にすぎない ~에 불과하다

2691 ☐☐☐

背景

はいけい

명 배경

夕日を背景に撮った娘の写真をコンクールに出した。

석양을 배경으로 찍은 딸의 사진을 콩쿠르에 냈다.

2692 □□□

| 系統 | ★ | けいとう | 명 계통 |

こんかい あおけいとう いろ つか さくひん か
今回は青系統の色だけを使った作品を描くつもりだ。
이번에는 파란색 **계통**의 색만을 사용한 작품을 그릴 계획이다.

2693 □□□

| 著者 | | ちょしゃ | 명 저자 |

どくしゃ よそう はん ちょしゃ ものがたり つづ しっぴつ
読者の予想に反して、著者は物語の続きを執筆していない
そうだ。 독자의 예상과 달리, 저자는 이야기의 속편을 집필하고 있지 않다고 한다.

[문형] 명사 + に反して ~과 달리

2694 □□□

| 一転 | ★ | いってん | 명 완전히 달라짐, 일전 |

ゆうめいはいゆう とうじょう ぶたい ふんいき いってん
有名俳優が登場することで舞台の雰囲気が一転した。
유명 배우가 등장함으로써 무대의 분위기가 완전히 달라졌다.

2695 □□□

| 多彩だ | ★ | たさいだ | な형 다채롭다 |

きょうかい たさい あざ いろ まど
この教会は多彩で鮮やかな色をしたステンドグラスの窓が
ゆうめい
有名だ。 이 교회는 **다채롭**고 선명한 색을 한 스테인드글라스의 창문이 유명하다.

2696 □□□

| 操る | | あやつる | 동 다루다, 조작하다, 조종하다 |

かれ がっき ぜんぱん あやつ
ピアニストの彼は、ピアノだけでなく楽器全般を操れる。
피아니스트인 그는, 피아노뿐 아니라 악기 전반을 **다룰** 수 있다.

[문형] 명사 + だけでなく ~뿐 아니라

2697 □□□

| 直前 | ★ | ちょくぜん | 명 직전 |

ぶたい あ ちょくぜん きゅう きんちょう
舞台に上がる直前になって急に緊張してきた。
무대에 올라가기 직전이 되고 나서야 갑자기 긴장되기 시작했다.

*<Day별 단어 퀴즈 PDF>를 활용하여 꼭 복습하세요.

완성 단어

2698 □□□	しば い 芝居	명	연극
2699 □□□	しゅえん 主演	명	주연
2700 □□□	えいしゃ 映写	명	영사
2701 □□□	けつまつ 結末	명	결말
2702 □□□	えん 演じる	동	연기하다
2703 □□□	う き 打ち切る	동	중단하다
2704 □□□	えんしゅう 演習	명	연습, 훈련
2705 □□□	き げき 喜劇	명	희극
2706 □□□	こうげい 工芸	명	공예
2707 □□□	かい が 絵画	명	회화, 그림
2708 □□□	いんえい 陰影	명	음영, 그림자
2709 □□□	ちょうこく 彫刻	명	조각
2710 □□□	ど だい 土台	명	토대, 기초
2711 □□□	も けい 模型	명	모형
2712 □□□	が ろう 画廊	명	화랑
2713 □□□	かいじょう 開場	명	개장
2714 □□□	か よう 歌謡	명	가요
2715 □□□	おんてい 音程	명	음정
2716 □□□	しゅだい 主題	명	주제
2717 □□□	か あ 書き上がる	동	다 쓰다
2718 □□□	しょうせつ か 小説家	명	소설가

2719 □□□	おど て 踊り手	명	무용수
2720 □□□	う だ 生み出す	동	만들어 내다, 창출해 내다
2721 □□□	こうそう 構想	명	구상
2722 □□□	そうさく 創作	명	창작
2723 □□□	し き 指揮	명	지휘
2724 □□□	あらすじ 粗筋	명	개요, 줄거리
2725 □□□	い しょう 衣装	명	의상
2726 □□□	ごく	부	극히, 아주
2727 □□□	いかに	부	어떻게, 아무리
2728 □□□	きゃくせき 客席	명	객석
2729 □□□	ゆうぼう 有望だ	な형	유망하다
2730 □□□	いっしゅ 一種	명	일종, 약간
2731 □□□	こま 細やかだ	な형	자세하다, 정교하다
2732 □□□	いろど 彩る	동	색칠하다, 꾸미다, 장식하다
2733 □□□	こじんまり	부	오붓하게, 아담하게
2734 □□□	か くう 架空	명	가공, 허구
2735 □□□	て ぎわ 手際	명	손재주, 솜씨
2736 □□□	たいしょう 対称	명	대칭
2737 □□□	かんねん 観念	명	관념
2738 □□□	こうえい 光栄	명	영광
2739 □□□	こうけいしゃ 後継者	명	후계자

DAY 34 경제

MP3 바로 듣기

2740 ☐☐☐

| 口座 | ★ | こうざ | 명 계좌 |

いんかん こうざ かいせつ ぎんこう ふ
印鑑がなくても口座が開設できる銀行が増えている。
인감이 없어도 **계좌**를 개설할 수 있는 은행이 증가하고 있다.

2741 ☐☐☐

| 両替 | ★ | りょうがえ | 명 환전, 돈을 바꿈 |

しゅっぱつまえ くうこう りょうがえ
出発前に空港でウォンをドルに両替した。
출발 전에 공항에서 원을 달러로 환전했다.

2742 ☐☐☐

| 硬貨 | ★ | こうか | 명 동전 |

えんこう か にほん しょうちょう さくら えが
100円硬貨には日本を象徴する桜が描かれています。
100엔 동전에는 일본을 상징하는 벚꽃이 그려져 있습니다.

2743 ☐☐☐

| 借金 | ★ | しゃっきん | 명 빚 |

むかし かいしゃ けいえい しっぱい お しゃっきん ぜんがくへんさい お
昔、会社の経営に失敗して負った借金を全額返済し終わった。
옛날에, 회사 경영에 실패해서 진 **빚**을 전액 다 변제했다.

2744 ☐☐☐

| 資金 | | しきん | 명 자금 |

え ほん いっぱん ひと しきん あつ しゅっぱん
この絵本は一般の人から資金を集めて出版されたそうだ。
이 그림책은 일반인으로부터 **자금**을 모아 출판되었다고 한다.

2745 ☐☐☐

残高 　　　ざんだか　　　　명 잔액, 잔고

残高の照会といったサービスもアプリで行うのが普通に
なった。　잔액 조회와 같은 서비스도 앱으로 시행하는 것이 보통이 되었다.

[문형] 명사 + といった ~와 같은

2746 ☐☐☐

経費 　　　けいひ　　　　명 경비

売上の向上を目指すとともに経費の削減を心掛けましょう。
매상의 향상을 목표로 함과 함께 경비의 절감을 유념합시다.

[문형] 동사 사전형 + とともに ~과 함께

2747 ☐☐☐

節約 　★　せつやく　　　　명 절약

３か月間生活費を節約したすえに、やっと欲しかった鞄が
買えた。　3개월간 생활비를 절약한 끝에, 겨우 원했던 가방을 살 수 있었다.

[문형] 동사 た형 + すえに ~(한) 끝에

2748 ☐☐☐

貯金 　★　ちょきん　　　　명 저금

新入社員のころから、毎月数万円ずつ貯金している。
신입 사원 때부터, 매월 수만 엔씩 저금하고 있다.

2749 ☐☐☐

請求 　★　せいきゅう　　　　명 청구

電気やガスの料金は毎月、月の中旬に請求される。
전기나 가스의 요금은 매월, 달의 중순에 청구된다.

2750 ☐☐☐

分割 　★　ぶんかつ　　　　명 분할

約35%の人が自動車を分割払いで購入しているらしい。
약 35%의 사람이 자동차를 분할 지불로 구입하고 있다고 한다.

2751 ☐☐☐

納める ★	おさめる	동 납부하다, 납입하다, 넣다

ぜいきん おさ こくみん つと
税金を納めるのは国民の務めです。
세금을 납부하는 것은 국민의 의무입니다.

2752 ☐☐☐

振り込む	ふりこむ	동 송금하다

かね ふ こ さい まいかいぎんこう い
かつてはお金を振り込む際、毎回銀行に行っていた。
옛날에는 돈을 송금할 때, 매번 은행에 갔었다.

2753 ☐☐☐

赤字	あかじ	명 적자

かいしゃ あか じ かいしょう じゅうらい けいえいほうしん み なお
会社の赤字を解消するため、従来の経営方針を見直した。
회사의 적자를 해소하기 위해, 종래의 경영 방침을 재검토했다.

2754 ☐☐☐

縮小	しゅくしょう	명 축소

きんねん ち いきかん しょとく さ しゅくしょう つづ
近年、地域間における所得の差は縮小を続けている。
근년, 지역 간에서의 소득 차이는 계속 축소되고 있다.

[문형] 명사 + における ~에서의

2755 ☐☐☐

負担 ★	ふたん	명 부담

や ちん やす いえ ひ こ けいざいてき ふ たん おお
家賃の安い家に引っ越したところ、経済的な負担が大いに
へ
減った。 집세가 싼 집으로 이사했더니, 경제적인 부담이 많이 줄었다.

[문형] 동사 た형 + ところ ~(했)더니

2756 ☐☐☐

削る ★	けずる	동 삭감하다, 깎다

さいがいふっこう よ さん まわ こっ か こうむ いん きゅうりょう けず
災害復興に予算を回すため国家公務員の給料が削られた。
재해 부흥에 예산을 돌리기 위해 국가 공무원의 월급이 삭감되었다.

2757 ☐☐☐

| 抑える | おさえる | 图 억제하다, 억누르다 |

生産にかかる費用を抑えて、低価格の商品を発売したい。
생산에 드는 비용을 억제해서, 저가 상품을 발매하고 싶다.

2758 ☐☐☐

| 利益 | ★ りえき | 图 이익 |

テレビ広告の放映は、企業の利益に影響を与えるはずだ。
텔레비전 광고의 방영은, 기업의 이익에 영향을 줄 것이다.

[문형] 동사 보통형 + はずだ ~(일) 것이다

2759 ☐☐☐

| 収益 | しゅうえき | 图 수익 |

新事業を展開することで、収益の拡大が期待される。
새로운 사업을 전개하는 것으로, 수익의 확대가 기대된다.

2760 ☐☐☐

| 回復 | ★ かいふく | 图 회복 |

景気が回復しないかぎり、国民の家計は苦しいままだ。
경기가 회복되지 않는 한, 국민의 생계는 괴로운 채이다.

[문형] 동사 ない형 + ないかぎり ~(하)지 않는 한 / い형용사 사전형 + まま ~(인) 채

2761 ☐☐☐

| 増える | ★ ふえる | 图 늘다, 증가하다 |

流行のものをすぐ買ってしまうため、支出が増える一方だ。
유행하는 것을 바로 사 버리기 때문에, 지출이 늘기만 한다.

[문형] 동사 て형 + しまう ~(해) 버리다 / 동사 사전형 + 一方だ ~(하)기만 하다

2762 ☐☐☐

| 案の定 | ★ あんのじょう | 图 예상대로, 아니나 다를까 |

会社の売上が伸びず、案の定ボーナスが出なかった。
회사의 매상이 늘지 않아, 예상대로 보너스가 나오지 않았다.

[문형] 동사 ない형 + ず ~(하)지 않아

2763 ☐☐☐

| おそらく | ★ | - | 🔢 아마도 |

地域産業の振興がおそらく住民の生活を豊かにするだろう。
지역 산업의 진흥이 **아마도** 주민의 생활을 풍족하게 할 것이다.

2764 ☐☐☐

| 平均 | ★ | へいきん | 🔢 평균 |

データによると、新卒の給与の平均は約23万円だそうだ。
데이터에 의하면, 신규 졸업자의 급여의 **평균**은 약 23만 엔이라고 한다.

[문형] 명사 + によると ~에 의하면

2765 ☐☐☐

| 割合 | ★ | わりあい | 🔢 비율, 퍼센티지 |

国内の企業全体のうち、中小企業の割合は9割を超える。
국내의 기업 전체 중, 중소기업의 **비율**은 9할을 넘는다.

2766 ☐☐☐

| 比率 | | ひりつ | 🔢 비율 |

キャッシュレス決済の比率は毎年高くなる一方だ。
캐시리스 결제의 **비율**은 매년 높아지기만 한다.

2767 ☐☐☐

| 下降 | ★ | かこう | 🔢 하강 |

その国の経済成長率は今年も下降すると予測されている。
그 나라의 경제 성장률은 올해도 **하강**할 것이라고 예측되고 있다.

2768 ☐☐☐

| 援助 | ★ | えんじょ | 🔢 원조 |

マンションの購入資金を一部両親に援助してもらった。
맨션의 구입 자금을 일부 부모님이 **원조**해 주었다.

DAY 34

해커스 JLPT 기출 단어장 N2

2769 ☐☐☐

損得　　　そんとく　　　명 손익

そんとく　　かんが　　　　　とうし　　　　　　き　ほう
損得を考えたうえで、投資するかどうか決めた方がいい。
손익을 생각한 뒤에, 투자할지 안 할지 정하는 편이 좋다.

[문형] 동사 た형 + うえで ~(한) 뒤에 / 동사 보통형 + かどうか ~(할)지 안 할지

2770 ☐☐☐

膨大だ　★　ぼうだいだ　　　な형 방대하다

にほんせいふ　　ぼうだい　しゃっきん　　　　　　　　　　　　　　　はな
日本政府の膨大な借金についてはたびたび話される。
일본 정부의 방대한 빚에 대해서는 자주 이야기된다.

2771 ☐☐☐

甚だしい　　　はなはだしい　　　い형 심하다

はなは　　　　しょとく　さ　う　　　　　はいけい　　さまざま　げんいん
甚だしい所得の差が生まれた背景には様々な原因がある。
심한 소득 차이가 생겨난 배경에는 다양한 원인이 있다.

2772 ☐☐☐

倒産　　　とうさん　　　명 도산

えいぎょう　つづ　　　　　　　　あかじ　つづ　　　とうさん
営業を続けたかったが、赤字が続いて倒産するしかなかった。
영업을 계속하고 싶었지만, 적자가 이어져 도산할 수밖에 없었다.

[문형] 동사 사전형 + しかない ~(할) 수밖에 없다

2773 ☐☐☐

貿易　★　ぼうえき　　　명 무역

くに　さまざま　くに　もくざい　ぼうえき　おこな
あの国は様々な国と木材の貿易を行っている。
저 나라는 여러 나라와 목재 무역을 하고 있다.

2774 ☐☐☐

副業　　　ふくぎょう　　　명 부업

さいきん　　　かいしゃいん　　　ふくぎょう　　　　　　ひと　おお
最近は、会社員だって副業をしている人が多い。
최근에는, 회사원이라도 부업을 하고 있는 사람이 많다.

[문형] 명사 + だって ~이라도

2775 ☐☐☐

| 不動産 | ★ | ふどうさん | 명 부동산 |

この先不動産の価格は下がるというのが専門家の見解だ。
앞으로 부동산의 가격은 내려간다는 것이 전문가의 견해이다.

2776 ☐☐☐

| 保険 | | ほけん | 명 보험 |

国民健康保険料は収入などによって金額が変わる。
국민 건강 보험료는 수입 등에 따라 금액이 달라진다.

[문형] 명사 + によって ~에 따라

2777 ☐☐☐

| 解約 | ★ | かいやく | 명 해약 |

加入していた音楽配信サービスを当分解約することにした。
가입해 있었던 음악 스트리밍 서비스를 당분간 해약하기로 했다.

[문형] 동사 사전형 + ことにする ~(하)기로 하다

2778 ☐☐☐

| 傾向 | ★ | けいこう | 명 경향 |

昔、日本では貯蓄する傾向が強かったが、今はそこまで強くない。 옛날, 일본에서는 저축하는 경향이 강했는데, 지금은 그렇게까지 강하지 않다.

2779 ☐☐☐

| 含める | ★ | ふくめる | 동 포함하다 |

土地購入などを含めた全ての投資は損害が出ることを心得るべきだ。 토지 구입 등을 포함한 모든 투자는 손해가 나올 것을 이해하고 있어야 한다.

[문형] 동사 사전형 + べきだ ~(해)야 한다

2780 ☐☐☐

| 潤う | | うるおう | 동 윤택해지다, 축축해지다 |

その市は、大手企業が進出したおかげで地域全体が潤っている。 그 시는, 대기업이 진출한 덕분에 지역 전체가 윤택해지고 있다.

[문형] 동사 た형 + おかげで ~덕분에

*<Day별 단어 퀴즈 PDF>를 활용하여 꼭 복습하세요.

완성 단어

2781 ☐☐☐	こぜに 小銭	명 잔돈		2802 ☐☐☐	はさん 破産	명 파산
2782 ☐☐☐	しへい 紙幣	명 지폐		2803 ☐☐☐	くろじ 黒字	명 흑자
2783 ☐☐☐	しききん 敷金	명 보증금		2804 ☐☐☐	いとな 営む	동 운영하다, 영위하다
2784 ☐☐☐	しほん 資本	명 자본		2805 ☐☐☐	おおて 大手	명 규모가 큰 기업, 대기업
2785 ☐☐☐	けち	명 인색함, 구두쇠		2806 ☐☐☐	かいたく 開拓	명 개척
2786 ☐☐☐	ししゅつ 支出	명 지출		2807 ☐☐☐	がっぺい 合併	명 합병
2787 ☐☐☐	しゅうにゅう 収入	명 수입		2808 ☐☐☐	かぶ 株	명 주식
2788 ☐☐☐	しょとく 所得	명 소득		2809 ☐☐☐	げんゆ 原油	명 원유
2789 ☐☐☐	ちんぎん 賃金	명 임금, 보수		2810 ☐☐☐	ふきょう 不況	명 불황
2790 ☐☐☐	もう 儲ける	동 돈을 벌다		2811 ☐☐☐	のうぜい 納税	명 납세
2791 ☐☐☐	しゅうきん 集金	명 수금		2812 ☐☐☐	かぜい 課税	명 과세
2792 ☐☐☐	しゅっぴ 出費	명 지출		2813 ☐☐☐	さひ 差し引く	동 빼다, 공제하다, 차감하다
2793 ☐☐☐	かわせ 為替	명 환, 외환		2814 ☐☐☐	ま 増す	동 늘다, 많아지다
2794 ☐☐☐	きんこ 金庫	명 금고		2815 ☐☐☐	ばくだい 莫大だ	な형 막대하다
2795 ☐☐☐	きんせん 金銭	명 금전, 돈		2816 ☐☐☐	うわまわ 上回る	동 상회하다, 웃돌다
2796 ☐☐☐	きんゆう 金融	명 금융		2817 ☐☐☐	とっぱ 突破	명 돌파
2797 ☐☐☐	ふくり 福利	명 복리		2818 ☐☐☐	きょうきゅう 供給	명 공급
2798 ☐☐☐	つうか 通貨	명 통화, 화폐		2819 ☐☐☐	そうば 相場	명 시세, 시가
2799 ☐☐☐	がいか 外貨	명 외화		2820 ☐☐☐	えんだか 円高	명 엔고, 엔화 강세
2800 ☐☐☐	へんさい 返済	명 변제, 상환		2821 ☐☐☐	えんやす 円安	명 엔저, 엔화 약세
2801 ☐☐☐	ざいさん 財産	명 재산		2822 ☐☐☐	りがい 利害	명 이해, 득실

MP3 바로 듣기

2823 ☐☐☐

法律 ★ **ほうりつ** 명 법률

ほうりつ こっかい か けつ せいりつ
法律は国会で可決されたのち、成立します。
법률은 국회에서 가결된 후, 성립합니다.

2824 ☐☐☐

憲法 **けんぽう** 명 헌법

にほん けんぽう げんろん ひょうげん じ ゆう ほ しょう
日本の**憲法**は言論と表現の自由を保障している。
일본의 헌법은 언론과 표현의 자유를 보장하고 있다.

2825 ☐☐☐

秩序 **ちつじょ** 명 질서

ほうりつ しゃかい ちつじょ たも おも
法律のおかげで社会の**秩序**が保たれていると思う。
법률 덕분에 사회의 질서가 유지되고 있다고 생각한다.

[문형] 명사 の + おかげで ~덕분에

2826 ☐☐☐

権利 **けんり** 명 권리

こくみん きょういく う けん り
すべての国民には教育を受ける**権利**があります。
모든 국민에게는 교육을 받을 권리가 있습니다.

2827 ☐☐☐

平等だ **びょうどうだ** な형 평등하다

こ よう き かい だれ びょうどう あた
雇用の機会は誰もが**平等**に与えられるべきであろう。
고용 기회는 누구나가 평등하게 부여받아야 할 것이다.

[문형] 동사 사전형 + べきだ ~(해)야 한다

2828 ☐☐☐

| 適用 | | てきよう | | 명 적용 |

少年法が適用される年齢は国によって異なります。
소년법이 적용되는 연령은 나라마다 다릅니다.

[문형] 명사 + によって ~마다

2829 ☐☐☐

| 改正 | ★ | かいせい | | 명 개정 |

子育て世帯の支援に関する法が改正された。
육아 가구의 지원에 관한 법이 개정되었다.

[문형] 명사 + に関する ~에 관한

2830 ☐☐☐

| 従う | ★ | したがう | | 동 따르다 |

県の動物管理センターでは法律に従って動物を保護している。 현의 동물 관리 센터에서는 법률에 따라 동물을 보호하고 있다.

2831 ☐☐☐

| 実行 | | じっこう | | 명 실행 |

プラスチック使用量を減らすため、レジ袋の有料化が実行された。 플라스틱 사용량을 줄이기 위해, 비닐봉지 유료화가 실행되었다.

2832 ☐☐☐

| 罪 | | つみ | | 명 죄 |

彼は他人の口座から金を引き出したとして罪に問われた。
그는 타인의 계좌에서 돈을 인출했다고 하여 죄를 심문받았다.

[문형] 동사 보통형 + とする ~(라)고 하다

2833 ☐☐☐

| 違反 | ★ | いはん | | 명 위반 |

交通ルールの違反は事故に繋がり得る危険な行為だ。
교통 규칙 위반은 사고로 이어질 수 있는 위험한 행위이다.

[문형] 동사 ます형 + 得る ~(할) 수 있다

2834 ☐☐☐

逃亡 ★ とうぼう 명 도망

はんにん　かいがい　とうぼう　　　　　　　　　つか　き
犯人は海外に逃亡したが、いずれ捕まるに決まっている。
범인은 해외로 도망갔지만, 언젠가 잡힐 것임에 틀림없다.

[문형] 동사 보통형 + に決まっている ~(임)에 틀림없다

2835 ☐☐☐

逃げる ★ にげる 동 도망치다

もの　ぬす　　しょうねん　てんちょう　み　　　　　　　　に
物を盗んだ少年は店長を見たとたん逃げていった。
물건을 훔친 소년은 점장을 본 순간 도망갔다.

[문형] 동사 た형 + とたん ~(한) 순간

2836 ☐☐☐

ひき逃げ ★ ひきにげ 명 뺑소니

けいさつ　　　　　　に　じこ　はんにん　さが
警察はひき逃げ事故の犯人を探しています。
경찰은 뺑소니 사고의 범인을 찾고 있습니다.

2837 ☐☐☐

強盗 ごうとう 명 강도(질)

おとこ　　　　　　　　ごうとう　はたら　　うたが　　も
男はコンビニで強盗を働いた疑いが持たれている。
남자는 편의점에서 강도질을 한 혐의를 가지고 있다.

2838 ☐☐☐

盗難 とうなん 명 도난

じてんしゃ　とうなん　あ　　　　　　こうばん　ひがいとどけ　だ
自転車の盗難に遭ったので、交番に被害届を出した。
자전거 도난을 당했기 때문에, 파출소에 피해 신고서를 냈다.

2839 ☐☐☐

犯す おかす 동 (범죄를) 저지르다

つみ　おか　　かれ　はつげん　　りかい
罪を犯した彼の発言には理解しがたいものがあった。
죄를 저지른 그의 발언에는 이해하기 어려운 데가 있었다.

[문형] 동사 ます형 + がたい ~(하)기 어렵다 / い형용사 사전형 + ものがある ~(하)는 데가 있다

2840 ☐☐☐

脅かす　　　おびやかす　　　图 위협하다, 위태롭게 하다

<ruby>昨日<rt>きのう</rt></ruby>、<ruby>人々<rt>ひとびと</rt></ruby>を<ruby>脅<rt>おびや</rt></ruby>かした<ruby>恐<rt>おそ</rt></ruby>ろしい<ruby>事件<rt>じけん</rt></ruby>の<ruby>犯人<rt>はんにん</rt></ruby>が<ruby>捕<rt>つか</rt></ruby>まった。
어제, 사람들을 위협한 무서운 사건의 범인이 잡혔다.

2841 ☐☐☐

爆弾　　　ばくだん　　　图 폭탄

<ruby>駅<rt>えき</rt></ruby>で<ruby>爆弾<rt>ばくだん</rt></ruby>らしきものが<ruby>発見<rt>はっけん</rt></ruby>され、<ruby>警察<rt>けいさつ</rt></ruby>が<ruby>調査<rt>ちょうさ</rt></ruby>している。
역에서 폭탄 같은 것이 발견되어, 경찰이 조사하고 있다.

2842 ☐☐☐

有効　★　ゆうこう　　　图 유효

このパスポートは5<ruby>年間有効<rt>ねんかんゆうこう</rt></ruby>です。
이 여권은 5년간 유효합니다.

> 관련어　有効性 ゆうこうせい 图 유효성

2843 ☐☐☐

事例　★　じれい　　　图 사례

<ruby>木村弁護士<rt>きむらべんごし</rt></ruby>は<ruby>労働問題<rt>ろうどうもんだい</rt></ruby>に<ruby>関<rt>かん</rt></ruby>する<ruby>多<rt>おお</rt></ruby>くの<ruby>事例<rt>じれい</rt></ruby>を<ruby>扱<rt>あつか</rt></ruby>ってきた。
기무라 변호사는 노동 문제에 관한 많은 사례를 다뤄 왔다.

2844 ☐☐☐

両側　　　りょうがわ　　　图 양측

<ruby>消費者<rt>しょうひしゃ</rt></ruby>と<ruby>販売者<rt>はんばいしゃ</rt></ruby>の<ruby>両側<rt>りょうがわ</rt></ruby>を<ruby>保護<rt>ほご</rt></ruby>する<ruby>制度<rt>せいど</rt></ruby>が<ruby>必要<rt>ひつよう</rt></ruby>だと<ruby>思<rt>おも</rt></ruby>う。
소비자와 판매자 양측을 보호하는 제도가 필요하다고 생각한다.

2845 ☐☐☐

裁判　　　さいばん　　　图 재판

<ruby>裁判<rt>さいばん</rt></ruby>は<ruby>有名<rt>ゆうめい</rt></ruby>な<ruby>人<rt>ひと</rt></ruby>でも<ruby>公平<rt>こうへい</rt></ruby>に<ruby>行<rt>おこな</rt></ruby>われなければならない。
재판은 유명한 사람이라도 공평하게 이루어지지 않으면 안 된다.

[문형] 동사 ない형 + なければならない ~(하)지 않으면 안 된다

2846 ☐☐☐

訴える
うったえる
동 고소하다, 호소하다

かれ　じ ぶん　しっぴつ　げんこう　む だん　し よう　ちょしゃ　うった
彼は自分が執筆した原稿を無断で使用した著者を訴えた。
그는 자신이 집필한 원고를 무단으로 사용한 저자를 고소했다.

2847 ☐☐☐

捜査
そうさ
명 수사

ねんまえ　　　　じ けん　み かいけつ　　　　そう さ　う　き
10年前のあの事件は未解決のまま捜査が打ち切られた。
10년 전의 그 사건은 미해결인 채 수사가 중단되었다.

[문형] 명사 の + まま ~(인) 채

2848 ☐☐☐

証拠
しょうこ
명 증거

けい じ　ぼうはん　　　　　　さつえい　ぼうだい　えいぞう　しょう こ　み
刑事は防犯カメラが撮影した膨大な映像から証拠を見つけ
だ
出した。 형사는 방범 카메라가 촬영한 방대한 영상에서 증거를 찾아냈다.

2849 ☐☐☐

異議
いぎ
명 이의, 이견

ひ こく　はんけつ　なっとく　　　　　い ぎ　もう　た
被告は判決に納得がいかず異議を申し立てた。
피고는 판결에 납득이 가지 않아 이의를 주장했다.

[문형] 동사 ない형 + ず ~(하)지 않아

2850 ☐☐☐

勧告
かんこく
명 권고

や ちん　たいのう　　　　　たいきょ　かんこく
家賃を滞納すると退去を勧告されることがある。
집세를 체납하면 퇴거를 권고받는 경우가 있다.

2851 ☐☐☐

失効
しっこう
명 실효

うんてんめんきょしょう　　　しっこう　まえ　あらかじ　こうしん　　　　　　ほう
運転免許証は、失効する前に予め更新しておいた方が
いいだろう。 운전 면허증은, 실효되기 전에 미리 갱신해 두는 편이 좋을 것이다.

2852 ☐☐☐

| 明らかだ ★ | あきらかだ | な형 명백하다, 확실하다 |

そう さ　じ けん　しょうさい　あき
捜査により、事件の詳細が明らかになった。
수사에 의해, 사건의 상세한 내용이 명백해졌다.

2853 ☐☐☐

| 規制 | きせい | 명 규제 |

にゅうこく　さい　にくせいひん　こくない　も　こ　き せい
入国の際、肉製品は国内への持ち込みを規制しています。
입국 시, 육제품은 국내로의 반입을 규제하고 있습니다.

2854 ☐☐☐

| 基準 | きじゅん | 명 기준 |

ほう　せっち き じゅん　もと　しょう か き　せっち
法の設置基準に基づいてこのビルには消火器が設置されて
いる。　법의 설치 기준에 근거하여 이 빌딩에는 소화기가 설치되어 있다.

[문형] 명사 + に基づいて　~에 근거하여

2855 ☐☐☐

| 定める ★ | さだめる | 동 정하다, 결정하다 |

に ほん　しゅくじつ　さだ　ひ　ねんかん　にち
日本では祝日として定められている日が年間16日ある。
일본에서는 경축일로 정해져 있는 날이 연간 16일 있다.

[문형] 명사 + として　~(으)로

2856 ☐☐☐

| 促す | うながす | 동 촉구하다, 재촉하다 |

けいさつ　ふ しん　ちゅう い　うなが　せいさく
警察は不審なメールへの注意を促すポスターを制作した。
경찰은 의심스러운 이메일에의 주의를 촉구하는 포스터를 제작했다.

2857 ☐☐☐

| 厳格だ ★ | げんかくだ | な형 엄격하다 |

じょう　か ど　ひ はん　ひ なん　げんかく　ばっ
SNS上での過度な批判や批難は厳格に罰せられます。
SNS상에서의 과도한 비판이나 비난은 엄격하게 처벌됩니다.

2858 ☐☐☐

| 支配 | ★ | しはい | 명 지배 |

きぎょう ふ とう しゅだん し じょう し はい きん し
企業が不当な手段で市場を支配することは禁止されている。
기업이 부당한 수단으로 시장을 지배하는 것은 금지되고 있다.

2859 ☐☐☐

| 暴力 | | ぼうりょく | 명 폭력 |

きょう ふ ぼうりょく せ かい り そう おも
恐怖や暴力がない世界が理想だと思う。
공포나 폭력이 없는 세계가 이상적이라고 생각한다.

2860 ☐☐☐

| 緩和 | | かんわ | 명 완화 |

い やくひん き せい かん わ いち ぶ くすり こうにゅう か のう
医薬品規制が緩和されコンビニで一部の薬が購入可能に
なった。 의약품 규제가 완화되어 편의점에서 일부 약이 구입 가능해졌다.

2861 ☐☐☐

| 所有 | ★ | しょゆう | 명 소유 |

と ち いえ しょゆう ひと か ぜいきん
土地や家を所有する人に課される税金がある。
토지나 집을 소유한 사람에게 부과되는 세금이 있다.

2862 ☐☐☐

| 授受 | ★ | じゅじゅ | 명 수수, 주고받음 |

こう む いん きんぴんじゅじゅ ほうりつ きん し
公務員の金品授受は法律で禁止されています。
공무원의 금품 수수는 법률로 금지되어 있습니다.

2863 ☐☐☐

| 遺言 | | ゆいごん | 명 유언 |

ゆいごん つま かんしゃ ざいさん かん はなし
遺言には妻への感謝だけでなく財産に関する話もあった。
유언에는 아내에게의 감사뿐 아니라 재산에 관한 이야기도 있었다.

[문형] 명사 + だけでなく ~뿐 아니라

*<Day별 단어 퀴즈 PDF>를 활용하여 꼭 복습하세요.

완성 단어

2864 □□□	きじゅん 規準	몡 규준, 규범이 되는 표준
2865 □□□	きはん 規範	몡 규범
2866 □□□	きばん 基盤	몡 기반
2867 □□□	こんぽん 根本	몡 근본
2868 □□□	ぜんてい 前提	몡 전제
2869 □□□	たいせい 体制	몡 체제
2870 □□□	な た 成り立つ	동 성립하다
2871 □□□	か 課する	동 부과하다
2872 □□□	しんこく 申告	몡 신고
2873 □□□	てんきょとどけ 転居届	몡 이전 신고서
2874 □□□	こせき 戸籍	몡 호적
2875 □□□	そうほう 双方	몡 쌍방
2876 □□□	とお 通す	동 통과시키다
2877 □□□	うらづ 裏付ける	동 뒷받침하다, 증명하다
2878 □□□	のが 逃す	동 놓치다
2879 □□□	あくまで	부 끝까지, 철저하게
2880 □□□	ついせき 追跡	몡 추적
2881 □□□	と 捕らえる	동 잡다, 체포하다
2882 □□□	ふしん 不審だ	な형 의심스럽다
2883 □□□	うたが 疑わしい	い형 수상하다
2884 □□□	めいはく 明白だ	な형 명백하다

2885 □□□	と し 取り締まる	동 단속하다, 감독하다
2886 □□□	ふこうせい 不公正	몡 불공정
2887 □□□	ふこうへい 不公平	몡 불공평
2888 □□□	ゆうがい 有害	몡 유해
2889 □□□	ぬす 盗む	동 훔치다, 도둑질하다
2890 □□□	おか 侵す	동 침범하다, 침해하다
2891 □□□	おど 脅す	동 위협하다, 협박하다
2892 □□□	かぶせる	동 덮어 씌우다
2893 □□□	はんにん 犯人	몡 범인
2894 □□□	ひとじち 人質	몡 인질
2895 □□□	あるいは	접 혹은, 또는
2896 □□□	したがって	접 따라서
2897 □□□	きゃっか 却下	몡 각하, 기각
2898 □□□	きょうせい 強制	몡 강제
2899 □□□	こうりょく 効力	몡 효력
2900 □□□	きょうこう 強硬だ	な형 강경하다
2901 □□□	つぐな 償う	동 보상하다, 속죄하다
2902 □□□	ばっ 罰する	동 벌하다, 처벌하다
2903 □□□	つみ 罪する	동 처벌하다
2904 □□□	ちょうしゅう 徴収	몡 징수
2905 □□□	きょっけい 極刑	몡 극형, 사형

MP3 바로 듣기

2906 ☐☐☐

| 国際 | ★ | こくさい | 명 국제 |

そうりだいじん　とうきょう　かいさい　　　こくさいかいぎ　しゅっせき
総理大臣は東京で開催された国際会議に出席した。
총리대신은 도쿄에서 개최된 국제회의에 출석했다.

2907 ☐☐☐

| 諸国 | ★ | しょこく | 명 여러 나라 |

ぜんしゅしょう　どりょく　　　きんりんしょこく　　かんけい　いちじる　かいぜん
前首相の努力により近隣諸国との関係が 著しく改善した。
전 수상의 노력에 의해 인근 여러 나라와의 관계가 현저히 개선되었다.

[문형] 명사 + により ~에 의해

2908 ☐☐☐

| 団体 | ★ | だんたい | 명 단체 |

やまもとし　よとう　はな　あたら　せいじだんたい　せつりつ
山本氏は与党を離れ、新しい政治団体を設立するという。
야마모토 씨는 여당을 떠나, 새로운 정치 단체를 설립한다고 한다.

2909 ☐☐☐

| 政府 | | せいふ | 명 정부 |

せいふ　ぜんこく　がっこうきゅうしょく　むりょう　　　けんとう
政府は全国の学校給食を無料にすることを検討している。
정부는 전국의 학교 급식을 무료로 하는 것을 검토하고 있다.

2910 ☐☐☐

| 主義 | | しゅぎ | 명 주의, 이념, 이데올로기 |

にほん　みんしゅしゅぎ　もと　せいじ　おこな　こっか
日本は民主主義に基づいて政治を行う国家だ。
일본은 민주주의에 기반하여 정치를 하는 국가이다.

[문형] 명사 + に基づいて ~에 기반하여

2911 ☐☐☐

承認	★	しょうにん	명 승인

その道路は市の承認を得てからでないと工事ができない。
그 도로는 시의 승인을 얻지 않으면 공사를 할 수 없다.

[문형] 동사 て형 + からでないと ~(하)지 않으면

2912 ☐☐☐

議決		ぎけつ	명 의결

国会での議決を経て来年度の予算が成立したそうです。
국회에서 의결을 거쳐 내년도 예산이 성립되었다고 합니다.

2913 ☐☐☐

棄権		きけん	명 기권

投票を棄権した場合、罰金を払う必要がある国もある。
투표를 기권한 경우, 벌금을 낼 필요가 있는 나라도 있다.

2914 ☐☐☐

実情		じつじょう	명 실정

県は今回の地震の実情を調査し、支援金の支給を決定した。
현은 이번 지진의 실정을 조사하고, 지원금 지급을 결정했다.

2915 ☐☐☐

治める		おさめる	동 통치하다, (혼란을) 수습하다

昔は、天候や戦の結果などを占って国を治めていた。
옛날에는, 날씨나 전쟁의 결과 등을 점쳐서 나라를 통치했다.

2916 ☐☐☐

演説	★	えんぜつ	명 연설

県知事候補者の演説に多くの県民が集まりました。
현지사 후보자의 연설에 많은 현민이 모였습니다.

2917 ☐☐☐

| 会見 | ★ | かいけん | 명 회견 |

しちょう かいけん しょうてんがい ふっこう かん あん はっぴょう
市長は会見で商店街の復興に関する案を発表した。
시장은 회견에서 상점가의 부흥에 관한 안을 발표했다.

[문형] 명사 + に関する ~에 관한

2918 ☐☐☐

| 特権 | とっけん | 명 특권 |

ぎいん とっけん りよう しきん むだづか もんだい
議員の特権を利用した資金の無駄遣いが問題になっている。
의원의 특권을 이용한 자금 낭비가 문제가 되고 있다.

2919 ☐☐☐

| 付与 | ふよ | 명 부여 |

じょせい とうひょうけん ふよ さいしょ
ニュージーランドは女性に投票権を付与した最初の
くに
国である。 뉴질랜드는 여성에게 투표권을 부여한 최초의 나라이다.

2920 ☐☐☐

| 保障 | ほしょう | 명 보장 |

くに しゃかいほしょう だいきぼ よさん つか
国は社会保障に大規模な予算を使っている。
나라는 사회 보장에 대규모적인 예산을 사용하고 있다.

2921 ☐☐☐

| やっぱり | ★ | - | 부 역시 |

ゆうぼう にんき たか ぎいん ちょうかん しめい
有望だと人気が高いA議員がやっぱり長官に指名された。
유망하다고 인기가 높은 A 의원이 역시 장관으로 지명되었다.

2922 ☐☐☐

| 目的 | ★ | もくてき | 명 목적 |

ちょうじかんろうどう さくげん もくてき ほう みなお おこな
長時間労働の削減を目的とした法の見直しが行われた。
장시간 노동 줄이기를 목적으로 한 법의 재검토가 진행되었다.

2923 ☐☐☐

| 論争 | ★ | ろんそう | 명 논쟁 |

ねんきんせいど
年金制度をめぐっての論争は以前から頻繁にあった。
연금 제도를 둘러싼 논쟁은 이전부터 빈번히 있었다.

[문형] 명사 + をめぐっての ~를 둘러싼

2924 ☐☐☐

| 反映 | ★ | はんえい | 명 반영 |

しんそうり　　　わかもの　こえ　はんえい　　せいどかいかく　おこな
新総理には若者の声を反映した制度改革を行って
ほしい。 신 총리에게는 젊은이들의 목소리를 반영한 제도 개혁을 해 주길 바란다.

2925 ☐☐☐

| 大まかだ | | おおまかだ | な형 대략적이다, 대충이다 |

けん　よさん　おお　　　つか　みち　　　　　　　　　　こうかい
県の予算の大まかな使い道がホームページで公開された。
현의 예산의 대략적인 용도가 홈페이지에 공개되었다.

2926 ☐☐☐

| 模索 | | もさく | 명 모색 |

せいふ　　せかいてきふきょう　たいさく　もさく
政府は世界的不況の対策を模索している。
정부는 세계적 불황의 대책을 모색하고 있다.

2927 ☐☐☐

| 望ましい | ★ | のぞましい | い형 바람직하다 |

こくみん　せっきょくてき　せいじ　さんか　　　　　　のぞ
国民が積極的に政治に参加することが望ましい。
국민이 적극적으로 정치에 참여하는 것이 바람직하다.

2928 ☐☐☐

| 認める | | みとめる | 동 인정하다 |

おお　　くに　がいこくじんさんせいけん　みと　　　　　　　うご
多くの国で外国人参政権を認めようとする動きがある。
많은 나라에서 외국인 참정권을 인정하려고 하는 움직임이 있다.

[문형] 동사 의지형 + とする ~(하)려고 하다

2929 □□□

| 怪しい ★ | あやしい | い형 수상하다 |

怪しい人が出入りしないよう国会の警備はとても厳しい。
수상한 사람이 출입하지 않도록 국회의 경비는 매우 삼엄하다.

2930 □□□

| 疑う ★ | うたがう | 동 의심하다 |

B氏は政治家としての能力が疑われるような発言が多い。
B 씨는 정치가로서의 능력이 의심될 만한 발언이 많다.

[문형] 명사 + として ~로서

2931 □□□

| 批判 ★ | ひはん | 명 비판 |

大臣の消極的な外交の姿勢に批判が集中している。
대신의 소극적인 외교 자세에 비판이 집중되고 있다.

2932 □□□

| 不満 ★ | ふまん | 명 불만 |

社会保障制度に対する国民の不満が大きくなっている。
사회 보장 제도에 대한 국민의 불만이 커지고 있다.

[문형] 명사 + に対する ~에 대한

2933 □□□

| 無理やり ★ | むりやり | 부 무리하게, 억지로 |

多くの反対があるにもかかわらず、国は無理やり増税を
進めた。 많은 반대가 있음에도 불구하고, 나라는 무리하게 증세를 진행했다.

[문형] 동사 보통형 + にもかかわらず ~에도 불구하고

2934 □□□

| 押し付ける | おしつける | 동 강요하다, 억누르다, 강압하다 |

自分の政治観を他人に押し付けてはいけません。
자신의 정치관을 타인에게 강요해서는 안 됩니다.

2935 ☐☐☐

乱れる ★ みだれる 图 혼란해지다, 흐트러지다

くに みだ ちつじょ かいふく しゅつば き
国の乱れた秩序を回復したくて出馬を決めました。
나라의 혼란해진 질서를 회복하고 싶어 출마를 결정했습니다.

2936 ☐☐☐

乱す ★ みだす 图 어지럽히다, 혼란시키다

こくさいしゃかい へいわ みだ こうどう ゆる おも
国際社会の平和を乱す行動は許されないと思う。
국제 사회의 평화를 **어지럽히는** 행동은 용서되지 않을 것이라고 생각한다.

2937 ☐☐☐

混乱 ★ こんらん 图 혼란

くに しゅと か こんらん まね
その国は首都を変えたことで混乱を招いてしまった。
그 나라는 수도를 바꾼 것으로 혼란을 초래해 버렸다.

[문형] 동사 て형 + しまう ~(해) 버리다

2938 ☐☐☐

内乱 ないらん 图 내란

ないらん まちじゅう ひと ひがい う い
内乱で町中の人が被害を受けたのは言うまでもない。
내란으로 온 동네 사람이 피해를 입은 것은 말할 것도 없다.

[문형] 동사 사전형 + までもない ~(할) 것도 없다

2939 ☐☐☐

暴露 ばくろ 图 폭로

せいとう かんけいしゃ しゅうかんし だいじん いはんこうい ばくろ
政党の関係者が週刊誌に大臣の違反行為を暴露した。
정당의 관계자가 주간지에 대신의 위반 행위를 폭로했다.

2940 ☐☐☐

潔白 ★ けっぱく 图 결백

かれ ふせい うたが ちょうさ けっか み けっぱく しょうめい
彼は不正が疑われていたが、調査の結果、身の潔白が証明
された。 그는 부정이 의심되었지만, 조사 결과, 자신의 **결백**이 증명되었다.

2941 ☐☐☐

占める ★ しめる 图 차지하다

そうり しゅうにん いらい かれ しじ こくみん はんすう いじょう
総理が就任して以来ずっと彼を支持する国民が半数以上を
し
占めている。
총리가 취임한 이래로 계속 그를 지지하는 국민이 반수 이상을 **차지**하고 있다.

[문형] 동사 て형 + 以来 ~이래로

2942 ☐☐☐

権力 けんりょく 图 권력

けんりょく も せいじか ゆうわく ま つよ こころ ひつよう
権力を持つ政治家には誘惑に負けない強い心が必要だ。
권력을 가진 정치가에게는 유혹에 지지 않는 강한 마음이 필요하다.

2943 ☐☐☐

覚悟 かくご 图 각오

こんかい せんきょ らくせん かくご うえ しゅつ ば き
今回の選挙は、落選も覚悟の上で出馬を決めた。
이번 선거는, 낙선도 **각오**한 뒤에 출마를 결정했다.

[문형] 명사 の + 上で ~(한) 뒤에

2944 ☐☐☐

有力だ ゆうりょくだ な형 유력하다

た なか ぎ いん じ き し ちょう もっと ゆうりょく し ぎ かい ぎ いん
田中議員は次期市長として最も有力な市議会議員です。
다나카 의원은 차기 시장으로서 가장 **유력**한 시의회 의원입니다.

2945 ☐☐☐

拡充 ★ かくじゅう 图 확충

けんこう ほ けんせい ど かくじゅう こっかい ぎ ろん
健康保険制度の拡充について国会で議論された。
건강 보험 제도의 **확충**에 대해 국회에서 의논되었다.

2946 ☐☐☐

情勢 じょうせい 图 정세, 형세

しゃかいじょうせい へん か おう かいけつ か だい か
社会情勢の変化に応じ、解決するべき課題も変わるものだ。
사회 정세의 변화에 대응해, 해결해야 하는 과제도 바뀌는 법이다.

[문형] 동사 사전형 + べき ~(해)야 하는 / 동사 사전형 + ものだ ~(인) 법이다

*<Day별 단어 퀴즈 PDF>를 활용하여 꼭 복습하세요.

완성 단어

2947 ☐☐☐	らいにち 来日	명 일본 방문, 방일
2948 ☐☐☐	しょみん 庶民	명 서민
2949 ☐☐☐	たいしゅう 大衆	명 대중
2950 ☐☐☐	ちゅうりつ 中立	명 중립
2951 ☐☐☐	たい 対する	동 대하다, 상대하다
2952 ☐☐☐	おう 応じる	동 응하다, 대응하다
2953 ☐☐☐	やくしょ 役所	명 관공서
2954 ☐☐☐	かんちょう 官庁	명 관청
2955 ☐☐☐	き かん 機関	명 기관
2956 ☐☐☐	しゅ と けん 首都圏	명 수도권
2957 ☐☐☐	しゅうかい 集会	명 집회
2958 ☐☐☐	しゅうだん 集団	명 집단
2959 ☐☐☐	たいりつ 対立	명 대립
2960 ☐☐☐	はんぱつ 反発	명 반발
2961 ☐☐☐	せいりょく 勢力	명 세력
2962 ☐☐☐	ゆうせい 優勢	명 우세
2963 ☐☐☐	ほっそく 発足	명 발족
2964 ☐☐☐	し こう 施行	명 시행, 실시
2965 ☐☐☐	かいてい 改訂	명 개정
2966 ☐☐☐	か けつ 可決	명 가결
2967 ☐☐☐	か はんすう 過半数	명 과반수

2968 ☐☐☐	ぎ あん 議案	명 의안, 안건
2969 ☐☐☐	ぎ ちょう 議長	명 의장
2970 ☐☐☐	つうたつ 通達	명 통첩, 통지
2971 ☐☐☐	こく ど 国土	명 국토
2972 ☐☐☐	こうせい 厚生	명 후생
2973 ☐☐☐	ふ せい 不正	명 부정
2974 ☐☐☐	ま こ 巻き込む	동 말려들게 하다, 끌어들이다
2975 ☐☐☐	もたらす	동 초래하다
2976 ☐☐☐	はっかく 発覚	명 발각
2977 ☐☐☐	お とお 押し通す	동 밀고 나가다, 관철시키다
2978 ☐☐☐	かいめい 解明	명 해명
2979 ☐☐☐	だ きょう 妥協	명 타협
2980 ☐☐☐	は あく 把握	명 파악
2981 ☐☐☐	てき ぎ 適宜	명 적당, 적의
2982 ☐☐☐	て ほん 手本	명 본보기, 모범
2983 ☐☐☐	せいとう 政党	명 정당
2984 ☐☐☐	らくせん 落選	명 낙선
2985 ☐☐☐	よ とう 与党	명 여당
2986 ☐☐☐	ほ しゅ 保守	명 보수, 보전
2987 ☐☐☐	ほんねん 本年	명 올해
2988 ☐☐☐	ちかごろ 近頃	명 최근, 요즘

해커스 JLPT 기출 단어장 N2

DAY 37 사회이슈

MP3 바로 듣기

2989 ☐☐☐

世の中	★	よのなか	명 세상

スマホで^{なん}でも^{しら}べられる。なんと^{べんり}な^よの^{なか}になった
ことか。 스마트폰으로 무엇이든 조사할 수 있다. 이 얼마나 편리한 세상이 되었는지.

[문형] 의문사 + 동사 보통형 + ことか ~(인)지

2990 ☐☐☐

世間	★	せけん	명 사회, 세간

SNSでの^{せけん}との^{つな}がりは^{こどく}を^{かいしょう}してくれる。
SNS에서의 사회와의 연결은 고독을 해소해 준다.

관련어	世間体 せけんてい 명 체면, 평판
	世間並み せけんなみ 명 평범, 보통, 다른 사람과 같은 정도

2991 ☐☐☐

現代社会		げんだいしゃかい	명 현대 사회

ストレスの^{おお}い^{げんだいしゃかい}では^{しんしん}を^{やす}めることが^{たいせつ}だ。
스트레스가 많은 현대 사회에서는 심신을 쉬게 하는 것이 중요하다.

2992 ☐☐☐

福祉	★	ふくし	명 복지

^{ふくし}は^{ひつよう}としている^{ひと}が^{りよう}できてこそ^{いみ}がある。
복지는 필요로 하는 사람이 이용할 수 있어야 의미가 있다.

[문형] 동사 て형 + こそ ~(해)야

2993 ☐☐☐

担う		になう	동 짊어지다, (책임을) 지다

^{みらい}を^{にな}う^{こども}たちが^{すこ}やかに^{せいちょう}できる^{くに}を^{つく}りたい。
미래를 짊어질 아이들이 건강하게 성장할 수 있는 나라를 만들고 싶다.

2994 ☐☐☐

義務	ぎむ	명 의무

政府には、様々な社会問題を解決する義務があると思う。
정부에는, 다양한 사회 문제를 해결할 의무가 있다고 생각한다.

2995 ☐☐☐

領土	りょうど	명 영토

バチカン市国は世界一領土が狭いことで有名な国です。
바티칸 시국은 세계에서 제일 영토가 좁은 것으로 유명한 나라입니다.

2996 ☐☐☐

連合	れんごう	명 연합

国際連合設立の目的の一つは国際平和を維持することだ。
국제 연합 설립의 목적 중 하나는 국제 평화를 유지하는 것이다.

2997 ☐☐☐

少子化	しょうしか	명 저출산

少子化による労働人口の減少が問題となっている。
저출산에 의한 노동 인구의 감소가 문제가 되고 있다.

[문형] 명사 + による ~에 의한

2998 ☐☐☐

招来	しょうらい	명 초청, 초래

優秀な外国人技術者を招来して雇用する会社が増加した。
우수한 외국인 기술자를 초청하여 고용하는 회사가 증가했다.

2999 ☐☐☐

依存	いぞん	명 의존

ネットに依存すると、健康や社会生活にも影響が出てしまう。 인터넷에 의존하면, 건강이나 사회생활에도 영향이 생겨 버린다.

[문형] 동사 て형 + しまう ~(해) 버리다

3000 ☐☐☐

| 要求 | ★ | ようきゅう | 명 요구 |

こんかい かいだん あいてこく ようきゅう の お
今回の会談は相手国の要求を飲むかたちで終わった。
이번 회담은 상대국의 요구를 받아들이는 형태로 끝났다.

3001 ☐☐☐

| 交渉 | ★ | こうしょう | 명 교섭 |

きぎょう ちゅう ろうどうくみあい こうしょう つづ
企業がストライキ中の労働組合と交渉を続けている。
기업이 파업 중인 노동조합과 교섭을 계속하고 있다.

3002 ☐☐☐

| 密着 | ★ | みっちゃく | 명 밀착 |

せいじか みっちゃくしゅざい か きじ いまちゅうもく あつ
あの政治家を密着取材して書いた記事が今注目を集め
ている。 그 정치가를 밀착 취재해서 쓴 기사가 지금 주목을 모으고 있다.

3003 ☐☐☐

| 妨害 | | ぼうがい | 명 방해 |

うそ じょうほう かくさん えいぎょう ぼうがい こうい つみ と
嘘の情報を拡散し営業を妨害する行為は罪に問われる。
거짓 정보를 확산해 영업을 방해하는 행위는 죄를 심문 받는다.

3004 ☐☐☐

| 契機 | ★ | けいき | 명 계기 |

じしん くに ぼうさいたいさく みなお けいき
その地震は、国の防災対策を見直す契機になった。
그 지진은, 나라의 방재 대책을 재검토하는 계기가 되었다.

3005 ☐☐☐

| 相次ぐ | ★ | あいつぐ | 동 잇따르다 |

しょくりょうひん あいつ ねあ かけい きび
食料品の相次ぐ値上げで、家計はますます厳しくなるば
かりだ。 식료품의 잇따른 가격 상승으로, 살림살이는 점점 어려워지기만 한다.

[문형] 동사 사전형 + ばかりだ ~(하)기만 한다

관련어 相次いで あいついで 부 잇따라

3006 ☐☐☐

| 物騒だ | ★ | ぶっそうだ | な형 뒤숭숭하다, 어수선하다 |

ニュースでは毎日物騒な事件が報道されている。
뉴스에서는 매일 뒤숭숭한 사건이 보도되고 있다.

3007 ☐☐☐

| 恵む | ★ | めぐむ | 동 베풀다 |

豊かな自然が恵んでくれる農産物を無駄にしないようにしよう。 풍부한 자연이 베풀어 주는 농산물을 헛되이 하지 않도록 하자.

[문형] 동사 ない형 + ないように ~(하)지 않도록

3008 ☐☐☐

| 寄付 | ★ | きふ | 명 기부 |

その歌手は新曲の売上を災害に遭った地域に寄付した。
그 가수는 신곡의 매출을 재해를 입은 지역에 기부했다.

3009 ☐☐☐

| 奉仕 | | ほうし | 명 봉사 |

事業を通して社会に奉仕することが弊社の理念です。
사업을 통해 사회에 봉사하는 것이 우리 회사의 이념입니다.

[문형] 명사 + を通して ~을 통해

3010 ☐☐☐

| 有益だ | | ゆうえきだ | な형 유익하다 |

この雑誌は不動産に関する有益な情報を提供してくれる。
이 잡지는 부동산에 관한 유익한 정보를 제공해 준다.

[문형] 명사 + に関する ~에 관한

3011 ☐☐☐

| 普及 | ★ | ふきゅう | 명 보급 |

声で操作できるAI家電が徐々に普及している。
목소리로 조작할 수 있는 AI 가전이 서서히 보급되고 있다.

3012 ☐☐☐

模範　★　もはん　　　图 모범

かんきょう ほ ぜんかつどう　　　　た　も はん　　きぎょう しょう おく
環境保全活動において他の模範となる企業に賞を贈った。
환경 보전 활동에 있어서 타의 **모범**이 되는 기업에게 상을 수여했다.

[문형] 명사 + において ~에 있어서

3013 ☐☐☐

割り込む　★　わりこむ　　　图 끼어들다

れつ　わ　こ　　　　　　　　いはん　　い
列に割り込むのがマナー違反なのは言うまでもない。
줄에 **끼어드는** 것이 매너 위반인 것은 말할 것도 없다.

[문형] 동사 사전형 + までもない ~(할) 것도 없다

3014 ☐☐☐

行き着く　　いきつく　　　图 다다르다

ひら　あや　　　　　　　い　つ
メールにあるURLを開くと怪しいサイトに行き着いた。
이메일에 있는 URL을 열었더니 수상한 사이트에 **다다랐다**.

3015 ☐☐☐

行方　★　ゆくえ　　　图 행방

けいさつ　どうぶつえん　　　　に　だ　　　　　　　ゆくえ　お
警察が動物園から逃げ出したヘビの行方を追っています。
경찰이 동물원에서 도망친 뱀의 **행방**을 쫓고 있습니다.

3016 ☐☐☐

続出　★　ぞくしゅつ　　　图 속출

くつ　　せんでん　　　　　　う　き　　みせ　ぞくしゅつ
その靴はCMで宣伝されてから売り切れる店が続出した。
그 신발은 CM으로 선전되고 나서 매진되는 가게가 **속출**했다.

[문형] 동사 て형 + から ~(하)고 나서

3017 ☐☐☐

贅沢　★　ぜいたく　　　图 사치

こく　　しゅうにゅう　ぞうか　とも な　　ぜいたくひん　しょうひ　かくだい
A国では収入の増加に伴って贅沢品の消費が拡大している。
A国에서는 수입의 증가에 따라 **사치품**의 소비가 확대되고 있다.

[문형] 명사 + に伴って ~에 따라

3018 ☐☐☐

| 激しい | ★ | はげしい | [い형] 격하다, 격렬하다 |

こんな学歴社会では、受験競争が激しくなる一方だろう。
이런 학력 사회에서는, 수험 경쟁이 격해지기만 할 것이다.

[문형] 동사 사전형 + 一方だ ~(하)기만 하다

3019 ☐☐☐

| 抵抗 | ★ | ていこう | [명] 반발, 저항 |

住民の抵抗により、ごみ処理施設は建設できずにいる。
주민의 반발에 의해, 쓰레기 처리 시설은 건설하지 못하고 있다.

[문형] 명사 + により ~에 의해 / 동사 ない형 + ずに ~(하)지 못하고

3020 ☐☐☐

| 理屈 | ★ | りくつ | [명] 이치, 도리, 구실 |

世の中には理屈通りにならないこともあるものだ。
세상에는 이치대로 되지 않는 일도 있는 법이다.

[문형] 동사 보통형 + ものだ ~(하)는 법이다

3021 ☐☐☐

| 破壊 | ★ | はかい | [명] 파괴 |

土地開発が進み、野生動物の暮らす環境が破壊されている。 토지 개발이 진행되어, 야생 동물이 사는 환경이 파괴되고 있다.

3022 ☐☐☐

| 騒音 | | そうおん | [명] 소음 |

マンションなどの集合住宅ではしばしば騒音トラブルが発生する。 맨션 등의 공동 주택에서는 종종 소음 문제가 발생한다.

3023 ☐☐☐

| 騒がす | ★ | さわがす | [동] 소란스럽게 하다 |

あの政治家は相次ぐ不祥事で世間を騒がした。
그 정치가는 끊임없는 불미스러운 일로 세간을 소란스럽게 했다.

3024 ☐☐☐

極める	きわめる	동 (정점에) 다다르다, 몹시 ~하다

のうか における ろうどうりょくぶそく かいけつ こんなん きわ
農家における労働力不足の解決は困難を極めている。
농가에서의 노동력 부족 해결은 곤란의 정점에 다다라 있다.

[문형] 명사 + における ~에서의

> 관련어 極み きわみ 명 끝, 극도

3025 ☐☐☐

害する ★	がいする	동 해롭게 하다, 해치다

けんこうしょくひん けんこう がい せいぶん ふく じれい
健康食品に健康を害する成分が含まれている事例があった。
건강식품에 건강을 해롭게 하는 성분이 포함되어 있는 사례가 있었다.

3026 ☐☐☐

破る ★	やぶる	동 깨다, 찢다, 무찌르다

えいが れきだいこうぎょうしゅうにゅう い きろく やぶ わだい
あの映画が歴代興行収入 1 位の記録を破って話題に
なっている。 저 영화가 역대 흥행 수익 1위 기록을 깨서 화제가 되고 있다.

3027 ☐☐☐

訂正 ★	ていせい	명 정정

かれ じぶん ちょしょ いま も ぎわく ていせい
彼は自分の著書で、今まで持たれていた疑惑を訂正した。
그는 자신의 저서에서, 지금까지 가지고 있었던 의혹을 정정했다.

3028 ☐☐☐

探る ★	さぐる	동 찾다, 탐지하다

ひんこんもんだい こんぽんてき げんいん さぐ けんきゅう おこな
貧困問題の根本的な原因を探る研究を行っている。
빈곤 문제의 근본적인 원인을 찾는 연구를 진행하고 있다.

3029 ☐☐☐

急遽 ★	きゅうきょ	부 갑작스레, 급거

りんこく しゅのう らいにち よてい きゅうきょちゅうし
隣国の首脳が来日する予定だったが、急遽中止になった。
이웃 나라의 정상이 방일할 예정이었지만, 갑작스레 중지되었다.

*<Day별 단어 퀴즈 PDF>를 활용하여 꼭 복습하세요.

완성 단어

3030 □□□	とういつ **統一**	명 통일	3051 □□□	かろ **辛うじて**	부 겨우, 간신히

3030 □□□	とういつ **統一**	명 통일
3031 □□□	きんとう **均等だ**	な형 균등하다
3032 □□□	ぐんたい **軍隊**	명 군대
3033 □□□	こうしゅう **公衆**	명 공중, 대중
3034 □□□	あらわ **現す**	동 드러내다
3035 □□□	いちだん **一段と**	한층, 더욱
3036 □□□	げん **現に**	부 실제로
3037 □□□	ぞくぞく **続々**	부 속속
3038 □□□	なが び **長引く**	동 오래 끌다
3039 □□□	か じょう **過剰**	명 과잉
3040 □□□	いつだつ **逸脱**	명 일탈
3041 □□□	ぎ せい **犠牲**	명 희생
3042 □□□	きゅうきょく **究極**	명 궁극
3043 □□□	き す **切り捨てる**	동 잘라 버리다
3044 □□□	てっきょ **撤去**	명 철거
3045 □□□	てったい **撤退**	명 철수, 철퇴
3046 □□□	はくがい **迫害**	명 박해
3047 □□□	ふ しょう じ **不祥事**	명 불상사, 불미스러운 일
3048 □□□	けっこう **決行**	명 결행
3049 □□□	も き **持ち切る**	동 유지하다, 화제가 되다
3050 □□□	そ **沿う**	동 따르다

3051 □□□	かろ **辛うじて**	부 겨우, 간신히
3052 □□□	ほ きゅう **補給**	명 보급, 보충
3053 □□□	かんげん **還元**	명 환원
3054 □□□	そ **逸れる**	동 빗나가다, 벗어나다
3055 □□□	だっしゅつ **脱出**	명 탈출
3056 □□□	かか **掲げる**	동 (높이) 달다, 내걸다
3057 □□□	こんけつ **混血**	명 혼혈
3058 □□□	しゅ し **趣旨**	명 취지
3059 □□□	しんそう **真相**	명 진상, 참된 모습
3060 □□□	とうしょ **投書**	명 투고
3061 □□□	ひび **響く**	동 울리다, 영향을 주다
3062 □□□	およ **及ぶ**	동 미치다, 달하다, 이르다
3063 □□□	ぎ れいてき **儀礼的だ**	な형 의례적이다
3064 □□□	どく **毒する**	동 해치다
3065 □□□	おど **脅かす**	동 위협하다
3066 □□□	しゅほう **手法**	명 수법, 기법
3067 □□□	ぶ き **武器**	명 무기
3068 □□□	か しつ **過失**	명 과실, 실수
3069 □□□	か そ **過疎**	명 과소, 인구 밀도가 낮아짐
3070 □□□	けい し **軽視**	명 경시
3071 □□□	げんばく **原爆**	명 원자 폭탄

가타카나 단어 1

3072 ☐☐☐	**ウイスキー**		명 위스키
3073 ☐☐☐	**クリーム**		명 크림
3074 ☐☐☐	**シーズン**	★	명 시즌, 시기, 계절
3075 ☐☐☐	**スープ**		명 수프
3076 ☐☐☐	**タピオカ**		명 타피오카
3077 ☐☐☐	**フルーツ**		명 과일
3078 ☐☐☐	**ボリュームがある**		볼륨이 있다, 푸짐하다, 풍성하다
3079 ☐☐☐	**ワイン**		명 와인, 포도주
3080 ☐☐☐	**コーヒーマシン**		명 커피 머신
3081 ☐☐☐	**コール**		명 콜, 호출
3082 ☐☐☐	**フライパン**		명 프라이팬
3083 ☐☐☐	**レシピ**		명 레시피, 조리법
3084 ☐☐☐	**オンラインショップ**		명 온라인 숍
3085 ☐☐☐	**ジーンズ**		명 청바지
3086 ☐☐☐	**トータル**		명 토털, 합계

3087	バッグ		명 가방
3088	パンツ		명 팬츠, 바지
3089	ブラッシュ	★	명 빗
3090	ブローチ		명 브로치
3091	マーケット		명 마켓, 시장
3092	ウール		명 울, 모직
3093	サンプル		명 샘플, 견본
3094	セール		명 세일
3095	ダイヤ		명 다이아몬드, 다이어그램, 열차 운행표
3096	ナイロン		명 나일론
3097	レンタル	★	명 렌털, 대여
3098	プライベートだ		な형 개인적이다, 사적이다
3099	ライター		명 라이터
3100	マイペース	★	명 마이 페이스, 자기 나름의 방식
3101	ルーズだ		な형 헐렁하다, 느슨하다
3102	コンプレックス		명 콤플렉스

3103	バランス	★	명 밸런스, 균형
3104	コミュニティーセンター		명 커뮤니티 센터, 공공시설
3105	トランプ		명 트럼프
3106	ベンチ		명 벤치
3107	ヨット		명 요트
3108	リフレッシュ		명 리프레시, 원기 회복
3109	レクリエーション		명 레크리에이션, 오락
3110	カー		명 자동차
3111	タイヤ		명 타이어
3112	パンク	★	명 펑크
3113	ハンドル		명 핸들, 손잡이, 운전대
3114	プラットホーム		명 플랫폼, 승강장
3115	モノレール		명 모노레일
3116	ラッシュアワー		명 러시아워, 혼잡 시간
3117	コース		명 코스, 절차, 과정
3118	テント		명 텐트

3119	ナンバー	명 넘버, 숫자, 번호
3120	フロント	명 앞, 프런트
3121	ロビー	명 로비
3122	アウト	명 아웃
3123	オリンピック	명 올림픽
3124	キャプテン	명 캡틴, 주장, 선장
3125	コーチ	명 코치, 지도, 지도자
3126	スタジアム	명 스타디움, 경기장
3127	ストレッチ	명 스트레칭
3128	チーム	명 팀
3129	パス	명 패스, 통과
3130	ラグビー	명 럭비
3131	ラケット	명 라켓
3132	ランキング	명 랭킹, 순위
3133	ランクイン	명 랭크 인, 순위권 안에 듦
3134	ワールドカップ	명 월드컵

DAY
38

해커스 JLPT 기출 단어장 N2

*<Day별 단어 퀴즈 PDF>를 활용하여 꼭 복습하세요.

DAY 39 가타카나 단어 2

MP3 바로 듣기

3135	インテリア	명 인테리어
3136	シングル	명 싱글, 한 개, 일인용
3137	パジャマ	명 파자마, 잠옷
3138	ベビーカー	명 유모차
3139	ベランダ	명 베란다
3140	ペンキ	명 페인트
3141	クラブ	명 동아리, 클럽
3142	ゼミ	명 세미나, 강습회
3143	プラン ★	명 플랜, 계획
3144	ペア	명 페어, 짝
3145	ミシン	명 재봉틀
3146	メンバー	명 멤버
3147	ライバル	명 라이벌, 경쟁 상대
3148	レッスン	명 레슨, 수업
3149	エチケット	명 에티켓

3150 □□□	ガイド	★	명	가이드
3151 □□□	コマーシャル		명	선전, 광고
3152 □□□	チェンジ		명	체인지, 교체
3153 □□□	インパクト		명	임팩트
3154 □□□	プラスになる			플러스가 되다
3155 □□□	モチベーション		명	동기 부여
3156 □□□	リアルだ		な형	사실적이다, 현실감있다
3157 □□□	リラックス	★	명	릴랙스, 긴장을 풂
3158 □□□	アクセント		명	악센트, 어조
3159 □□□	ダイレクトだ		な형	직접적이다
3160 □□□	チャット		명	채팅
3161 □□□	トラブル		명	트러블, 문제
3162 □□□	ポスト		명	포스트, 우편함
3163 □□□	ブログ		명	블로그
3164 □□□	クレーム		명	클레임, 불만
3165 □□□	タイミング	★	명	타이밍, 시기

DAY
39

해커스 JLPT 기출 단어장 N2

3166	フォーカス		명 포커스, 초점
3167	ポイント		명 포인트, 요점
3168	シャッター		명 셔터, 덧문
3169	スペース	★	명 공간
3170	フロア		명 플로어, 마루
3171	マンション		명 맨션, 아파트
3172	リニューアル		명 리뉴얼, 새 단장
3173	オリエンテーション		명 오리엔테이션, 신입 사원 교육
3174	クライアント		명 클라이언트, 고객
3175	クリア	★	명 클리어, 통과
3176	スポンサー		명 스폰서, 광고주, 후원자
3177	スムーズだ	★	な형 원활하다
3178	プレッシャー	★	명 정신적 압박
3179	プロジェクト		명 프로젝트
3180	ミーティング		명 미팅, 회의
3181	ミス		명 미스, 실수

3182 ☐☐☐	ユニフォーム		몡 유니폼, 제복
3183 ☐☐☐	リーダー	★	몡 리더
3184 ☐☐☐	アピール	★	몡 어필, 호소
3185 ☐☐☐	^{おお て}大手メーカー		몡 대기업
3186 ☐☐☐	キャリア		몡 커리어, 경력
3187 ☐☐☐	ニーズ	★	몡 니즈, 요구
3188 ☐☐☐	フォーマルだ		な형 공식적이다, 형식적이다
3189 ☐☐☐	コック		몡 요리사
3190 ☐☐☐	ジャーナリスト		몡 저널리스트, 언론인
3191 ☐☐☐	パイロット		몡 파일럿, 조종사
3192 ☐☐☐	フリー		몡 자유, 프리랜서
3193 ☐☐☐	プロ		몡 프로, 전문가
3194 ☐☐☐	ベテラン		몡 베테랑, 숙련자, 전문가
3195 ☐☐☐	マスター		몡 마스터, 주인, 숙달함
3196 ☐☐☐	モデル		몡 모델
3197 ☐☐☐	レポーター		몡 리포터, 취재 기자

*<Day별 단어 퀴즈 PDF>를 활용하여 꼭 복습하세요.

DAY
39

해커스 JLPT 기출 단어장 N2

DAY 40 가타카나 단어 3

MP3 바로 듣기

3198	ターゲット	★	명 타깃, 표적
3199	ダメージ		명 손해, 손상
3200	アレルギー		명 알레르기
3201	ショック	★	명 쇼크, 충격
3202	マッサージ		명 마사지
3203	サイレン		명 사이렌, 경보
3204	ハードだ	★	な형 딱딱하다, 고되다
3205	ヘリコプター		명 헬리콥터
3206	オーバー	★	명 오버, 초과
3207	パターン		명 패턴, 유형
3208	エラー		명 에러, 실책
3209	エンジニア		명 엔지니어, 기술자
3210	カット	★	명 커트, 절단
3211	クローン		명 클론, 복제
3212	コンクリート		명 콘크리트

3213 □□□	システム		명 시스템, 제도, 방식
3214 □□□	シンプルだ		な형 단순하다, 간단하다
3215 □□□	スマートフォン / スマホ		명 스마트폰
3216 □□□	セメント		명 시멘트
3217 □□□	タッチペン		명 터치 펜
3218 □□□	テクニック	★	명 테크닉, 기술
3219 □□□	パイプ		명 파이프
3220 □□□	ビニール		명 비닐
3221 □□□	ベーシックだ		な형 기초적이다
3222 □□□	モーター		명 모터, 전동기
3223 □□□	レベルアップ		명 레벨 업, 수준이 오름
3224 □□□	ロケット		명 로켓
3225 □□□	ユニークだ		な형 유니크하다, 독특하다
3226 □□□	クリスマス		명 크리스마스
3227 □□□	コレクション		명 컬렉션, 수집(품)
3228 □□□	シリーズ		명 시리즈, (TV 방송·영화 등의) 연속물

DAY 40

해커스 JLPT 기출 단어장 N2

3229	シナリオ		명 시나리오
3230	ステージ		명 무대, 스테이지
3231	ヒット		명 히트, 큰 성공
3232	ブーム	★	명 붐, 유행
3233	マイク		명 마이크
3234	マスコミ		명 매스컴, 대중 매체
3235	ミュージカル		명 뮤지컬
3236	レギュラー		명 레귤러, 정규
3237	アレンジ	★	명 어레인지, 배치, 각색
3238	エキストラ		명 엑스트라, 단역
3239	オーケストラ		명 오케스트라
3240	オリジナル		명 오리지널, 원본
3241	カバー		명 커버 , 보충
3242	キャラクター		명 캐릭터
3243	クラシック		명 클래식, 고전
3244	クラシックバレエ		명 클래식 발레

3245 □□□	グランド		대규모의, 대형의
3246 □□□	コンクール		몡 콩쿠르, 경연 대회
3247 □□□	シーン		몡 장면
3248 □□□	ダンサー		몡 댄서, 무용가
3249 □□□	デザイン	★	몡 디자인
3250 □□□	テレビドラマ		몡 텔레비전 드라마
3251 □□□	テンポ	★	몡 템포, 빠르기
3252 □□□	モダンだ		な형 모던하다, 현대적이다
3253 □□□	リズム		몡 리듬
3254 □□□	リハーサル		몡 리허설, 예행연습
3255 □□□	キャンセル	★	몡 취소
3256 □□□	クレジットカード		몡 신용 카드
3257 □□□	コスト		몡 비용, 값
3258 □□□	ダウン		몡 내려감, 저조함, 고장
3259 □□□	メリット		몡 메리트, 이점
3260 □□□	ピストル		몡 피스톨, 권총

DAY 40

해커스 JLPT 기출 단어장 N2

*<Day별 단어 퀴즈 PDF>를 활용하여 꼭 복습하세요.

JLPT N2 단어
인덱스

교재에 수록된 모든 N2 표제어와 완성단어가 오십음도 순으로 정리되어 있어요.
특정 단어가 있는 본문 페이지를 바로 찾아갈 수 있어요.

	あ	
□ 相変わらず	あいかわらず	45
□ 相性	あいしょう	51
□ 愛情	あいじょう	46
□ 合図	あいず	92
□ 相席	あいせき	23
□ 愛想	あいそ /あいそう	51
□ 間柄	あいだがら	51
□ 相次ぐ	あいつぐ	302
□ あいにく	-	162
□ 合間	あいま	86
□ あいまいだ	-	138
□ アウト	-	311
□ あえて	-	163
□ あおぐ	-	75
□ 青空	あおぞら	235
□ 赤字	あかじ	278
□ 明かす	あかす	163
□ 明かり	あかり	107
□ 明らかだ	あきらかだ	289
□ 呆れる	あきれる	155
□ 握手	あくしゅ	75
□ 悪循環	あくじゅんかん	215
□ アクセント	-	313
□ 悪天候	あくてんこう	235
□ あくまで	-	291
□ 悪用	あくよう	251
□ 明くる	あくる	59
□ 明け方	あけがた	107
□ あげる	-	72
□ 揚げる	あげる	73

□ 憧れる	あこがれる	129
□ 浅い	あさい	176
□ 鮮やかだ	あざやかだ	30
□ 脚	あし	77
□ 足元	あしもと	95
□ 焦る	あせる	193
□ 与える	あたえる	72
□ あたかも	-	82
□ 辺り	あたり	179
□ 当たり前	あたりまえ	171
□ 悪化	あっか	224
□ 扱う	あつかう	39
□ 厚かましい	あつかましい	66
□ あっさり	-	19
□ 圧縮	あっしゅく	251
□ 圧勝	あっしょう	113
□ 圧倒	あっとう	112
□ 集まり	あつまり	46
□ 圧力	あつりょく	243
□ 宛名	あてな	163
□ 当てはまる	あてはまる	135
□ 当てる	あてる	110
□ 跡	あと	256
□ 跡地	あとち	172
□ 跡継ぎ	あとつぎ	259
□ 穴	あな	43
□ 侮る	あなどる	49
□ 穴場	あなば	107
□ 暴れる	あばれる	70
□ アピール	-	315
□ あぶる	-	27

□ 甘える	あまえる	123
□ 雨戸	あまど	59
□ 甘み	あまみ	12
□ 甘やかす	あまやかす	120
□ あまりにも	-	75
□ 危うい	あやうい	221
□ 怪しい	あやしい	296
□ 操る	あやつる	274
□ あやふやだ	-	155
□ 過ち	あやまち	137
□ 誤り	あやまり	144
□ 歩む	あゆむ	71
□ 粗い	あらい	43
□ 荒い	あらい	221
□ 予め	あらかじめ	104
□ 嵐	あらし	235
□ 粗筋	あらすじ	275
□ 争う	あらそう	111
□ 改めて	あらためて	150
□ 改める	あらためる	192
□ 現す	あらわす	307
□ 有り	あり	147
□ ありがたい	-	51
□ ありがちだ	-	53
□ あるいは	-	291
□ 荒れる	あれる	232
□ アレルギー	-	316
□ アレンジ	-	318
□ 淡い	あわい	273
□ 慌ただしい	あわただしい	23
□ 慌てる	あわてる	68

あ
か
さ
た
な
は
ま
や
ら
わ

□	違反	いはん	285	□	うかうか	-	99	□ 促す	うながす	289

□ 違反	いはん	285	□ うかうか	-	99
□ 衣服	いふく	258	□ 伺う	うかがう	51
□ 遺物	いぶつ	258	□ 浮かぶ	うかぶ	171
□ 異文化	いぶんか	260	□ 浮く	うく	211
□ 今頃	いまごろ	107	□ 受け入れる	うけいれる	257
□ 今更	いまさら	171	□ 承る	うけたまわる	187
□ 今に	いまに	59	□ 受け継ぐ	うけつぐ	257
□ いやす	-	227	□ 失う	うしなう	48
□ 意欲	いよく	132	□ 薄味	うすあじ	12
□ 以来	いらい	252	□ 薄める	うすめる	24
□ いらいら	-	151	□ 嘘	うそ	161
□ いら立つ	いらだつ	155	□ 疑う	うたがう	296
□ 医療	いりょう	224	□ 疑わしい	うたがわしい	291
□ 入れ込む	いれこむ	91	□ 打ち明ける	うちあける	167
□ 色々	いろいろ	18	□ 打ち上げる	うちあげる	263
□ 色違い	いろちがい	43	□ 打ち合わせる	うちあわせる	185
□ 彩る	いろどる	275	□ 内気だ	うちきだ	67
□ 祝う	いわう	260	□ 打ち切る	うちきる	275
□ 言わば	いわば	163	□ 打ち消す	うちけす	168
□ いわゆる	-	163	□ 打ち込む	うちこむ	139
□ 陰影	いんえい	275	□ 宇宙	うちゅう	243
□ 印鑑	いんかん	266	□ 撃つ	うつ	75
□ 飲酒	いんしゅ	221	□ 美しい	うつくしい	81
□ 引退	いんたい	201	□ うっすら	-	80
□ インテリア	-	312	□ 訴える	うったえる	288
□ 因縁	いんねん	51	□ うっとうしい	-	155
□ インパクト	-	313	□ うつ病	うつびょう	227
□ 引用	いんよう	156	□ うつむく	-	72
□ 引力	いんりょく	243	□ 映る	うつる	238
□ ウイスキー	-	308	□ 腕	うで	76
□ ウール	-	309	□ 腕前	うでまえ	186
□ 植木	うえき	208	□ うとうと	-	96

□ 促す	うながす	289
□ うなずく	-	167
□ 埋まる	うまる	43
□ 生み出す	うみだす	275
□ 有無	うむ	146
□ 敬う	うやまう	47
□ 裏返す	うらがえす	123
□ 裏切る	うらぎる	48
□ 裏付ける	うらづける	291
□ 占う	うらなう	261
□ 恨む	うらむ	67
□ うらやむ	-	155
□ 売り切れる	うりきれる	43
□ 潤う	うるおう	282
□ 潤す	うるおす	43
□ うるさい	-	129
□ 売れ行き	うれゆき	43
□ 上回る	うわまわる	283
□ 運営	うんえい	195
□ 運行	うんこう	94
□ 運賃	うんちん	94
□ うんと	-	107
□ 運搬	うんぱん	98
□ 運命	うんめい	51
□ 永遠だ	えいえんだ	255
□ 永久	えいきゅう	263
□ 映写	えいしゃ	275
□ 衛生	えいせい	227
□ 衛星	えいせい	251
□ 映像	えいぞう	268
□ 描く	えがく/かく	273
□ 駅舎	えきしゃ	99

あ
か
さ
た
な
は
ま
や
ら
わ

☐ おそらく	-	280	☐ 重苦しい	おもくるしい	155	☐ 外観	がいかん	179
☐ 恐れる	おそれる	154	☐ 面白い	おもしろい	89	☐ 会計	かいけい	28
☐ お互い	おたがい	51	☐ 主だ	おもだ	89	☐ 会見	かいけん	294
☐ おだてる	-	123	☐ 重たい	おもたい	57	☐ 外見	がいけん	79
☐ 穏やかだ	おだやかだ	151	☐ およそ	-	191	☐ 介護	かいご	224
☐ 落ち込む	おちこむ	193	☐ 及ぶ	およぶ	307	☐ 開講	かいこう	124
☐ 脅かす	おどかす	307	☐ オリエンテーション	-	314	☐ 開催	かいさい	110
☐ 脅す	おどす	291	☐ オリジナル	-	318	☐ 解散	かいさん	272
☐ 訪れる	おとずれる	106	☐ 折り畳む	おりたたむ	43	☐ 海産物	かいさんぶつ	13
☐ 大人しい	おとなしい	63	☐ オリンピック	-	311	☐ 買い占める	かいしめる	32
☐ 踊り手	おどりて	275	☐ 降ろす	おろす	99	☐ 会社帰り	かいしゃがえり	187
☐ 劣る	おとる	248	☐ 疎かだ	おろそかだ	219	☐ 解釈	かいしゃく	139
☐ 衰える	おとろえる	223	☐ 音楽教室	おんがくきょうしつ	139	☐ 解消	かいしょう	220
☐ 驚かす	おどろかす	154	☐ 恩恵	おんけい	51	☐ 海上	かいじょう	219
☐ 驚く	おどろく	238	☐ 温厚だ	おんこうだ	61	☐ 開場	かいじょう	275
☐ 鬼	おに	267	☐ 音節	おんせつ	161	☐ 外相	がいしょう	201
☐ 各々	おのおの	129	☐ 温帯	おんたい	179	☐ 回数	かいすう	108
☐ 脅かす	おびやかす	287	☐ 温暖だ	おんだんだ	212	☐ 害する	がいする	306
☐ お昼	おひる	19	☐ 御中	おんちゅう	163	☐ 快晴	かいせい	229
☐ 覚え	おぼえ	133	☐ 音程	おんてい	275	☐ 改正	かいせい	285
☐ おまけ	-	35	☐ オンラインショップ	-	308	☐ 開設	かいせつ	140
☐ お目にかける	おめにかかる	187	☐ 温和だ	おんわだ	235	☐ 改善	かいぜん	96
☐ 思いがけない	おもいがけない	50	**か**			☐ 改装	かいそう	147
☐ 思い切って	おもいきって	91	☐ 蚊	か	211	☐ 快速	かいそく	99
☐ 思い切り	おもいきり	103	☐ カー	-	310	☐ 開拓	かいたく	283
☐ 思い切る	おもいきる	32	☐ 開演	かいえん	270	☐ 買い出し	かいだし	34
☐ 思いつく	おもいつく	167	☐ 絵画	かいが	275	☐ 買いだめ	かいだめ	35
☐ 思う存分	おもうぞんぶん	163	☐ 外貨	がいか	283	☐ 快調だ	かいちょうだ	115
☐ 思える	おもえる	171	☐ 開会	かいかい	147	☐ 開通	かいつう	99
☐ 重々しい	おもおもしい	67				☐ 改訂	かいてい	299
☐ 面影	おもかげ	51				☐ 快適だ	かいてきだ	235
						☐ 開店	かいてん	20

あ
か
さ
た
な
は
ま
や
ら
わ

あ
か
さ
た
な
は
ま
や
ら
わ

□	規模	きぼ	265	□	急用	きゅうよう	187	□	極端だ	きょくたんだ	231
□	気泡	きほう	243	□	清い	きよい	102	□	局地的だ	きょくち てきだ	235
□	気味	きみ	221	□	驚異	きょうい	219	□	拒絶	きょぜつ	160
□	奇妙だ	きみょうだ	148	□	教員	きょういん	203	□	巨大だ	きょだいだ	107
□	義務	ぎむ	301	□	境界	きょうかい	179	□	極刑	きょっけい	291
□	決める	きめる	103	□	業界	ぎょうかい	195	□	拒否	きょひ	168
□	逆	ぎゃく	238	□	共感	きょうかん	155	□	距離	きょり	92
□	客席	きゃくせき	275	□	競技	きょうぎ	110	□	気楽だ	きらくだ	107
□	逆転	ぎゃくてん	115	□	行儀	ぎょうぎ	122	□	義理	ぎり	51
□	却下	きゃっか	291	□	供給	きょうきゅう	283	□	切り上げる	きりあげる	43
□	客観的だ	きゃっかん てきだ	237	□	強硬だ	きょうこうだ	291	□	切り替える	きりかえる	43
				□	行事	ぎょうじ	127	□	ぎりぎりだ	-	129
□	キャプテン	-	311	□	強弱	きょうじゃく	115	□	切り捨てる	きりすてる	307
□	キャラクター	-	318	□	教授	きょうじゅ	203	□	儀礼的だ	ぎれいてきだ	307
□	キャリア	-	315	□	恐縮だ	きょうしゅくだ	51	□	切れる	きれる	54
□	キャンセル	-	319	□	強制	きょうせい	291	□	議論	ぎろん	182
□	救援	きゅうえん	234	□	共存	きょうそん / きょうぞん	219	□	極めて	きわめて	240
□	休暇	きゅうか	107					□	極める	きわめる	306
□	休学	きゅうがく	131	□	強大だ	きょうだいだ	255	□	気をつける	きをつける	221
□	急遽	きゅうきょ	306	□	協同	きょうどう	131	□	禁煙	きんえん	220
□	究極	きゅうきょく	307	□	共同	きょうどう	187	□	金庫	きんこ	283
□	休憩	きゅうけい	84	□	恐怖	きょうふ	153	□	近郊	きんこう	98
□	急激だ	きゅうげきだ	56	□	胸部	きょうぶ	78	□	均衡	きんこう	210
□	休講	きゅうこう	124	□	興味深い	きょうみぶかい	87	□	禁じる	きんじる	131
□	休校	きゅうこう	125	□	教養	きょうよう	131	□	金銭	きんせん	283
□	求婚	きゅうこん	51	□	共用	きょうよう	146	□	金属	きんぞく	240
□	吸収	きゅうしゅう	220	□	強力だ	きょうりょくだ	115	□	緊張	きんちょう	154
□	給食	きゅうしょく	131	□	行列	ぎょうれつ	23	□	均等だ	きんとうだ	307
□	求人	きゅうじん	188	□	強烈だ	きょうれつだ	155	□	筋肉	きんにく	222
□	休息	きゅうそく	91	□	許可	きょか	195	□	近年	きんねん	103
□	急速	きゅうそく	259	□	漁業	ぎょぎょう	219	□	緊迫	きんぱく	235
□	給与	きゅうよ	190	□	曲線	きょくせん	273				

□ 毛色	けいろ	83	□ 月末	げつまつ	147	□ 現代社会	げんだいしゃかい	300
□ 経路	けいろ	99	□ 気配	けはい	148	□ 現地	げんち	179
□ 毛皮	けがわ	35	□ 下品だ	げひんだ	150	□ 建築	けんちく	250
□ 劇場	げきじょう	270	□ 煙い	けむい	27	□ 顕著だ	けんちょだ	251
□ 激増	げきぞう	43	□ 煙	けむり	218	□ 限定	げんてい	26
□ 劇的だ	げきてきだ	224	□ 蹴る	ける	115	□ 限度	げんど	43
□ 激励	げきれい	51	□ 険しい	けわしい	176	□ 見当	けんとう	182
□ 下山	げざん / げさん	91	□ 件	けん	147	□ 剣道	けんどう	115
□ 景色	けしき	100	□ 原因	げんいん	247	□ 言動	げんどう	157
□ 下旬	げじゅん	102	□ 現役	げんえき	115	□ 現に	げんに	307
□ 削る	けずる	278	□ 見解	けんかい	273	□ 現場	げんば	174
□ 桁	けた	243	□ 厳格だ	げんかくだ	289	□ 券売機	けんばいき	93
□ 下駄	げた	259	□ 原稿	げんこう	271	□ 原爆	げんばく	307
□ けち	-	283	□ 検索	けんさく	251	□ 原発	げんぱつ	175
□ 決意	けつい	126	□ 原産	げんさん	43	□ 憲法	けんぽう	284
□ 血液	けつえき	76	□ 検事	けんじ	201	□ 賢明	けんめい	67
□ 血管	けっかん	83	□ 原始	げんし	259	□ 懸命だ	けんめいだ	115
□ 欠陥	けっかん	96	□ 厳守	げんしゅ	187	□ 原油	げんゆ	283
□ 月給	げっきゅう	195	□ 研修	けんしゅう	181	□ 権利	けんり	284
□ 決行	けっこう	307	□ 原書	げんしょ	139	□ 原理	げんり	243
□ 結婚	けっこん	260	□ 検証	けんしょう	43	□ 権力	けんりょく	298
□ 傑作	けっさく	271	□ 現象	げんしょう	214	□ 濃い	こい	12
□ 欠如	けつじょ	67	□ 現状	げんじょう	228	□ 請う	こう	163
□ 結束	けっそく	45	□ 原子力	げんしりょく	243	□ 好意	こうい	67
□ 決断	けつだん	171	□ 検診	けんしん	227	□ 行為	こうい	90
□ 欠点	けってん	62	□ 賢人	けんじん	267	□ 強引だ	ごういんだ	67
□ 潔白	けっぱく	297	□ 建設	けんせつ	250	□ 幸運	こううん	32
□ 潔癖症	けっぺきしょう	67	□ 幻想	げんそう	270	□ 光栄	こうえい	275
□ 欠乏	けつぼう	227	□ 現像	げんぞう	91	□ 講演	こうえん	136
□ 結末	けつまつ	275	□ 原則	げんそく	147	□ 効果	こうか	225
			□ 謙遜	けんそん	67	□ 硬貨	こうか	276

★ 잘 모르겠는 단어에 체크하여 더 꼼꼼히 학습하세요. 보라색 글자는 N2 문자·어휘 기출 단어입니다.

□ 心強い	こころづよい	149	□ 孤独だ	こどくだ	48	□ 困難だ	こんなんだ	195
□ 心細い	こころぼそい	155	□ 異なる	ことなる	31	□ コンプレックス	-	309
□ 試みる	こころみる	187	□ 言葉づかい	ことばづかい	163			
□ 快い	こころよい	101	□ 好ましい	このましい	195	□ 根本	こんぽん	291
□ 心弱い	こころよわい	67	□ 拒む	こばむ	35	□ 婚約	こんやく	51
□ 腰掛ける	こしかける	75	□ ごほうび	-	121	□ 混乱	こんらん	297
□ 呼称	こしょう	266	□ こぼれる	-	40	□ 困惑	こんわく	155
□ こじんまり	-	275	□ コマーシャル	-	313		さ	
□ 越す	こす	251	□ 細かい	こまかい	65	□ 差異	さい	43
□ コスト	-	319	□ 細やかだ	こまやかだ	275	□ 再会	さいかい	51
□ こする	-	75	□ 混み合う	こみあう	99	□ 災害	さいがい	231
□ 個性	こせい	27				□ 再三	さいさん	191
□ 戸籍	こせき	291	□ コミュニティーセンター	-	310	□ 財産	ざいさん	283
□ 小銭	こぜに	283	□ 小麦	こむぎ	19	□ 在籍	ざいせき	128
□ 個体	こたい	218	□ 込める	こめる	16	□ 催促	さいそく	29
□ 固体	こたい	243	□ 小物	こもの	35	□ 最大	さいだい	176
□ 古代	こだい	259	□ 小屋	こや	179	□ 在宅	ざいたく	187
□ こだわる	-	43	□ 雇用	こよう	195	□ 採点	さいてん	131
□ ご馳走	ごちそう	19	□ 堪える	こらえる	227	□ 再度	さいど	145
□ ごちゃごちゃ	-	118	□ 娯楽	ごらく	267	□ 災難	さいなん	231
□ 誇張	こちょう	160	□ コレクション	-	317	□ 才能	さいのう	139
□ 国家	こっか	267	□ ごろごろ	-	85	□ 栽培	さいばい	207
□ 小遣い	こづかい	123	□ 怖い	こわい	153	□ 裁判	さいばん	287
□ 国旗	こっき	267	□ 怖がる	こわがる	153	□ 財布	さいふ	31
□ 国境	こっきょう	179	□ 根気	こんき	135	□ 材木	ざいもく	43
□ コック	-	315	□ 根拠	こんきょ	243	□ 採用	さいよう	189
□ こつこつ	-	132	□ コンクール	-	319	□ 再利用	さいりよう	216
□ 骨折	こっせつ	225	□ コンクリート	-	316	□ サイレン	-	316
□ ごった返す	ごったがえす	99	□ 混血	こんけつ	307	□ 幸い	さいわい	195
□ 小包	こづつみ	57	□ 混合	こんごう	243	□ 遮る	さえぎる	163
□ 古典	こてん	259	□ 献立	こんだて	20	□ 境	さかい	178

あ
か
さ
た
な
は
ま
や
ら
わ

★ 잘 모르겠는 단어에 체크하여 더 꼼꼼히 학습하세요. 보라색 글자는 N2 문자·어휘 기출 단어입니다.

□ 時間内	じかんない	187	□ 沈む	しずむ	210	□ しっとり	-	17
□ 時間割	じかんわり	131	□ 姿勢	しせい	64	□ 実に	じつに	266
□ 指揮	しき	275	□ 施設	しせつ	172	□ 失敗	しっぱい	192
□ 時期	じき	91	□ 思想	しそう	252	□ 執筆	しっぴつ	272
□ 敷金	しききん	283	□ 持続	じぞく	239	□ 尻尾	しっぽ	211
□ 色彩	しきさい	107	□ 子孫	しそん	123	□ 失望	しつぼう	88
□ 式場	しきじょう	173	□ 辞退	じたい	193	□ 質問し合う	しつもんしあう	158
□ しきたり	-	259	□ 次第に	しだいに	213	□ 実用	じつよう	251
□ 敷地	しきち	179	□ 慕う	したう	155	□ 実例	じつれい	243
□ 式典	しきてん	265	□ 従う	したがう	285	□ 指定	してい	93
□ じきに	-	243	□ したがって	-	291	□ 指摘	してき	169
□ 至急	しきゅう	145	□ 自宅	じたく	179	□ 支店	してん	32
□ しきりに	-	58	□ じたばた	-	69	□ 児童	じどう	123
□ 資金	しきん	276	□ 下見	したみ	179	□ 市内	しない	173
□ 敷く	しく	264	□ 下を向く	したをむく	72	□ 品切れ	しなぎれ	35
□ 仕組み	しくみ	38	□ 試着	しちゃく	35	□ 品揃え	しなぞろえ	35
□ 刺激	しげき	223	□ 市長	しちょう	203	□ シナリオ	-	318
□ しげる	-	210	□ 視聴者	しちょうしゃ	267	□ 支配	しはい	290
□ 自己	じこ	203	□ 質	しつ	37	□ 芝居	しばい	275
□ 思考	しこう	171	□ 実感	じっかん	195	□ しばしば	-	235
□ 施行	しこう	299	□ しつけ	-	121	□ 芝生	しばふ	177
□ 示唆	しさ	169	□ しつこい	-	149	□ しばらく	-	98
□ 時差	じさ	107	□ 失効	しっこう	288	□ 地盤	じばん	243
□ 視察	しさつ	187	□ 実行	じっこう	285	□ しびれる	-	227
□ 支持	しじ	193	□ 実習	じっしゅう	139	□ 渋い	しぶい	13
□ 磁石	じしゃく	243	□ 実情	じつじょう	293	□ 自分勝手だ	じぶんかってだ	67
□ 始終	しじゅう	75	□ 実績	じっせき	187	□ 自分で	じぶんで	132
□ 支出	ししゅつ	283	□ 実践	じっせん	126	□ 紙幣	しへい	283
□ 支障	ししょう	186	□ 質素だ	しっそだ	65	□ 死亡	しぼう	225
□ 試食	ししょく	27	□ 実態	じったい	195	□ 脂肪	しぼう	227
□ 滴	しずく	211	□ 湿度	しつど	229	□ しぼむ	-	211
□ システム	-	317	□ じっと	-	74			

336 무료 학습자료 제공 japan.Hackers.com

あ
か
さ
た
な
は
ま
や
ら
わ

☐	循環	じゅんかん	227	☐	焦点	しょうてん	245	☐ 食欲	しょくよく	21

☐	循環	じゅんかん	227
☐	順序	じゅんじょ	147
☐	順調だ	じゅんちょうだ	241
☐	順番	じゅんばん	23
☐	消化	しょうか	227
☐	障害	しょうがい	246
☐	蒸気	じょうき	239
☐	定規	じょうぎ	243
☐	状況	じょうきょう	215
☐	賞金	しょうきん	115
☐	情景	じょうけい	177
☐	衝撃	しょうげき	155
☐	条件	じょうけん	146
☐	証拠	しょうこ	288
☐	詳細	しょうさい	141
☐	賞賛	しょうさん	187
☐	上司	じょうし	198
☐	少子化	しょうしか	301
☐	商社	しょうしゃ	195
☐	乗車	じょうしゃ	93
☐	症状	しょうじょう	224
☐	上昇	じょうしょう	248
☐	生じる	しょうじる	216
☐	昇進	しょうしん	203
☐	少数	しょうすう	243
☐	情勢	じょうせい	298
☐	小説家	しょうせつか	275
☐	招待	しょうたい	141
☐	商談	しょうだん	187
☐	承知	しょうち	185
☐	象徴	しょうちょう	265

☐	焦点	しょうてん	245
☐	衝動買い	しょうどうがい	35
☐	上等だ	じょうとうだ	43
☐	消毒	しょうどく	226
☐	衝突	しょうとつ	95
☐	承認	しょうにん	293
☐	少人数	しょうにんずう	147
☐	情熱	じょうねつ	195
☐	勝敗	しょうはい	115
☐	蒸発	じょうはつ	243
☐	勝負	しょうぶ	115
☐	消防	しょうぼう	232
☐	賞味期限	しょうみきげん	19
☐	照明	しょうめい	31
☐	証明	しょうめい	237
☐	消耗	しょうもう	108
☐	乗用車	じょうようしゃ	99
☐	招来	しょうらい	301
☐	省略	しょうりゃく	143
☐	常連(客)	じょうれん(きゃく)	27
☐	女王	じょおう	259
☐	除外	じょがい	147
☐	初期	しょき	223
☐	職員	しょくいん	197
☐	食塩	しょくえん	19
☐	食材	しょくざい	19
☐	食卓	しょくたく	123
☐	職人	しょくにん	200
☐	職場	しょくば	194
☐	食物	しょくもつ	19

☐	食欲	しょくよく	21
☐	徐行	じょこう	95
☐	諸国	しょこく	292
☐	助手	じょしゅ	200
☐	徐々に	じょじょに	80
☐	書籍	しょせき	139
☐	所属	しょぞく	202
☐	ショック	-	316
☐	しょっちゅう	-	86
☐	しょっぱい	-	19
☐	書店	しょてん	35
☐	所得	しょとく	283
☐	初歩	しょほ	87
☐	庶民	しょみん	299
☐	署名	しょめい	147
☐	書物	しょもつ	267
☐	所有	しょゆう	290
☐	女優	じょゆう	268
☐	処理	しょり	246
☐	序列	じょれつ	203
☐	白髪	しらが	83
☐	シリーズ	-	317
☐	汁	しる	13
☐	事例	じれい	287
☐	城	しろ	259
☐	素人	しろうと	200
☐	しわ	-	83
☐	進学率	しんがくりつ	131
☐	シングル	-	312
☐	神経	しんけい	227
☐	真剣だ	しんけんだ	65

あ
か
さ
た
な
は
ま
や
ら
わ

□	精一杯	せいいっぱい	114	□	成立	せいりつ	243	□	ゼミ	-	312
□	声援	せいえん	114	□	勢力	せいりょく	299	□	せめて	-	170
□	成果	せいか	187	□	西暦	せいれき	259	□	攻める	せめる	112
□	性格	せいかく	60	□	セール	-	309	□	責める	せめる	160
□	世紀	せいき	253	□	背負う	せおう	53	□	セメント	-	317
□	請求	せいきゅう	277	□	石炭	せきたん	219	□	台詞	せりふ	268
□	制御	せいぎょ	251	□	責任	せきにん	180	□	世話	せわ	120
□	清潔だ	せいけつだ	20	□	世間	せけん	300	□	善意	ぜんい	51
□	精巧	せいこう	251	□	世帯	せたい	59	□	前期	ぜんき	139
□	税込み	ぜいこみ	35	□	世代	せだい	261	□	選考	せんこう	139
□	精算	せいさん	185	□	切開	せっかい	227	□	洗浄力	せんじょうりょく	43
□	正式だ	せいしきだ	203	□	接客	せっきゃく	27	□	先祖	せんぞ	257
□	誠実	せいじつ	67	□	積極的だ	せっきょくてきだ	64	□	先端	せんたん	237
□	精神	せいしん	171					□	前提	ぜんてい	291
□	せいぜい	-	86	□	設計	せっけい	250	□	銭湯	せんとう	173
□	清掃	せいそう	123	□	絶景	ぜっけい	107	□	先入観	せんにゅうかん	171
□	製造	せいぞう	36	□	接触	せっしょく	74				
□	生存	せいぞん	219	□	接する	せっする	75	□	専念	せんねん	132
□	盛大だ	せいだいだ	271	□	せっせと	-	53	□	全般	ぜんぱん	253
□	贅沢	ぜいたく	304	□	接続	せつぞく	246	□	全品	ぜんぴん	147
□	成長	せいちょう	248	□	接待	せったい	184	□	先方	せんぽう	203
□	晴天	せいてん	235	□	絶対評価	ぜったいひょうか	130	□	鮮明だ	せんめいだ	171
□	政党	せいとう	299	□	設置	せっち	247	□	専門性	せんもんせい	243
□	性能	せいのう	251	□	説得	せっとく	156	□	全力	ぜんりょく	74
□	整備	せいび	247	□	切ない	せつない	155	□	洗練	せんれん	267
□	政府	せいふ	292	□	設備	せつび	251	□	沿う	そう	307
□	生物	せいぶつ	211	□	絶品	ぜっぴん	27	□	象	ぞう	211
□	成分	せいぶん	240	□	絶望	ぜつぼう	155	□	相違	そうい	143
□	性別	せいべつ	83	□	説明書	せつめいしょ	43	□	総売上	そううりあげ	41
□	正方形	せいほうけい	243	□	節約	せつやく	277	□	騒音	そうおん	305
□	生命	せいめい	219	□	設立	せつりつ	179	□	爽快だ	そうかいだ	155
□	整理	せいり	123	□	迫る	せまる	231	□	総額	そうがく	41

あ
か
さ
た
な
は
ま
や
ら
わ

☐ 大都市	だいとし	106	☐ 足す	たす	24	☐ たびたび	-	262
☐ 大半	たいはん	147	☐ 携わる	たずさわる	203	☐ だぶだぶ	-	43
☐ 代表	だいひょう	198	☐ 叩く	たたく	263	☐ ダブる	-	59
☐ 大変だ	たいへんだ	108	☐ ただし	-	147	☐ たぶん	-	214
☐ 大木	たいぼく	211	☐ 直ちに	ただちに	234	☐ 騙す	だます	75
☐ タイミング	-	313	☐ 畳む	たたむ	117	☐ たまたま	-	49
☐ 対面	たいめん	51	☐ 漂う	ただよう	210	☐ ダメージ	-	316
☐ 体毛	たいもう	83	☐ 立ち去る	たちさる	203	☐ 試す	ためす	34
☐ タイヤ	-	310	☐ 立ち止まる	たちどまる	99	☐ ためらう	-	154
☐ ダイヤ	-	309	☐ たちまち	-	89	☐ 保つ	たもつ	213
☐ 太陽	たいよう	218	☐ 抱っこ	だっこ	121	☐ 便り	たより	163
☐ 平らだ	たいらだ	219	☐ 脱出	だっしゅつ	307	☐ 頼る	たよる	48
☐ 大陸	たいりく	178	☐ 達する	たっする	95	☐ だらしない	-	70
☐ 対立	たいりつ	299	☐ 達成	たっせい	136	☐ 単位	たんい	126
☐ ダイレクトだ	-	313	☐ 脱線	だっせん	99	☐ 段階	だんかい	134
☐ 田植え	たうえ	211	☐ タッチペン	-	317	☐ 短気だ	たんきだ	64
☐ ダウン	-	319	☐ たっぷり	-	15	☐ ダンサー	-	319
☐ 絶えず	たえず	219	☐ 脱落	だつらく	115	☐ 短縮	たんしゅく	131
☐ 堪える	たえる	155	☐ 建て付ける	たてつける	123	☐ 単純だ	たんじゅんだ	62
☐ 絶える	たえる	215	☐ 建て直す	たてなおす	255	☐ 男女	だんじょ	51
☐ 耐える	たえる	227	☐ 妥当だ	だとうだ	167	☐ 誕生	たんじょう	121
☐ 倒す	たおす	112	☐ たとえ	-	171	☐ 淡水	たんすい	219
☐ 耕す	たがやす	207	☐ 辿り着く	たどりつく	107	☐ 団体	だんたい	292
☐ 滝	たき	211	☐ 谷	たに	205	☐ 団地	だんち	59
☐ 抱きしめる	だきしめる	75	☐ 楽しむ	たのしむ	102	☐ 断定	だんてい	171
☐ 妥協	だきょう	299	☐ 頼もしい	たのもしい	64	☐ 端的だ	たんてきだ	171
☐ 炊く	たく	25	☐ 束	たば	40	☐ 単なる	たんなる	91
☐ たくましい	-	65	☐ 田畑	たはた	208	☐ 担任	たんにん	131
☐ 蓄える	たくわえる	234	☐ 束ねる	たばねる	40	☐ 淡泊だ / 淡白だ	たんぱくだ	19
☐ 多彩だ	たさいだ	274	☐ 旅	たび	100			
☐ 出し入れ	だしいれ	119	☐ タピオカ	-	308	☐ 単品	たんぴん	27
☐ 確かだ	たしかだ	237	☐ 旅先	たびさき	100	☐ 田んぼ	たんぼ	211

あ
か
さ
た
な
は
ま
や
ら
わ

あ
か
さ
た
な
は
ま
や
ら
わ

あ
か
さ
た
な
は
ま
や
ら
わ

□	ハードだ	-	316
□	灰色	はいいろ	36
□	背景	はいけい	273
□	拝見	はいけん	195
□	廃止	はいし	141
□	排出	はいしゅつ	219
□	排除	はいじょ	187
□	配置	はいち	182
□	配布	はいふ	43
□	パイプ	-	317
□	俳優	はいゆう	199
□	パイロット	-	315
□	墓	はか	179
□	破壊	はかい	305
□	博士	はかせ	203
□	はかどる	-	187
□	馬鹿馬鹿しい	ばかばかしい	165
□	墓参り	はかまいり	267
□	ばからしい	-	155
□	図る	はかる	187
□	吐き気	はきけ	227
□	掃く	はく	123
□	迫害	はくがい	307
□	薄弱だ	はくじゃくだ	67
□	拍手	はくしゅ	272
□	莫大だ	ばくだいだ	283
□	爆弾	ばくだん	287
□	爆発	ばくはつ	239
□	暴露	ばくろ	297
□	激しい	はげしい	305
□	励ます	はげます	75

□	励む	はげむ	75
□	挟まる	はさまる	27
□	はさみ	-	131
□	挟む	はさむ	27
□	破産	はさん	283
□	箸	はし	26
□	端	はし	43
□	恥	はじ	153
□	はしご	-	59
□	パジャマ	-	312
□	走り回る	はしりまわる	122
□	蓮	はす	206
□	パス	-	311
□	外す	はずす	245
□	外れる	はずれる	55
□	旗	はた	266
□	肌	はだ	77
□	パターン	-	316
□	裸	はだか	83
□	裸足	はだし	83
□	果たして	はたして	171
□	果たす	はたす	183
□	働き手	はたらきて	190
□	発覚	はっかく	299
□	発揮	はっき	109
□	はっきり	-	125
□	バッグ	-	309
□	発掘	はっくつ	254
□	発車	はっしゃ	99
□	発症	はっしょう	227
□	発信元	はっしんもと	184
□	罰する	ばっする	291

□	発想	はっそう	272
□	発達	はったつ	248
□	ばったり	-	49
□	派手だ	はでだ	35
□	甚だしい	はなはだしい	281
□	華やかだ	はなやかだ	211
□	離れる	はなれる	48
□	羽	はね	206
□	幅	はば	241
□	幅広い	はばひろい	43
□	省く	はぶく	162
□	破片	はへん	116
□	浜辺	はまべ	179
□	早起き	はやおき	52
□	速さ	はやさ	239
□	早まる	はやまる	97
□	腹	はら	76
□	腹立つ	はらだつ	152
□	はらはら	-	155
□	ばらばらだ	-	158
□	バランス	-	310
□	針	はり	119
□	張り合う	はりあう	111
□	張り切る	はりきる	67
□	春先	はるさき	235
□	破裂	はれつ	235
□	範囲	はんい	135
□	繁栄	はんえい	255
□	反映	はんえい	295
□	半額	はんがく	43
□	パンク	-	310
□	反抗	はんこう	123

あ
か
さ
た
な
は
ま
や
ら
わ

□	疲労	ひろう	227	□	服従	ふくじゅう	211	□ 負担	ふたん	278
□	瓶	びん	19	□	含む	ふくむ	145	□ ぶつかる	-	54
□	敏感だ	びんかんだ	63	□	含める	ふくめる	282	□ 復旧	ふっきゅう	235
□	頻繁だ	ひんぱんだ	35	□	服用	ふくよう	226	□ ぶつける	-	90
□	貧富	ひんぷ	203	□	膨らます	ふくらます	83	□ 復興	ふっこう	255
□	分厚い	ぶあつい	139	□	膨らむ	ふくらむ	83	□ 不都合	ふつごう	186
□	不安	ふあん	155	□	福利	ふくり	283	□ 仏像	ぶつぞう	258
□	不安定だ	ふあんていだ	223	□	袋	ふくろ	35	□ 物騒だ	ぶっそうだ	303
□	不意に	ふいに	235	□	不潔だ	ふけつだ	123	□ 物理	ぶつり	243
□	部員	ぶいん	203	□	更ける	ふける	235	□ 不登校	ふとうこう	131
□	風景	ふうけい	100	□	不公正	ふこうせい	291	□ 不動産	ふどうさん	282
□	風船	ふうせん	131	□	不公平	ふこうへい	291	□ 不得意だ	ふとくいだ	131
□	夫婦	ふうふ	44	□	塞がる	ふさがる	97	□ 船便	ふなびん	99
□	ブーム	-	318	□	塞ぐ	ふさぐ	233	□ 不慣れだ	ふなれだ	251
□	増える	ふえる	279	□	ふざける	-	129	□ 不備	ふび	219
□	フォーカス	-	314	□	相応しい	ふさわしい	189	□ 吹雪	ふぶき	235
□	フォーマルだ	-	315	□	武士	ぶし	253	□ 不平	ふへい	168
□	不可	ふか	147	□	不思議	ふしぎ	243	□ 父母	ふぼ	123
□	部下	ぶか	198	□	無事だ	ぶじだ	235	□ 不満	ふまん	296
□	部活	ぶかつ	127	□	不自由だ	ふじゆうだ	78	□ 踏切	ふみきり	99
□	ぶかぶかだ	-	33	□	不十分だ	ふじゅうぶんだ	158	□ ふもと	-	205
□	武器	ぶき	307	□	部署	ぶしょ	187	□ 増やす	ふやす	249
□	不規則だ	ふきそくだ	227	□	負傷	ふしょう	227	□ 付与	ふよ	294
□	普及	ふきゅう	303	□	不祥事	ふしょうじ	307	□ フライパン	-	308
□	不況	ふきょう	283	□	不審だ	ふしんだ	291	□ プライベートだ	-	309
□	不器用だ	ぶきようだ	131	□	不正	ふせい	299	□ ぶら下げる	ぶらさげる	59
□	付近	ふきん	179	□	付属	ふぞく	38	□ プラスになる	-	313
□	副業	ふくぎょう	281	□	蓋	ふた	16	□ ブラッシュ	-	309
□	複雑だ	ふくざつだ	245	□	舞台	ぶたい	265	□ プラットホーム	-	310
□	副詞	ふくし	162	□	双子	ふたご	51	□ ぶらぶら	-	85
□	福祉	ふくし	300	□	再び	ふたたび	91	□ プラン	-	312

あ
か
さ
た
な
は
ま
や
ら
わ

□ 頬	ほお/ほほ	83	□ 微笑む	ほほえむ	82	□ 真面目だ	まじめだ	60
□ 捕獲	ほかく	219	□ ほめ言葉	ほめことば	170	□ 混じる	まじる	238
□ ほかほか	-	155	□ ぼやく	-	71	□ 増す	ます	283
□ 朗らかだ	ほがらかだ	60	□ 保留	ほりゅう	195	□ マスコミ	-	318
□ 保管	ほかん	25	□ ボリュームがある	-	308	□ マスター	-	315
□ 補給	ほきゅう	307	□ 掘る	ほる	219	□ まだ	-	236
□ 補強	ほきょう	235	□ ぼろぼろ	-	55	□ 待合室	まちあいしつ	105
□ 牧師	ぼくし	199	□ 本社	ほんしゃ	195	□ 間違う	まちがう	136
□ 牧場	ぼくじょう	107	□ 本音	ほんね	171	□ 間近だ	まぢかだ	107
□ 北米	ほくべい	179	□ 本年	ほんねん	299	□ 街角	まちかど	106
□ 保険	ほけん	282	□ 本場	ほんば	256	□ 待ち遠しい	まちどおしい	107
□ 保護	ほご	212	□ 本物	ほんもの	38	□ 町中	まちなか	173
□ 誇る	ほこる	251	□ ぼんやり	-	74	□ 街並み	まちなみ	179
□ 星空	ほしぞら	211	□ 本来	ほんらい	147	□ マッサージ	-	316
□ 保守	ほしゅ	299	□ 本論	ほんろん	163	□ 真っ先	まっさき	59
□ 補修	ほしゅう	247				□ 真っ昼間	まっぴるま	59
□ 補充	ほじゅう	126	**ま**			□ 祭る	まつる	259
□ 補助	ほじょ	190	□ マーケット	-	309	□ 窓側	まどがわ	123
□ 保証	ほしょう	36	□ マイク	-	318	□ まとめる	-	170
□ 保障	ほしょう	294	□ 迷子	まいご	121	□ 真夏	まなつ	235
□ 干す	ほす	16	□ マイペース	-	309	□ 真似	まね	73
□ ポスト	-	313	□ 参る	まいる	51	□ 招く	まねく	45
□ 舗装	ほそう	146	□ 任せる	まかせる	189	□ まぶた	-	83
□ 補足	ほそく	137	□ 賄う	まかなう	27	□ 真冬	まふゆ	235
□ 保存	ほぞん	212	□ 巻き込む	まきこむ	299	□ 間もなく	まもなく	147
□ 北極	ほっきょく	179	□ 紛らわしい	まぎらわしい	35	□ 守る	まもる	50
□ 発足	ほっそく	299	□ 間際	まぎわ	104	□ 真夜中	まよなか	59
□ ほっと	-	78	□ 巻く	まく	24	□ 丸	まる	139
□ ほとんどない	-	217	□ 枕	まくら	123	□ まるで	-	270
□ 骨	ほね	77	□ 摩擦	まさつ	240	□ 稀だ	まれだ	217
□ 炎	ほのお	211	□ まさに	-	171	□ 万一	まんいち	170
□ ほぼ	-	85	□ まして	-	195	□ 漫画	まんが	262

あ
か
さ
た
な
は
ま
や
ら
わ

あ
か
さ
た
な
は
ま
や
ら
わ

★ 잘 모르겠는 단어에 체크하여 더 꼼꼼히 학습하세요. 보라색 글자는 N2 문자·어휘 기출 단어입니다.

☐ ラッシュアワー	-	310	☐ 緑陰	りょくいん	205	☐ ロビー	-	311
☐ ランキング	-	311	☐ 緑地	りょくち	215	☐ 論争	ろんそう	295
☐ ランクイン	-	311	☐ 旅行会社	りょこうがいしゃ	107	☐ 論文	ろんぶん	131
☐ 乱暴だ	らんぼうだ	66	☐ リラックス	-	313	**わ**		
☐ リアルだ	-	313	☐ 臨時	りんじ	99	☐ 輪	わ	216
☐ リーダー	-	315	☐ ルーズだ	-	309	☐ ワールドカップ	-	311
☐ 利益	りえき	279	☐ 例外	れいがい	146	☐ ワイン	-	308
☐ 利害	りがい	283	☐ 礼儀	れいぎ	47	☐ わがままだ	-	63
☐ 陸地	りくち	179	☐ 冷静だ	れいせいだ	61	☐ 別れ際	わかれぎわ	54
☐ 理屈	りくつ	305	☐ 冷暖房	れいだんぼう	123	☐ 若々しい	わかわかしい	81
☐ 利口だ	りこうだ	138	☐ 冷凍	れいとう	16	☐ 脇	わき	83
☐ 理事会	りじかい	203	☐ 歴史	れきし	252	☐ 沸く	わく	27
☐ 履修	りしゅう	129	☐ レギュラー	-	318	☐ わくわく	-	91
☐ リズム	-	319	☐ レクリエーション	-	310	☐ 若人	わこうど	203
☐ 理想	りそう	272	☐ レシピ	-	308	☐ わざと	-	70
☐ リニューアル	-	314	☐ レッスン	-	312	☐ わざとらしい	-	83
☐ リハーサル	-	319	☐ 列島	れっとう	179	☐ 和室	わしつ	259
☐ リフレッシュ	-	310	☐ 劣等感	れっとうかん	139	☐ 和食	わしょく	27
☐ 略す	りゃくす	133	☐ レベルアップ	-	317	☐ わずか	-	38
☐ 流行	りゅうこう	261	☐ レポーター	-	315	☐ 煩わしい	わずらわしい	155
☐ 留年	りゅうねん	131	☐ 連携	れんけい	107	☐ 綿	わた	211
☐ 了解	りょうかい	163	☐ 連合	れんごう	301	☐ 渡す	わたす	29
☐ 両替	りょうがえ	276	☐ レンタル	-	309	☐ 詫びる	わびる	46
☐ 領事	りょうじ	203	☐ 老人	ろうじん	196	☐ 和風	わふう	267
☐ 利用時間	りようじかん	147	☐ ろうそく	-	123	☐ 和服	わふく	259
☐ 領収	りょうしゅう	28	☐ 労働	ろうどう	181	☐ 割合	わりあい	280
☐ 両側	りょうがわ	287	☐ 浪人	ろうにん	131	☐ 割り込む	わりこむ	304
☐ 領土	りょうど	301	☐ 録音	ろくおん	251	☐ 割高	わりだか	35
☐ 利用登録	りようとうろく	91	☐ ロケット	-	317	☐ 割と	わりと	86
☐ 両立	りょうりつ	131	☐ 路線	ろせん	99	☐ わりに	-	67
☐ 旅客船	りょかくせん	107						

あ
か
さ
た
な
は
ま
や
ら
わ

해커스
JLPT |일본어능력시험|
기출 단어장
N2

초판 4쇄 발행 2024년 9월 9일
초판 1쇄 발행 2022년 7월 21일

지은이	해커스 JLPT연구소
펴낸곳	㈜해커스 어학연구소
펴낸이	해커스 어학연구소 출판팀

주소	서울특별시 서초구 강남대로61길 23 ㈜해커스 어학연구소
고객센터	02-537-5000
교재 관련 문의	publishing@hackers.com
	해커스일본어 사이트(japan.Hackers.com) 교재 Q&A 게시판
동영상강의	japan.Hackers.com

ISBN	978-89-6542-063-7 (13730)
Serial Number	01-04-01

일본어 교육 1위
해커스일본어(japan.Hackers.com)

해커스일본어

- QR코드로 바로 듣는 **다양한 버전의 무료 MP3**
- 해커스 스타강사의 **JLPT 인강**(교재 내 할인쿠폰 수록)
- 암기 효과를 극대화하는 **무료 Day별 단어 퀴즈**
- 실전을 미리 경험해볼 수 있는 **N2 실전모의고사**(PDF)